IM AUGE DES JÄGERS

Der Wehrmachts-Scharfschütze
Franz Karner

(Eine biographische Studie)

Albrecht Wacker

Die Deutsche Bibliothek – CIP-Einheitsaufnahme

Wacker, Albrecht: Im Auge des Jägers : der Wehrmachts-Scharfschütze Franz Karner ; (eine biographische Studie) / Albrecht Wacker - Herne : VS-Books, 2000 (Morion ; Bd. 1) ISBN 3-932077-12-1

ISBN 3-932077-12-1

© 2000 Albrecht Wacker sowie Carl Schulze & Torsten Verhülsdonk

Verlag: VS-BOOKS Carl Schulze & Torsten Verhülsdonk GbR
Postfach 200540, 44635 Herne
Fon 02325.73818 Fax 02325.792311
Internet: www.vs-books.de

Umschlagentwurf von Torsten Verhülsdonk unter Verwendung eines Fotos von Albrecht Wacker

Printed in Spain by Graficromo S.A., Cordoba

Morion

Schriftenreihe zur Waffenkunde und Wehrwissenschaft

Die Gelegenheit einer Buchveröffentlichung muß einfach für ein Vorwort genutzt werden. Denn auf den ersten Seiten ist der Leser noch voll gespannter Neugier und frisch entschlossen, sich der Herausforderung einer geistigen Auseinandersetzung mit Gedrucktem zu stellen. Er nähert sich damit einer durchaus anerkennenswerten Aufgabe in einer Alltagswirklichkeit ansonsten voller bewegter Bilder.

Üblicherweise wird jetzt darauf hingewiesen, daß das folgende Druckmedium der 'culture pure' eine Bresche zu schlagen gedenkt, in das Dickicht der oberflächlichen Trashkultur.

Doch hinter spitzzüngigem Sarkasmus verbirgt sich auch immer ein Fünkchen Wahrheit. So gibt es sie also noch, auch in einer feindlichen Umgebung finanzstarker Hochglanzblätter. Wildentschlossene Enthusiasten, beseelt von einem Ethos zur Materie und willens, Widerstand zu leisten gegen die geschlossene Phalanx der Großen.

Unter dem schützenden Signet des Morions, zugleich Kopfbedeckung der Konquistadoren, ist es unser Ziel, guten Inhalten zu merkantilem Erfolg zu verhelfen.

Die vorliegende biographische Studie ist der erste Schritt eines Versuches, die Waffenkunde und Wehrwissenschaft auch dem Elfenbeinturm der sehr begrenzten öffentlich subventionierten Spezialiäteneditionen zu entwinden und ihnen ein breiteres Forum unter Sammlern und Interessierten anzubieten.

Es ist sicherlich ein Problem, diesem hehren Ziel zuvorderst mit einer biographischen Studie entgegenzuschreiten. Denn zu leicht umweht einen dabei der Hauch von Landserromatik. Doch der versuchte Blick in die Wirklichkeit fordert dieses Risiko im Dienst der Lesbarkeit. Das Geschilderte aber ist in jedem Fall faktisch gesichert.

Der Leser wird im folgenden Buch mit dem wahren Gesicht des Krieges konfrontiert. Abseits einer verklärenden Schilderung männlicher Kriegsabenteuer mit einem leichten Risiko für die eigene Gesundheit, ist es uns ein Anliegen, den einfachen Soldaten auf seinem schweren Gang durch die Ereignisse zu begleiten. Ein sehr seltener Blickwinkel in der bisherigen wehrgeschichtlichen Literatur, wohl gescheut durch den schwierigen Spagat zwischen schonungsloser und fast unerträglicher Offenheit und einem zu schnell gepflegten Distanzoptimismus.

Das Ziel, der Waffen- und Wehrkunde ein zusätzliches Forum zu schaffen, ist allerdings nicht allein zu schaffen.

Darum möchte ich dieses Vorwort mit einem Appell an die Leser unserer Veröffentlichungen richten, mit Anregungen nicht zurückzuhalten. Gerade auch dann, wenn Sie ein eigenes Projekt im Sinne haben, sollten wir uns unterhalten. Denn mancher Sammler hat aus dem Fundus seiner langjährigen Sammeltätigkeit eine interessante Darstellung erarbeitet oder möchte seine Stücke und sein Wissen zusammengefaßt der Öffentlichkeit präsentieren.

Zögern Sie nicht, mit Ihrer Idee an uns heranzutreten. Im persönlichen Gespräch sind Ziele und Möglichkeiten solcher Projekte in freundlicher Atmosphäre abklärbar.

Unser verlegerisches Ethos ist es, in enger Kooperation mit unseren Autoren ein verkaufbares Buch guten Inhaltes zu schaffen. Im Gegensatz zu den großen

ALBRECHT WACKER

Special-Interest Verlagen ist der Autor bei uns nicht nur in die gesamte Entstehung seines Buches eingebunden, sondern hat auch beständige Ansprechpartner.

Damit genug der Seitenhiebe und Selbstbeweihräucherung. Eine spannende und informative Zeitreise liegt vor Ihnen.

In Vorbereitung befinden sich die Bücher zu folgenden Themen:

Ein Handbuch über deutsche Waffenstempel

Eine Gesamtdarstellung des deutschen Scharfschützenwesens

Eine erweiterte und verbesserte Neuauflage des Systems Adalbert (Der K 98 k)

Ein Handbuch für den Sammler deutscher Militär- und Diensthandfeuerwaffen

Für Interessenten am Waffensammeln:

Unter dem Signet des Morion haben wir ebenfalls einen Verein gegründet, der sich der Förderung privater historischer Waffensammlungen verpflichtet fühlt. Ein Service des Vereines ist die juristische und gutachterliche Betreuung von Sammler-WBK-Anträgen für Vereinsmitglieder. Beachten Sie auch unsere Anzeigen. Weitere Auskünfte unter der folgenden Adresse:

Morion - Schriftenreihe zur Waffenkunde und Wehrwissenschaft

Herausgeber: Albrecht Wacker, Postfach 460130, 48072 Münster

Telefon: 0251/328213, Fax 0251/328439, Mobil 0171/5224083

Die Schriftenreihe wird verlegt bei:

VS-BOOKS Carl Schulze & Torsten Verhülsdonk GbR

Prolog

Mit dem Fall von Stalingrad begann im Osten eine zweijährige Rückzugs-schlacht, die die Soldaten beider Kriegsparteien in einen Strudel unmenschlicher Strapazen und Kämpfe riß.

Die Ostfront wurde in diesen zwei Jahren ebenso zu einem Fanal deutschen Soldatentums, wie zu ungezählten menschlichen Tragödien.

Viel wurde über diesen Krieg geschrieben, Analytisches, distanziert Berichtendes. Für das eigentlich Unbeschreibliche, den täglichen Überlebenskampf, das erlebte Grauen und die Angst Worte zu finden, gelingt schwerlich und wenn, dann nur beim Blick auf das einzelne Schicksal. Schwierig ist dabei der Weg zwischen der nüchtern distanzierten Sprache und Betrachtung des Militärhistorikers und dem möglichen Pathos des von physischer und mentaler Leistung menschlich beeindruckten Biographen.

Im Blickpunkt dieser Arbeit steht ein sogenannter ‚Scharfschütze‘, beispielhaft für eine Sorte von Soldaten, die im Spannungsfeld von Bewunderung und Abscheu, von der Kriegsgeschichtsschreibung übersehen und vergessen, Herausragendes leisteten und oft durch ihre Unerschrockenheit und persönliche Tapferkeit vielen ihrer Kameraden das Leben retteten, indem sie das Leben des Gegners mit oft erschreckender Präzision vernichteten. Wie wenige andere Soldaten mußten sie nach dem Krieg mit der Hypothek leben, viele Leben ausgelöscht zu haben, nicht anonym, sondern Auge in Auge mit ihren Gegnern. Fast alle verschlossen sich mit diesem Wissen für den Rest ihres Lebens. Kaum einer ist bereit ungeschöntes Zeugnis zu geben.

Nach fünfzig Jahren brach einer der besten seiner Art sein Schweigen und gab in langen Gesprächen mit dem Biographen Zeugnis seiner Kriegsgeschichte. Zur Erinnerung an eine besondere Facette kriegerischer Realität und zur Mahnung an das wirkliche Antlitz des Krieges, wie es sich dem infanteristischen Frontsoldaten zeigt.

Nach so vielen Jahren verwischte zwangsläufig Vieles in der Erinnerung des Berichtenden und nur Schlüsselerlebnisse blieben präsent. Dem Biographen oblag es nun, zwischen diesen Versatzstücken die informativen Brücken zu schlagen und die unsortierten Informationen in sprachlich und gedanklich konsequente Form zu gießen. Dabei war es unerläßlich, Lücken des Berichts durch Ergebnisse sorgfältiger historischer Forschung zu füllen, abzurunden und zu ergänzen.

Es stellte sich dem Biographen noch ein weiteres Problem, das in einem schlichten Sprichwort trefflich zum Ausdruck kommt. „Wer gewinnt hat recht und wer verliert ist schlecht." Während russische und alliierte Scharfschützen bis heute als Helden verehrt werden, gelten die deutschen Scharfschützen, auch im eigenen Land, vielen als ruchlose Mörder. Aus diesem Grund ist es unerläßlich, den Protagonisten dieser Studie durch Anonymität zu schützen. Viele Namen sind daher fiktiv. Doch der Inhalt entspricht realem Geschehen.

Gewagt sei in der folgenden Arbeit nun die Mischung aus lebhaft erzähltem Schicksal und sachlicher Information.

Der Protagonist dieses Werkes soll ›Franz Karner‹ genannt werden.

Franz Karner war ein Mittenwalder Tischlergeselle, der in den ersten Julitagen des Jahres 1943 an der Ostfront, in den Sog eines sich immer enger drehenden Strudels der Ereignisse gerissen wurde. Mittelpunkt seines Lebens sollten bis zum Kriegsende, im Mai 1945, die Kameraden und Geschicke des Regiments 144 der 3. Gebirgsdivision werden. Die Soldaten dieses Verbandes rekrutierten sich hauptsächlich aus der Alpenregion. Diese ethnische Geschlossenheit sollte einer der tragenden Gründe für die hohe Kampfmoral dieser Truppe sein, wie sie im folgenden Bericht zum Ausdruck kommt.

Ein klirrender Winter schlug die Soldaten der Ostfront wieder mit eisiger Hand. In der Trostlosigkeit von Kälte und physischer Auszehrung starben die Männer der 6. Armee in Stalingrad zu Zehntausenden einen bis heute zweifelhaften Opfertod. Der Fall dieser namensschweren Stadt markierte die eindeutige Schicksalswende, für die bislang mit Fortüne kämpfende Wehrmacht.

Aus der schwungvoll vorgetragenen, aber völlig unzureichend vorbereiteten Offensive sollte unwiderruflich eine Defensive werden, die schließlich in einem unvorstellbaren Chaos endete. Auf dem Reichstag wehte schlußendlich die Rote Fahne der Sowjet-Armee als Sendbote einer kommenden fünfzigjährigen Teilung der Nation. Deutschland erlebte sein jüngstes Gericht in den Trümmern seiner Städte und Kulturgüter.

Die in dieser Arbeit rahmengebende 3. G.D. kämpfte im Winter 1942/43 südlich Stalingrad. Sie geriet mit der Vernichtung der 6. Armee voll in den Sog der mit Wucht und überlegenen Kräften geführten russischen Winteroffensive. Nur unter größten Anstrengungen und unbeschreiblichen Verlusten an Soldaten und Material gelang es der Division, einer Einkesselung und der Vernichtung zu entgehen und damit das verheerende Schicksal der Kameraden in Stalingrad zu teilen. Nach mörderischem Winterkampf im Kessel von Millerowo und dem Ausbruch zum Anschluß an die neue Auffanglinie in Woroschilowsk war das G.J.R. 144, dem im Verlauf dieser Darstellung als Stammregiment unseres Scharfschützen das besondere Augenmerk gelten wird, auf ein Viertel seiner regulären Kampfstärke zusammengeschmolzen.

Das Regiment bezog bei Woroschilowsk feste Stellungen und wurde in den kommenden sechs Monaten personell und ausrüstungsmäßig vollständig neu aufgebaut.

Im Vergleich mit den im Winter durchgestandenen Kämpfen wurden die 144-ziger in diesen Monaten nur mit leichten Abwehrkämpfen bei Störangriffen konfrontiert. Ansonsten bestand der Kriegsalltag aus Stoßtruppunternehmen, gelegentlichen Artillerieüberfällen und einem ständigen Beschuß durch russische Scharfschützen. Diesem fielen besonders die neuen und unerfahrenen Soldaten zum Opfer. Die Deutschen waren diesem Phänomen mittlerweile durch ihren latenten Mangel an schweren Infanteriewaffen mehr oder minder ohnmächtig ausgeliefert. Nur in wenigen Fälle gelang es, die Stellung eines russischen Scharfschützen zu lokalisieren und ihn mit mittleren Infanteriewaffen wie Granatwerfer, MG oder den seltenen leichten Pak-Geschützen zu bekämpfen. Es fehlten ganz eindeutig eigene Scharfschützen.

1. Kapitel

Ein strahlender, gerade heraufziehender Sommermorgen an der Ostfront. Die Feuchte der Nacht verleiht der sich erwärmenden Luft einen würzigen Geruch nach Erde und Gras. Doch er hat kein Gespür für die Natur, darf es jetzt auch nicht haben. Alle Sinne sind gespannt. Er gleicht einem Raubtier auf der Suche nach Beute. Der Blick durch das Fernglas streift zum wiederholten Male über das Vorfeld der russischen Stellungen. Irgendwo da muß er seine perfekt getarnte Stellung haben, der russische Scharfschütze, dem in den letzten Tagen neun Kameraden zum Opfer fielen. Er muß ein Könner sein, denn schon zwei Tage sucht Franz vergeblich nach seiner Stellung. Als die Kugel des Gegners in den frühen Morgenstunden den letzten Jäger dahingerafft hatte glaubte er die grobe Richtung zu erkennen.

Da, endlich ein verräterisches Indiz. Grasbüschel, die irgendwie komisch am Fuße eines Busches stehen. Sein Blick konzentriert sich stechend auf die verdächtige Stelle. Ja, genau da ist er. Das Adrinalin schießt ihm in die Adern, als Franz schemenhaft Teile des Zielfernrohres und die Mündung der Waffe erkennt, als diese plötzlich aufblitzt. Mit dem peitschenden Knall sieht er auch schon das Projektil auf sich zurasen. Wie gelähmt liegt er in seiner Stellung unfähig, sich durch eine schnelle Bewegung dem vernichtenden Schicksal zu entziehen. Mit dumpfem Schlag trifft ihn das Geschoß mitten in die Stirn und in einem Lichtblitz explodieren Kopf und Gedanken.

Im selben Augenblick schreckt Franz hoch, - aus tiefem Traum. Das Herz klopft rasend bis zum Halse. Ihm ist, als dauere es Minuten, bis er aus dem Jahre 1944 in die Realität der Gegenwart zurückfindet. Langsam faßt er sich, doch an Schlaf ist vorerst nicht mehr zu denken. Durch das offene Schlafzimmerfenster dringen die gedämpften Geräusche der Nacht und eine lieblich frische Frühsommerluft. Er steht auf und geht zum Fenster. Tief saugt er die Nachtluft in die beklemmte Brust. Sein Blick verliert sich nach einigen Atemzügen in der Silhouette der Mittenwalder Alpen, über denen ein kitschig schöner Mond steht. So klar stand auch der Mond über der spätsommerlichen Steppe Rußlands, durch die ein winzig kleiner, in der riesigen Weite verlorener Zug mit Nachschub für die Front ratterte. Er erinnert sich, wie er in der offenen Tür saß, die Gedanken voll angespannter Ungeduld auf das kommende, aufregende, echte Soldatenleben. „Was waren wir doch für arme, unbedachte Würstchen", dachte er bei sich, und seine Gedanken schweifen dahin. Und wie schon so oft in den vielen zurückliegenden Jahren ziehen Episoden seiner Kriegsjahre willkürlich durch seine Gedanken. Manches, der über fünfzig Jahre zurückliegenden Ereignisse ist dabei noch so präsent, als wäre es erst gestern gewesen.

Im September 1924 geboren, wuchs Franz als Sohn eines Tischlermeisters in der behüteten Umgebung eines Dorfes im Mittenwalder Land auf. Er verbrachte eine unbeschwerte Jugend geprägt von konservativen Werten wie Vaterlandsliebe, Fleiß, Pflichterfüllung und Gehorsam gegenüber gesellschaftlichen Autoritäten. Es sollte auch die feste Verankerung in diesen ethischen Werten sein, die ihn sein kommendes Schicksal mit soviel Fatalismus ertragen ließ. Wie selbstverständlich trat er in die beruflichen Fußstapfen seines Vaters und lernte das Tischlerhandwerk, um den elterlichen Betrieb eines Tages zu übernehmen. Der anstehende Militärdienst war Pflicht und Ehre zugleich, und der Soldat genoß in seiner Umgebung durchaus Ansehen. Eine taugliche Musterung und die anschließende Einberufung war für die jungen Männer eine aufregende Sache und gab ihnen einen guten Schuß neues Selbstbewußtsein und das Gefühl, zu den Erwachsenen zu gehören. Franz war geprägt vom gesellschaftlichen und politischen Umfeld seiner Zeit. Die Kindheit war beeinflußt und gesteuert durch die dirigistische und stark ideologische Politik des Dritten Reiches, die es speziell bei der Jugend perfekt verstand nationales Selbstbewußtsein und konservative Tugenden und Wertvorstellungen mit bedingungsloser Einsatzbereitschaft zur Umsetzung ihrer machtpolitischen Ziele zu verbinden. Es war selbstverständliche Verpflichtung für die jungen Männer in Franz Alter, sich freiwillig zur Wehrmacht zu melden und mit der Waffe in der Hand für die Ziele der neuen Zeit zu kämpfen. Nach schon fast drei Jahren Krieg, bei der die Wehrmacht von Sieg zu Sieg eilte, war es geradezu eine Befürchtung vieler junger Männer nicht mehr am großen Ringen für die neue Zeit teilnehmen zu können, da der Sieg laut allgegenwärtiger Propaganda ja unmittelbar bevorstand. Fernab von einer Vorstellung über die bittere und gnadenlose Wirklichkeit des Krieges, war der Tag der tauglichen Musterung im Herbst 1942 für die betroffenen jungen Männer des Dorfes ein Ehrentag. Der Bürgermeister hielt eine zackige Ansprache vom Dienst am Vaterland und vom heldenhaften Ringen gegen den Weltbolschwismus. Die Feuerwehrkapelle brachte ein schmissiges Ständchen und BDM-Mädchen hatten für die zukünftigen Helden kleine Blumensträußchen her-

1942 - Noch blicken die jungen Burschen stolz und unbedarft in die Zukunft. Sechs von ihnen sollte sie den Tod auf dem Schlachtfeld bringen.

gestellt, die sie ihnen an die Revers steckten. Der Gedanke an einen möglichen Tod, oder Verstümmelung existierte für die Soldaten in spe gar nicht. Sechs von den jungen Männern, die sich vor dem Fotografen zum Gruppenbild in stolze Pose warfen, sollten die nächsten zwei Jahre nicht überleben. Wenige Monate später rückten sie voll gespannter Erwartung zum Militärdienst ein.

Franz wurde nach Abschluß seiner Lehre, achtzehnjährig, im Februar 1943, wie fast alle jungen Männer der Region zu den Gebirgsjägern nach Kufstein eingezogen. Nach den üblichen Eingangsformalitäten, wie der Einkleidung etc., verlegte man ihn und seine Kameraden zehn Tage später zur infanteristischen Grundausbildung nach Mittenwald. Am Ende sechsmonatiger Schleiferei war Franz sMG Schütze. Während der gesamten Ausbildung wurde das Thema ‚Scharfschützen‘ als taktische Komponente im eigenen oder feindlichen Konzept des Infanteriekampfes überhaupt nicht erwähnt. Abschätzig wurde nur von russischen Heckenschützen und Flintenweibern gesprochen, die gerade von den MG Schützen mit allem Nachdruck und unerbittlich zu bekämpfen seien. Die Ausbildung war hart, aber wenig schikanös, wie man es noch aus Friedenszeiten und zu Beginn des Krieges kannte. Man war bemüht, die jungen Männer zumindest physisch und in der sicheren Beherrschung ihrer Waffen optimal auf ihre schwere Aufgabe vorzubereiten. Besonders die Ausbilder mit Fronterfahrung versuchten ihr Wissen weiterzugeben. Denn sie wußten um die dramatisch hohen Verluste gerade unter den neuen Soldaten des Ersatzes, die von der plötzlich über sie hereinbrechenden, unvorstellbaren Wirklichkeit des Krieges überwältigt wurden. Oft von jetzt auf gleich der gnadenlosen Brutalität des Kampfes ausgesetzt, wurden viele von einer archaischen Panik ergriffen, die unbeherrschbare Fluchtreflexe auslöste. Doch dieses, in geschichtlichen Urzeiten sinnvolle Verhalten wurde zum Verhängnis in einer Wirklichkeit ausgeklügelter Tötungsmaschinen mit Fern- und Flächenwirkung.

Sorgfältige Ausbildung kann versuchen eine Sensibilität für diesen Augenblick der Konfrontation jenseits mühsam erarbeiteter ethischer Werte zu schaffen. Zum Reflex gesteigerter Drill gibt ein kleines Handwerkszeug seinen Fluchtinstinkt zu beherrschen. Doch in letzter Konsequenz entscheidet es sich für jeden persönlich und erst in der Situation des Kampfes, ob er gefaßt in das Antlitz des Krieges blicken kann oder nicht. Schon hier kristallisiert sich der Krieger, dem der Kampf zur zweiten Natur und der Krieg zur Heimstatt wird. Gefangen in einer anachronistischen Faszination des Gesetzes von Töten und getötet werden. Nur aus diesem Schmiedefeuer kriegerischer Wirklichkeit entsteht der eigentliche Scharfschütze, der in vorderster Linie und im Brennpunkt der Kämpfe seinen klaren Verstand und seine Handlungsfähigkeit zu bewahren weiß und seine Waffe, das Zielfernrohrgewehr, mit optimaler Wirkung einzusetzen versteht. Nur diese Soldaten verdienen die Bezeichnung ‚Scharfschützen‘.

Anfang September bekamen Franz und seine Kameraden ihren Marschbefehl zum G.J.R. 144, das immer noch im Südabschnitt der Ostfront bei Woroschilowsk lag. Sie gehörten damit zu den letzten personellen ‚Ersatzlieferungen‘ um die volle Gefechtsstärke des Regiments wieder herzustellen. Für die meisten zum letzten Mal in ihrem jungen Leben, erhielten sie Gelegenheit ihre Familien zu sehen und Abschied zu nehmen. Die drei Tage Urlaub vor dem Abtransport vergingen wie ein Wimpernschlag. Die ungewisse Zukunft war nicht in Worte zu fassen, aber bei jeder Gelegenheit strich ihm seine Mutter zärtlich mit der Hand über den Kopf und suchte die Berührung. Sein Vater, Soldat im ersten Weltkrieg, vergrub seine Sorge in Sprachlosigkeit und geschäftiger Arbeit. Unentrinnbar näherte sich der Augenblick der Trennung. Als Franz den Bus bestieg, der ihn nach Mittenwald in die Kaserne zurückbrachte, war seine Mutter in Tränen aufgelöst.

Sein Vater umarmte ihn zum Abschied, was er sonst nicht tat. Sichtlich um Fassung ringend flüsterte er ihm ins Ohr: „Paß auf Dich auf mein Junge, ich wünsche Dir von Herzen, daß Du heil zurückkommst. Aber es liegt in Herrgotts Hand." Als der Bus anfuhr, winkte Franz nur noch einmal kurz, dann blickte er abrupt und starr nach vorne. Er hätte sonst seine mühsam bewahrte Fassung verloren.

Mit Sorge beobachtete man im Bereich der 3. G.D. seit drei Wochen, daß sich die Rote Armee, gestärkt durch Hilfslieferungen neuer amerikanischer Waffen, zu einer Großoffensive auf das Donezbecken und die Ukraine rüstete. Jeder Mann, der noch die Kampfkraft der deutschen Verbände stärkte, war jetzt höchst willkommen. Tagelang waren sie in mit Stroh ausgelegten Viehwaggons mit der Eisenbahn durch die endlose russische Steppe gerattert bis sie ihr Ziel, das Donezbecken erreichten. Bei der Ankunft in Woroschilowsk hatten Franz und seine Kameraden das ‚Glück', unmittelbar in den anlaufenden russischen Angriff hinein zu kommen. Ohne die Möglichkeit sich im Frontleben zu akklimatisieren, wurden sie schon am ersten Tag nach ihrer Ankunft in die außerordentlich harten und verlustreichen Kämpfe um die Redkinaschlucht geworfen. Im Jargon der Landser hatte Franz die 'Arschkarte' gezogen. Denn die 3. G.D. sollte für den Rest des Krieges in atypischer, rein infanteristischer Verwendung immer in den Brennpunkten der Kämpfe im Südabschnitt der Ostfront stehen. Die Verluste dieser Truppe waren enorm und übertrafen im Verschleiß mehrfach die gesamte Personalstärke.

Das Donezbecken war mit seinen ausgedehnten Kohlengruben ein wichtiger Rohstofflieferant und damit für beide Kriegsparteien von größtem Interesse. Die Kohlengruben mit ihren riesigen Stollensystemen waren schon beim deutschen Vormarsch nicht vom Gegner zu säubern gewesen. Ganze russische Kampfgruppen ließen sich von den Wehrmachtsverbänden überrollen und hielten sich in den Grubenstollen versteckt. Sofern sie dazu jetzt noch in der Lage waren, griffen sie für die Landser überraschend in die Kämpfe ein. Dabei kam es zu mörderischen Nahkämpfen Mann gegen Mann, die sich dann auch in die Stollen hineinzogen.

Die Sowjets hatten in einem energischen Angriff bereits die deutschen Linien durchstoßen und versuchten diesen Brückenkopf nun auszudehnen. Der Kommandeur der 3. G.D. schätzte die Situation als so bedrohlich ein, daß er ohne weitere Vorbereitung und Umgruppierung der Kräfte den sofortigen Gegenstoß führen ließ. Dieser gelang, endete für die Landser aber in einem Pyrrussieg.

Im Morgengrauen des 18.7.43 zogen die Jäger leise in ihre Bereitstellungs-

Die Jäger haben Stellungen bezogen und erwarten ihre unmittelbar bevorstehende Feuertaufe.

räume. Die Männer waren in sich gekehrt und die Anspannung und Nervosität war ihnen in die harten Gesichtszüge geschrieben. Jeder hatte seine eigene Methode mit der Angst vor dem Einsatz umzugehen. Die alten Hasen kauten mit dunkler Miene an einem Brotkanten, rauchten oder beherrschten sich mit starrer Mimik. Die Neuen hatten große Mühe ihre Nervosität zu beherrschen, sie waren motorisch unruhig, mit fahrigen Bewegungen. Viele kotzten, schissen oder pinkelten ständig. Gänzlich unerfahren der Dinge, die da auf ihn zukommen sollten, beobachtete Franz die ungewohnte Szenerie mit deutlichem Unbehagen. Er war unfähig etwas zu essen, sein Magen drohte zu rebellieren und sein Körper fühlte sich an wie Gelee. Er hatte das Gefühl sich nicht bewegen zu können. In dieser kritischen Situation hatte er das Glück, das sein Gruppenführer schon ein mit allen Wassern gewaschenes Frontschwein war, das sich trotz aller Kampfeshärte eine Sensibilität für die Neulinge in seiner Gruppe bewahrt hatte. Er merkte Franz seine Angst an und redete beruhigend auf ihn ein: „ Atme tief durch Mann, denk nur an dein MG und schieß, wie Du es in der Ausbildung gelernt hast, achte auf mich und meine Befehle. Ich passe auf meine Jungs auf und wenn es ganz dicke kommt bin ich bei dir. Ich hab meine Gruppe bisher aus jedem Schlamassel rausgebracht und es bleibt auch keiner liegen." Die Mischung aus jugendlicher Unbedarftheit und unreflektiertem Vertrauen in die souveräne Ausstrahlung des Gruppenführers gaben Franz die nötige Kraft seine Erstarrung zu überwinden und sich den Ereignissen zu stellen, die mit der Feuertaufe auf ihn zustürmen sollten.

Um kurz vor fünf begann der Angriff mit einem Feuerschlag der rückliegenden Artillerie. Vor den Jägern riß mit dumpfen Schlägen die Erde auf und schoß mit großen Fontänen in den klaren Morgenhimmel. In das Brüllen der Geschoßeinschläge und das hohe Sirren der Granatsplitter mischten sich für Franz ganz neue, vorerst nicht zu identifizierende Laute, die ihm aber sehr unbehaglich waren. Die Jäger kauerten in ihren Stellungen und warteten auf den Befehl zum Angriff. Nach circa zwanzig Minuten brach das Artilleriefeuer ab und schlagartig erkannte Franz das ungewohnte Geräusch. Es war das tierische Geschrei der schon verwundeten Russen. In das in ihm aufkeimende Entsetzen kam der Befehl zum

Das Artilleriefeuer liegt kurz vor der eigenen Stellung

Angriff. All die Anspannung und Nervosität entlud sich schlagartig in Bewegung. Gleich einem Strudel sog der heftig einsetzende Feuerkampf die Landser mit sich fort. Plötzlich explodierten auch in den Reihen der Jäger die Granaten der Russen. Im Aufspringen neben Franz ein sirrend reißendes Geräusch. Sein Kamerad zur Rechten, ein junger Bursche aus Berchtesgarden, im gleichen Alter wie er, starrt ungläubig auf seine zerrissene Uniformjacke, aus der mit jeder Bewegung mehr und mehr seiner Gedärme quellen. Nach einigen Schrecksekunden fängt er unmenschlich an zu schreien und versucht die dampfenden Eingeweide wieder zurückzustopfen. Franz will ihm helfen und legt sein MG ab, als ihm sein Unteroffizier in den Rücken schlägt und ihn anschreit: „ Vorwärts, Angriff, dem ist sowieso nicht mehr zu helfen, gib deinen Kameraden Feuerschutz !" Franz löste sich aus der Erstarrung, der Verwundete verstummte plötzlich und sank mit einem Blick abgründiger Leere auf die Knie, kippte ohne weitere Regung vornüber mit dem Gesicht in die aufgewühlte Erde. Franz, schon zwanzig Meter weiter sah den erlösenden Tod seines Kameraden nicht mehr. Seine Gedanken waren weggewischt, ein archaischer Überlebenswille hatte plötzlich von ihm Besitz ergriffen. Tod, Verwundung, Angst waren bedeutungslos. Seine Wirklichkeit war nur noch Schießen, Laden, der Sprung vorwärts, Deckung suchen und raubtiergleiches Spähen nach dem Gegner, seinem Ziel. Eine Veränderung fand in ihm statt. Aus dem unbedarften jungen Mann wurde in den kommenden Stunden des heftig tobenden Kampfes ein Landser, mehr noch ein Krieger im ursprünglichen Sinn des Wortes. Aus der Mischung aus Angst, Blut und Tod entstand eine Droge, die gleichermaßen berauschte, wie bedrückte, da sie nicht nur das Ende der persönlichen menschlichen Unschuld markierte, sondern auch die Zukunft und Hoffnung eines Lebens hinwegfegte. Das Töten wurde sein aufgezwungenes Handwerk und das Schicksal wollte es, daß er es zur Meisterschaft perfektionierte.

Franz Gruppe arbeitete sich augenblicklich ohne Gegenwehr im Feuerschutz seines MGs vorsichtig durch das buschbestandene Gelände vor, als sie plötzlich auf eine Distanz von circa zwanzig Metern aus einer Buschgruppe unter heftiges Feuer genommen wurde. Ein Jäger fiel wortlos im Kugelhagel einer MP Salve. Franz erwiderte sofort das Feuer während sich die unverletzt gebliebenen Jäger in Deckung warfen. Mit zusätzlich gezielt plazierten Handgranaten brachte man die feindliche Gegenwehr zum Schweigen, und die Jäger arbeiteten sich unter gegenseitigem Feuerschutz auf den Gegner zu, der plötzlich wie vom Erdboden verschluckt war. In die Buschgruppe vorstoßend fanden sie vier tote Russen vor einem meisterlich getarnten Stolleneingang. Die Toten machten einen völlig ausgezehrten und verwahrlosten Eindruck. Wahrscheinlich hatten sie seit Monaten in diesem Stollen ausgeharrt. Frische Spuren führten in den Stollen zurück. Eine Mischung aus Neugier und Faszination des Grauens trieb die Jäger mit schußbereiten Waffen in den drohenden Schlund. Wenige Minuten, nachdem die Erde sie verschluckt hatte hörte Franz den dumpfen Klang von Schüssen. Kurz darauf torkelten die Jäger leichenblaß und sichtlich verwirrt wieder ans Tageslicht. Es blieb keine Zeit um Fragen zu stellen, denn unmittelbar griff eine russische Kompanie den Abschnitt an und der Strudel der Kämpfe riß die Jäger mit sich fort. Bis zum Einbruch der Dunkelheit gegen zweiundzwanzig Uhr dauerte das unerbittliche Ringen. Franz empfand es wie ein Wunder, daß er diesen Tag im Gegensatz zu vielen seiner Kameraden unbeschadet überstanden hatte. Er wurde mit seiner Kompanie in die Ausgangsstellung des morgendlichen Angriffs zurückgenommen. Aufgrund des unterschätzten Widerstandes der Russen mußte der Angriff am nächsten Tag komplett neu aufgebaut werden. Beide Seiten reorganisierten über Nacht ihre Kräfte und so ruhte auch für die Jäger für wenige Stunden der Kampf. Die Pause wurde genutzt um kleinere Verletzungen der noch Marschfähigen zu versorgen, Munition und Verpflegung zu fassen. Bei einem Kanten Brot, einer Fischdose und Zigarette zusammenhockend ließ man in kurzen Gesprächen die wichtigsten Ereignisse des Tages Revue passieren. Erst jetzt hatte Franz die Gelegenheit, seine überlebenden Kameraden nach den Ereignissen im Stollen zu befragen. In abgehackten Sätzen, noch vom unbewältigten Grauen gepackt, schilderten die beiden überlebenden Jäger eines dieser Vorkommnisse von rationeller Unfaßbarkeit, wie sie sich im Kriege schließlich häufen.

Sich vorsichtig im fahlen Licht des Stollens vortastend, stießen die Männer nach gut fünfzig Metern auf eine von Kerzen spärlich beleuchtete Höhle, durch die ein bestialischer Gestank waberte. Es dauerte, bis sich die Augen an die Dunkelheit gewöhnt hatten und das Gräßliche Gestalt annahm. In einer Ecke kauerten die zwei geflohenen, überlebenden Russen, ausgemergelt und ängstlich aneinandergekauert. Ihnen gegenüber lagen auf Munitionskisten die Überreste zweier sorgfältig zerlegter menschlicher Körper, die offensichtlich zum Zwecke der Haltbarmachung über dem Feuer geräuchert worden waren. In einer anderen Ecke lagen neben Exkrementen die in Verwesung übergegangenen Eingeweide und abgenagte Knochen. Ein des Russischen etwas mächtiger Jäger fragte vom Ekel geschüttelt die beiden verängstigten Überlebenden nach dem Geschehenen.

Sie berichteten, daß sie beim Rückzug der Russen mit fünfunddreißig Mann in diesem Stollen zurückgelassen wurden, mit dem strikten Befehl die Stellung solange unbemerkt zu halten, bis der russische Gegenangriff erfolgen würde. Dieser ließ allerdings viele Monate auf sich warten und die Vorräte waren bald verbraucht. Ein Polit-Offizier achtete auf die strikte Einhaltung des Befehles. Als sich schließlich unter den Soldaten die Stimmen mehrten, sich aus der Stellung zurückzuziehen, tötete der Politoffizier zur Abschreckung die beiden jüngsten Soldaten, sie waren gerade sechzehn Jahre alt, kaltblütig mit einem Genickschuß und gab mit vorgehaltenen Waffe den Befehl die Toten auszuweiden, zu zerlegen und die Körperteile über dem Feuer zu räuchern. Er zwang die Soldaten die Lebern der Toten aufzuteilen und frisch zu essen. In den nächsten Wochen ernährte man sich unter anderem vom Fleisch der Delinquenten. An ein Aufbegehren war nicht zu denken, da der Feldwebel und die beiden Unteroffiziere mit dem Politoffizier kooperierten und die Waffen in Kisten unter Verschluß hielten. Nach kurzer Zeit waren die Toten verspeist und der Politoffizier erschoß ohne Gnade den nächsten der jungen Soldaten. Wenige Tage danach überrollte der russische Angriff den Stollen und zwang die Gruppe wieder aufzutauchen. Während der Jäger das Gehörte übersetzte begann einer der Landser vom Ekel überwältigt zu kotzen. Kaum zu Luft gekommen schrie er „ Ihr widerlichen Arschlöcher" und zog den Abzug seiner MP 40 durch. Mit ungläubigen Augen voll Panik starrten die beiden Russen auf die Einschläge in ihren Körpern, schaumiges Blut quoll gurgelt aus ihren aufgerissenen, sprachlosen Mündern, ein letztes Zucken ihrer gequälten Körper zeigte das entweichende Leben. „Bloß raus hier Jungs" rief der Gruppenführer und man beeilte sich den apokalyptischen Ort hinter sich zu lassen. Gierig saugten die Jäger die frische Luft des Tages ein, mochte sie letztlich auch ein für sie ungewisses Schicksal mit sich tragen.

Für die erfahrenen Landser nur eine Episode war Franz mit einer übermäßigen Fülle von heftigsten Eindrücken, Einblicken in die Abgründe menschlichen Seins und existentiellen persönlichen Erfahrungen überschwemmt worden. Doch dies war nur ein harmloser Anfang, gemessen an dem, was noch folgen sollte. Aber es blieb kein Raum für tiefsinnige Gedanken. Schlaf und Hunger forderten ihr Recht und es blieben nur wenige Stunden der Ruhe. Es dauerte schließlich vier Tage, ehe der sowjetische Widerstand schließlich mit der Unterstützung nachgezogener Artillerie und Sturmgeschützen gebrochen werden konnte. Der Zipfel eroberter russischer Erde wurde mit dem Leben von sechshundertfünfzig deutschen Soldaten erkauft.

Nach diesen fünf Tagen hatte Franz auch die letzten Reste seiner jugendlichen Unbedarftheit verloren. Die Erlebnisse dieser mörderischen Kämpfe hatten bereits ihre Furchen in sein Gesicht gegraben. Die Ernsthaftigkeit seiner Züge ließ ihn zehn Jahre älter erscheinen. Seine Kompanie bestand nur noch aus zwanzig Mann. Aus seiner Gruppe lebten noch er und sein Unteroffizier. Franz hatte das Gefühl für Zeit, Angst, Mitleid verloren. Er war Spielball der Ereignisse und wurde nur von seinem archaischen Überlebensinstinkt durch den unablässigen Wechsel von Kampf, Hunger, Durst und Übermüdung getrieben.

2. Kapitel

Am 22.7. gelang die Rückeroberung der ehemaligen deutschen HKL. Die Russen kämpften mit dem Mut der Verzweiflung. Gut getarnt, bewiesen sie oft eine enorme Feuerdisziplin. Sie schossen erst auf Entfernungen unter fünfzig Metern. So wurde fast jeder Schuß ein Treffer. Insbesondere russische Scharfschützen sorgten für empfindliche Ausfälle in den Reihen der Jäger.

Zur zentralen Erfahrung des sMG Schützen Karner wuchs die Erkenntnis, daß sein Posten mehr als andere ein Himmelfahrtskommando war. Die strategische Bedeutung der MGs erforderte zwangsläufig ihre energische Bekämpfung durch schwere Infanteriewaffen, wie Werfer und Infanterie-Geschütze und im beweglichen Gefecht besonders durch Scharfschützen. Die Verluste unter MG Schützen waren demzufolge überproportional hoch. Schon nach diesen wenigen Tagen an der Front war ihm klar, daß seine Überlebenschance entscheidend davon abhing, sich eine andere Verwendung zu verschaffen.

Es war nur ein dumpfer Schlag gegen die linke Hand, als Franz am fünften Kampftag der Granatsplitter traf. Er nahm die Verwundung mit verblüffend kühlem Fatalismus, als unausweichliche Konsequenz zur Kenntnis. Erstaunlicherweise schmerzte sie gar nicht und blutete kaum. Mechanisch prüfte er die Bewegungsfähigkeit seiner Hand und nahm sie mit Beruhigung zur Kenntnis. Er ließ sich hinter sein MG fallen, riß ein Verbandspäckchen auf und wickelte mit Hilfe seines Kameraden den Mull schnell um die klaffende Wunde im Handballen. Kaum verbunden rief dieser schon: „Franzi davorn, sie kommen, schieß, schieß !"

Erst Stunden später, als die Reste seiner Kompanie aus der Kampflinie gezogen wurden und er ein wenig zur Ruhe kam spürte er den Schmerz. An der Sammelstelle, die zugleich Versorgungspunkt war, kümmerte sich auch ein Arzt mit einigen Sanitätern um eine erste Behandlung der Verwundeten. Ein kleines strohgedecktes Bauernhaus etwas abseits vom Regimentsgefechtsstand beherbergte den Verbandsplatz. Emotionslos registrierte Franz die Kulisse aus Stöhnen, Wimmern, einzelnen Schreien und dem Geruch rohen Fleisches. Einer der Sanitäter sortierte die ankommenden Verletzten nach der Schwere ihrer Verwundung. Ein blutjunger Soldat wurde in einer Zeltbahn herangetragen. Unter dem knabenhaften Gesicht, aus dem es stereotyp stöhnte „Ich kann mich nicht bewegen, oh Gott ich kann mich nicht bewegen", baumelte leblos ein marionettenhafter Körper. Der Sanitätsfeldwebel hob den von vorne unversehrten Oberkörper des Verletzten an. Zwischen den Schulterblättern klaffte ihm ein zwei Hände großes Loch entgegen, aus dem ihm wie weiße Zähne die Knochensplitter von Rippen und Wirbelsäule entgegenblickten. Vorsichtig ließ er ihn in die Zeltbahn zurücksinken. „Dem ist nicht mehr zu helfen Jungs. Mit der Verletzung ist der Tod eine Gnade. Tragt ihn rüber in die Scheune zum Pfarrer". Hier fanden sich die aussichtslosen Fälle zusammen, wo sich ein vom Leid sichtlich überwältigter Militärgeistlicher tapfer bemühte, den vom Tod Gezeichneten einen Rest von Beistand zu geben.

Franz Verwundung wurde als Bagatellverletzung gewertet und er mußte sich in einer Reihe anstellen, die auf einen Sanitätsfeldwebel zulief, der mit routinierter Hand Fleischwunden säuberte und vernähte. Neben ihm saß ein Feldwebel, der rechte Unterarm mit einem Taschentuch und einem Stock als Knebel abgebunden. Wie an Bindfäden baumelte seine abgetrennte Hand an ein paar letzten Sehnen. Im Schock starrte er re-

Operiert wurde häufig unter freiem Himmel

gungslos vor sich hin. Es dauerte noch drei Stunden bis Franz endlich an der Reihe war. Ohne Worte entfernte der Feldwebel den Verband, untersuchte die Wunde auf mögliche Fremdkörper und säuberte sie mit einer Sulfonamitlösung. Ein sehr kräftiger Sanitätsgefreiter ergriff Franz Arm und drehte ihm den Rücken zu, so daß der Blick auf die Wunde verstellt war. Kaum geschehen, begann der Feldwebel ohne Betäubung, schnell und mit großem Geschick die Wundränder sauber zu schneiden und zu vernähen. Seinen Arm mit eisernem Griff haltend, empfahl der Gefreite: „Schrei ruhig, das lenkt ab." Die Anspannung und Beherrschung fielen jetzt von Franz ab, der Schmerz wurde ihm voll bewußt. In seinem Schreien machte sich das unmenschliche Erleben der letzten Tage endlich Luft.

Seine Verwundung bedurfte einige Tage der Schonung, und er wurde mit einigen vergleichbar betroffenen Kameraden für vierzehn Tage zum Regimentstroß verlegt um seine Wunde bei leichten Hilfstätigkeiten auszuheilen. In dieser

Ein Haufen russischer Beutewaffen.

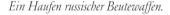

Zeit wurde das völlig ausgeblutete Regiment zur notwendigen personellen und materiellen Auffrischung nach Woroschilowsk zurückverlegt. Franz, den gelernten Tischler, teilte man dem Regiments-Waffenmeister als Hilfskraft zu. Seine Aufgabe war es, die Beutewaffen zu sortieren und nach fortgeschrittener Heilung Schaftreparaturen an beschädigten deutschen Karabinern zu machen.

In der relativen Sicherheit und Ruhe der Etappe mündete für Franz die folgerichtige Reflexion seiner soldatischen Lage in der festen Gewißheit, daß er bei erster Gelegenheit versuchen würde, der weiteren Verwendung als MG Schütze zu entgehen.

Es war wohl ein Wink des Schicksals, daß er unter den zu sortierenden Waffen ein einzelnes russisches Scharfschützengewehr aus der Beute seiner Kompanie entdeckte, das schon seit einigen Wochen mitgeschleppt wurde, ohne es an die rückwärtigen Beutesammelstellen weiterzuleiten. Unmittelbar fragte er den Regiments-Waffenmeister, ob er dieses Gewehr zum Übungsschießen haben könnte. Russische Munition war genügend vorhanden und hellseherisch meinte der Waffenmeister zu ihm: „Zeig mal was Du kannst, vielleicht bist Du ja der geborene Scharfschütze. Solche Jungs können wir nämlich gebrauchen, um dem Iwan mal einzuheizen. Du weist selber am besten, wie uns seine Scharfschützen das Leben sauer machen."

Noch am selben Abend begann er mit seinen Schießübungen. Schon nach wenigen Tagen ging ihm das treffsichere Schießen sicher von der Hand. Der Waffenmeister zeigte sich beeindruckt von seinen Schießkünsten. Scheinbar mühelos traf Franz auf einhundert Meter eine Streichholzschachtel und auf dreihundert Meter noch eine hölzerne Munitionskiste für fünfhundert Karabinerpatronen, deren Deckel einen Durchmesser von circa dreißig mal dreißig Zentimetern hatte.

Schnell waren die vierzehn Tage der Schonung vorüber, die Wunde gut verheilt, und Franz mußte wieder zurück zu seiner Kompanie. Als er sich beim Waffenmeister verabschiedete übergab dieser ihm das russische Zielfernrohrgewehr. „Franz, ich habe mit Deinem Alten (Landserausdruck für den Kp-Chef) gesprochen und ihm von Deinen Schießkünsten erzählt. Er hat nichts dagegen, wenn Du Dein Glück als Scharfschütze versuchst. Also Junge, zeig's dem Iwan."

In den ersten Augusttagen 1943 erschien Franz dann mit dem Scharfschützengewehr unter dem Arm wieder bei seiner Kompanie. Als er sich

Das russische Scharfschützengewehr Modell Moisin Nagant 91/30 mit 4-fachem Zielfernrohr Modell PU

beim Spieß zurückmeldete, wurde ihm bei dieser Gelegenheit formlos das schwarze Verwundetenabzeichen mitsamt einer Urkunde überreicht. „Karner, denken Se nicht Se hätten es damit hinter sich. Das war nur ein Vorgeschmack. Halten Se den Arsch auf jeden Fall weiter immer schön dicht an der Grasnarbe, schon gar jetzt als Scharfschütze. Jetzt dürfen Se abtreten und dem Iwan einheizen".

Die Front war relativ ruhig und die Kampftätigkeit beschränkte sich auf kleine Artillerieduelle und Spähtruppscharmützel. Allerdings war der Druck durch russische Scharfschützen enorm. Es war lebensgefährlich sich zu exponieren und trotz allgemeiner Vorsicht fanden sie immer wieder ein Ziel. Franz hatte in seinem Kp-Chef einen aufgeschlossenen Vorgesetzten, der die Vorteile eigener Scharfschützen durchaus erkannte und ihr Fehlen beklagte. Dies war durchaus nicht die Regel. Viele Offiziere sahen in Scharfschützen unehrenhafte und heimtückische Kämpfer, - Heckenschützen -, und lehnten sie ab. Ein Offizier der 3. G.D. formulierte diese Einstellung recht plastisch in seinen Erinnerungen.

„War er vielleicht einer jener Schützen, die im Morgengrauen, oder vorm Dunkelwerden hinausrobbten und stillagen, den Blick wie eine Katze über dem Mausloch, im Zielfernrohr über dem feindlichen Schützenloch, aus dem dann sich eine Schulter, ein Kopf hob - auf einen Augenblick nur - aber genug. Und ein Schuß schlug in die Stille. Aus einer sich langsam zusammenkrampfenden Hand fiel eine leere Konservendose. Die Notdurft, die das Leben kostete. Ist das noch Kampf !"

Dazu eine Erklärung.

Ein Problem im Gelände festsitzender Soldaten stellt die Verrichtung der Notdurft dar. Aus hygienischen Gründen ist es unmöglich den begrenzten Bewegungsraum durch Exkremente zu verstellen. Aus diesem Grunde hoben sich die Landser schon nach wenigen Tagen Fronterfahrung jeweils leere Konservendosen auf, sozusagen als Campingtoiletten. Nach vollbrachter Tat der Erleichterung drängten natürlich Geruch und nörgelnde Kameraden auf schnelle Entsorgung. Beim nötigen beherzten Schwung über den Grabenrand passierte dem Ungeübten in der Angst sich mit den duftenden Überbleibseln zu bekleckern, daß er sich zu weit erhob. Ein guter Scharfschütze nutzte diese Gelegenheiten ohne Rücksichten aus.

Doch die Zeilen des Offiziers sind letztlich Bigotterie. Denn Krieg ist nicht ethisch und nicht heroisch. Er versucht unter Einsatz maximaler Gewalt und um den Preis von Tod, Verstümmelung und Zerstörung ein politisches Ziel zu erreichen. Es macht absolut keinen Unterschied, ob man vom Projektil eines Scharfschützen getroffen, oder von einer Werfergranate zerrissen wird. Und es ist durchaus offen, wenn schon das fragile Problem der Ehrenhaftigkeit im Raume steht, wer ehrlicher und tapferer im Kampfe ist, der Offizier, der um des strategischen Zieles, der persönlichen Anerkennung, oder aus Gründen taktischer Unfähigkeit gar, zum Beispiel eine ganze Kompanie verheizt, oder der Scharfschütze, der zwar „heimtückisch", aber sehr effektiv kämpft und sich dabei auch selbst einem sehr hohen Risiko aussetzt. Die Tatsache, daß er sein Überleben durch Geschick und Klugheit mehr in der Hand hat als zum Beispiel ein MG-Schütze, der von seinen Vorgesetzten als taktisches Element verplant und im Handeln vorbestimmt wird, kann nicht zum Vorwurf taugen.

Krieg kann grundsätzlich in seiner praktischen Durchführung nicht ethisch sein. Die Bemühungen einer ethischen Systematisierung soldatischen Handelns sind letztlich nur Makulatur und der untaugliche Versuch das systematische und geplante physische Vernichten des Gegners mit dem löchrigen Umhang einer zwielichten Legitimation zu verhängen. Anstatt das Phänomen moralisch zu vernebeln, sollte man ihm als lieber als menschlicher Realität offen ins Auge sehen. Man sollte den Krieg, getragen von der Sozialgemeinschaft aller Bevölkerungsschichten beherrschen und nicht in die unkontrollierten Hände der instituionalisierten Gutmenschen und rechten und linken Demagogen entgleiten lassen. Wehrpflicht und Wehrwillen sind feste und unersetzliche Bestandteile der Demokratie. Denn in erschreckender Aktualität gilt mehr denn je:

Si vis pacem para bellum - Wenn Du den Frieden willst, bereite Dich auf den Krieg vor.

Franz jedenfalls war seinen Himmelfahrtsposten als MG-Schütze erstmal los. Er unterstand jetzt unmittelbar dem Kp-Chef. Da sich die Kampflage zu dieser Zeit im wesentlichen auf die Stellungssicherung beschränkte, stellte er den neuen Scharfschützen im Rahmen des Kp-Abschnittes frei zur Jagd. Instinktiv tat Franz das Richtige und ging am ersten Tag die Gräben ab, um seine Kameraden nach ihren Vorfeldbeobachtungen zu fragen. Er wurde mit einem Aufatmen begrüßt. „Endlich ein Scharfschütze, - zeigs ihnen Franz." Ein MG-Truppführer nahm ihn am Jackenärmel und zog ihn in eine Sappe. Durch eine Spalte in den zum Schutz auf dem Grabenrand aufgeschichteten Baumstämmen wies er auf die russischen

Stellungen und erklärte: „Da vorn liegt schon seit Tagen ein Scharfschütze beim Iwan. Der schießt auf alles. Sieh hier sogar das Kochgeschirr, das wir über den Graben gehalten haben hat ein Loch. Kannst uns den nicht vom Halse schaffen ?"

3. Kapitel

Angestrengt spähte Franz mit seinem achtfachen Fernglas, das ihm auf Veranlassung des KP-Chefs vom WuG ausgehändigt worden war, durch die schmale Spalte zwischen den Baumstämmen, konnte aber nichts Verdächtiges entdecken. Er schlug daraufhin vor, eine zusammengerollte Zeltbahn mit einer Feldmütze drauf vorsichtig über den Grabenrand zu heben, während er die russische Stellung beobachtete. Der russische Scharfschütze war wohl noch recht unerfahren, denn er schoß, sobald sich die Mütze über dem Grabenrand zeigte. Franz sah das Mündungsfeuer seines Gegners wie einen Windhauch aus einem Holzstoß herauszüngeln. Jetzt, wo er wußte wo der Russe lag, konnte er sogar das Objektiv des Zielfernrohres an einem leichten Schimmern auf der Linse erkennen. Schon bei diesem ersten Einsatz zeigte sich Franz intuitives Gespür für den Kampf als Scharfschütze. Denn er verinnerlichte gleich die erste Lektion zum Überleben:

Nie auf ein Ziel schießen, das man nicht sicher identifiziert hatte. Bei der freien Jagd immer nur einen Schuß aus einer Stellung, dann sofort die Stellung wechseln, oder sich in ihr unsichtbar machen.

Sein Gegenüber aber blieb in seiner Stellung und wartete auf ein neues Ziel. Ein verhängnisvoller Fehler, den er mit seinem Leben bezahlen sollte. Franz legte sich eine zusammengerollte Zeltbahn als Auflage hinter die Baumstämme. Vorsichtig schob er nur die Mündung seines Gewehres durch den Beobachtungsspalt. Das Zielfernrohr konnte er dabei gar nicht benutzen, da die Öffnung nicht groß genug war. Der Russe lag nur circa neunzig Meter entfernt, so daß er sein Ziel auch noch über die normale Visierung von Kimme und Korn aufnehmen konnte und in diesem Fall auch mußte.

Plötzlich machte sich Nervosität in ihm breit. Die Kameraden erwarteten einen super präzisen Schuß und er sah sich unvermittelt vor der Aufgabe zum ersten Mal in seinem Leben ganz bewußt und ‚gezielt‘ einen Menschen zu töten. Skrupel durchfuhren ihn, der Hals wurde trocken und die Kehle schien plötzlich wie zugeschnürt. Sein Herz raste und beim Blick über die Visierung sah er sein

Zittern. Er fühlte sich gelähmt und unfähig den Abzug zu ziehen, und mußte kurz absetzen und durchatmen, um sich zu fassen. Gespannt standen seine Kameraden um ihn herum und sahen ihn erwartungsvoll an. Erneut nahm er seine Waffe in Anschlag, visierte sorgfältig und zögerte wieder. „Ja was denn nun, knall ihm eine rein", hörte er einen Kameraden wie aus weiter Ferne sagen. Und plötzlich löste sich seine Verspannung. Wie im Traum und mit maschineller Präzision begann sich sein Abzugsfinger zu bewegen. Er nahm den Druckpunkt atmete tief ein und aus, hielt den Atem an und zog den Finger durch. Der Schuß brach, vor seiner Mündung staubte es auf und verstellte ihm den Blick. Aber ein Kamerad, der durch ein anderes Loch in der Grabendeckung beobachtet hatte rief: „Erwischt Mann, voll auf die Zwölf, die Sau ist hin." Wie ein Lauffeuer ging es durch die Gräben, daß der russische Scharfschütze erledigt wurde. Plötzlich bellferten MGs los, Karabiner krachten und einer rief „Angriff". Völlig überrascht von dieser Aktivität und dem Ansturm von deutscher Seite, zogen sich die Russen fluchtartig aus ihren vorgeschobenen Gräben auf ihre Hauptkampflinie zurück. Ohne Widerstand stürmten die Jäger in die verlassenen russischen Stellungen, unter ihnen auch Franz. Er und die Zeugen seines ersten Scharfschützenabschusses waren natürlich neugierig auf das Ergebnis und liefen direkt zu dem Holzstoß unter dem der Gegner liegen mußte. Dieser hatte sich darunter eine Mulde gegraben in der jetzt der leblose Körper lag. Nur die Füße waren zu sehen, neben denen ein blutiges Rinnsal über die Grabenwand sickerte. Mit schnellem Griff hatten ihn zwei Jäger an den Unterschenkeln aus seiner Stellung gezogen und gaben damit den Blick frei auf das Ausmaß der tödlichen Verwundung. Ein blutiger Matsch aus Hirn und Knochensplittern überzog seinen Rücken, im Hinterkopf klaffte ein faustgroßes Loch und bot Einblick in seinen von der Druckwelle des Geschosses leergefegten Schädel. Die ob solcher Anblicke schon abgebrühten Landser drehten den Gefallenen auf den Rücken und sahen in das totenleere Gesicht eines vielleicht Sechzehnjährigen, dem Franz Geschoß ins rechte Auge geschlagen war. „Den haste aber sauber erwischt, mein lieber Mann, und das auf fast hundert Meter über die offene Visierung. Du hast es aber echt drauf Franz," kommentierte einer der Jäger die Szene. In einer Mischung aus Stolz, Entsetzen und schlechtem Gewissen blickte Franz auf sein Opfer. Und schlagartig stieg ein Würgen in ihm hoch, er mußte kotzen. Konvulsivisch würgend gab er eine Mischung aus Kommißbrot, Muckefuck (Landserausdruck für Malzkaffee) und Ölsardinen mit gekonntem Schwung von sich. Doch dem in ihm aufsteigenden Gefühl von Peinlichkeit, ob seiner öffentlich gezeigten Schwäche, blieb kein Raum zur Entfaltung. Denn seine Kameraden reagierten erstaunlich gelassen und verständnisvoll auf seine vermeintliche Unbeherrschtheit. Ein Unteroffizier, eineinhalb Köpfe größer als Franz, mit einem

großen   rotblonden
Schnauzbart, einem schel-
misch verschmitzten Zug
um die blauen Augen und
vielleicht zehn Jahre älter,
tröstete ihn mit einem auf-
fallenden norddeutschen
Akzent: „Brauchst Dich
nicht zu schämen Alter,
das ist jedem von uns auch
schon passiert. Da muß
man einfach durch. Besser
sauber gekotzt, als dreckig
in die Hosen geschissen.
Für solche Fälle hat Papa
immer   ein   scharfes
Stöffchen am Mann." Da-
bei zog er einen silbrig
glänzenden   Flachmann
(kleine Schnapsflasche aus Blech) aus der Brusttasche und hielt ihn Franz hin.
„Hier, nimm mal einen ordentlichen Hieb, das zieht Dir die Sorgenfalten aus dem
Sack. Aber hüte dich, Kotzbröckchen reinzusabbern. Sonst ziehe ich dir die Nudel
bis zum Kragenknopf lang." Dankbar nahm Franz einen kräftigen Schluck. Als er
dem Uffz. die Flasche zurückgab schoß es ihm durch den Kopf, der sieht ja aus wie
ein Wikinger, fehlen nur noch die Hörner am Helm. Und er mußte lächeln bei dem
Gedanken an einen Wikinger bei den Gebirgsjägern. Aber es blieb gar keine Zeit
für lange Überlegung und persönliche Sensibilität. Denn noch während sie die russischen Gräben nach Verwertbarem filzten gingen die Sowjets bereits zum Gegenangriff über und wie gewonnen, so war der Erfolg auch schon wieder zerronnen.
Eine Stunde später war alles wieder wie zuvor, und jeder an seinem Platze. Franz
allerdings hatte sein Gesellenstück als Scharfschütze bestanden und die Kameraden verbreiteten die Abschußgeschichte in den Stellungen. So schlug ihm mehr
Bewunderung als Ablehnung entgegen und half ihm, Zweifel an seiner Tat beseite

zu schieben. Er verinnerlichte seine zweite Lektion:

Krieg ist ein gnadenloses System von Töten und getötet werden. Im Kampf ist Mitleid mit dem Gegner letztlich Selbstmord, denn jeder Gegner den du nicht tötest, kann im nächsten Augenblick dich töten. Die Chance zu überleben steigt mit der Konsequenz und Rücksichtslosigkeit deines soldatischen Handelns gegenüber dem Gegner.

Ein Grundsatz, dem er bis zum Ende des Krieges absolut treu blieb. Hatte er einen Gegner mit dem Finger am Abzug im Fadenkreuz, war dessen Schicksal besiegelt - ausnahmslos.

Noch am selben Tag gelangen ihm zwei weitere Abschüsse unvorsichtiger Russen. Im jugendlichen Stolz auf seinen Erfolg machte er mit dem Taschenmesser drei kleine Kerben in den Schaft seines Gewehres, ein Ritual, daß er solange beibehielt, wie er sein russisches Zielfernrohrgewehr hatte. Erst das tragische Ende eines Kameraden ließ ihn ein Jahr später mit dieser selbstmörderischen Gewohnheit brechen. Noch am selben Tag wies ihn der Spieß (Soldatenausdruck für den Kompaniefeldwebel) darauf hin, daß er seine Abschüsse unter Nennung jeweils von einem Zeugen aus dem Unteroffiziers- oder Offiziersstand an den Kompanieführungstrupp melden solle. Zu zählen seien allerdings nur solche Abschüsse, die außerhalb von Angriff oder Verteidigung im Stellungskampf erzielt wurden. Er hatte dazu ein kleines Heft zu führen in dem die Abschüsse zu listen waren und jeweils durch einen Offizier oder Unteroffizier bestätigt werden mußten. Für jeweils zehn bestätigte Abschüsse gab es dann eine circa sieben Zentimeter lange und einen Zentimeter breite Silberlitze, wie sie auf dem Kragen der Unteroffiziere saß, die auf den linken Unterarm genäht wurde. Doch die Bestätigung von Abschüssen war oft eine leidige Angelegenheit. Mancher Vorgesetze neidete den soldatischen Erfolg und widersetzte sich der Unterschrift. Insbesondere die Artilleriebeobachter, oft junge Offiziere voll soldatischem Idealismus, hielten auch die eigenen Scharfschützen, wie bereits geschildert, für heimtückische Heckenschützen und brachten ihre unverhohlene Antipathie durch Verweigerung einer Bestätigung zum Ausdruck. Auch ein Grund, warum Scharfschützen und Artilleriebeobachter selten miteinander konnten. Ein weiterer Umstand für eine institutionelle Antipathie war die Tatsache, daß Scharfschützen den VBs (Vorgeschobene Beobachter) der Artilleristen gerne die gute Ausrüstung in Form von Jacken, Decken und Zeltbahnen klauten. Franz sollte sich auf diesem speziellen Gebiet der dezentralen Beschaffung von Offiziersausrüstungsstücken zu einem Meister des Faches entwickeln.

In den nächsten vierzehn Tagen gelangen ihm insgesamt siebenundzwanzig Abschüsse. Und seine neue Aufgabe wurde schnell zur Routine. Als unerfahrener Neuling hatte er dabei allerdings eine gehörige Portion Glück. Denn die russischen Scharfschützen gingen ihm in Verkennung seiner eigentlichen Unerfahrenheit aus dem Wege. Der Frontabschnitt der Kompanie blieb zudem relativ ruhig. Dies gab ihm die Möglichkeit aus Erfahrung und Fehlern zu lernen. Einen Vorteil, den viele andere Scharfschützen ohne Kampferfahrung nicht hatten und ihre Fehler nach nur kurzer Zeit unerbittlich mit dem Leben bezahlen mußten.

Doch die Tage der leichten Kämpfe waren am 18.8.43 gezählt. Schon Tage vorher nahm der Druck russischer Feuerüberfälle zu. Sie gipfelten in einem Großangriff auf der ganzen Länge der Donez-Front. Mit erdrückender Übermacht griff der Russe an und erzwang den Durchbruch. Die Jäger mußten ihre Stellungen verlassen. Jetzt in der Defensive zeigte sich die herausragende taktische Bedeutung eines guten Scharfschützen. Obwohl erst wenige Wochen an der Front, zeigte Franz schon die stoische Ruhe und Kaltblütigkeit des erfahrenen Landsers. Selbst in bedrückenden Kampfsituationen behielt er die Nerven und kämpfte mit Inspiration und Fortüne. Eine Fähigkeit, die man theoretisch, sprich auch in einer noch so guten Ausbildung faktisch nicht erlernen kann. Nur in der unausweichlichen Realität des Kampfes zeigt sich das Soldatentum im Beherrschen der persönlichen Angst und der natürlichen Fluchtreflexe.

Die 3. G.D. begann ihren systematischen aber geordneten Rückzug zum Dnjepr. Mit der gewaltigen Übermacht von dreiunddreißig vollständigen Divisionen, gegenüber zehn personell und materiell ausgebluteten auf deutscher Seite, stürmten die Russen gegen die deutschen Stellungen. Hier mußten neunzig Soldaten einen Kilometer Frontlinie verteidigen. Um Lücken zu schließen wurden rückwärtige und logistische Verbände wie Infanterie verplant und in der unmittelbaren Frontlinie eingesetzt. So gab es keine Tiefenstaffelung der Kräfte und keine Reserven mehr. Ein Frontdurchbruch der Sowjets würde sich unmittelbar und hochgefährlich auswirken. Die 3. G.D. stand dabei im Mittelpunkt schwerster Kämpfe bei Saporoshje, wo zwei russische Stoßkeile den Durchbruch und Zangenschluß versuchten. Obwohl die Jäger des G.R. 144 gegen einen zehnfach überlegenen Gegner an strategisch wichtiger Stelle standen, hielt ihre Widerstandslinie und ermöglichte anderen Verbänden einen geordneten Rückzug und den Aufbau einer neuen Auffanglinie. Mit wechselnden Schwerpunkten hielt die russische Offensive wochenlang an. Anfang September verwandelten sich die Wege und Straßen im Dauerregen des früh einsetzenden Herbstes in knietiefen, unwegsamen Morast.

Steter Schlafmangel, Versorgungsprobleme mit Nahrung und Munition und ein unablässiger Kampfdruck forderten die letzten physischen Reserven der Jäger. Eine typische Kampflage, wie sie zum Standard für den Rest des Krieges werden sollte.

Die 7./144 hatte den Befehl den Abzug des Regiments zu sichern. Sechzig Jäger igelten in einem Dorf an einer strategisch wichtigen Kreuzung, um den motorisierten Vormarsch der Russen aufzuhalten. Die feindliche Aufklärung stellte recht schnell deren geringe Stärke fest. Nachrückende sowjetische Verbände kesselten die Jäger ein, um sie restlos zu vernichten. Die Verbliebenen der 7. Kompanie bestanden aus kampferfahrenen und routinierten Soldaten. Gut verschanzt und mit gezieltem Feuer gelang es ihnen, die Russen auf Distanz zu halten. Selbst Pak- und Panzerbeschuß überstanden die Jäger mit wenigen Ausfällen in ihren Löchern. In Kämpfen wie diesen schlug die Stunde des Scharfschützen. Schuß auf Schuß traf auf Entfernungen bis dreihundert Meter sicher das Ziel. An allen Brennpunkten des Kampfes tauchte Franz auf und zwang durch sein nahezu unfehlbares Feuer den Gegner in die Defensive. Mit schier unglaublicher Nervenstärke trug er seine Projektile mit tödlicher Sicherheit in die Reihen der russischen Angreifer. In solch verzweifelten Kampflagen war es von entscheidendem Vorteil, wenn es gelang, den Gegner auch in seiner Kampfmoral zu verunsichern. Der erfahrene Scharfschütze trachtete darum nicht sosehr nach tödlichen Treffern, sondern nach möglichst schmerzhaften und kampfunfähig machenden Rumpfschüssen. Neben einer deutlich höheren Trefferquote in der Hektik des Gefechtes und bei schneller Schußfolge, demoralisierte das tierische Geschrei der Schwerverletzten ihre Kameraden und hemmte den Angriffsschwung. In Kämpfen wie diesen, gegen überlegene Angriffswellen entwickelte Franz eine persönliche Taktik zur Perfektion. Er wartete ab, bis sich drei bis vier Angriffswellen in der Tiefe gestaffelt hatten. Dann begann er mit sehr schneller Schußfolge möglichst viele Bauchschüsse in die letzten beiden Wellen zu setzen. Die einsetzenden Schmerzensschreie der Schwerstverwundeten und die Tatsache des rückwärtig abbrechenden Angriffes verunsicherten die vorderen Kampfreihen schlagartig. Der Angriff begann zu stocken. In diesem Augenblick nahm Franz die vorderen Angreifer ins Fadenkreuz. Gegner, die bereits näher als fünfzig Meter heran waren wurden, soweit möglich, mit sofort tödlichen Kopf- oder Herzschüssen bekämpft, um ihre Kampffähigkeit unmittelbar zu unterbinden. Gegner über fünfzig Meter wurden weiter mit Rumpftreffern beschossen, um eben möglichst viele Schwerverwundete zu schaffen. Bei flüchtenden Gegnern führten speziell Nierenschüsse zu unmenschlich schreienden Verwundeten. Oft brach der Angriff dann schlagartig zusammen. Bei solchen

Kampflagen erzielte Franz in wenigen Minuten oft über zwanzig Abschüsse, die allerdings eben nicht gezählt wurden.

Zwei Tage konnte er auf diese Art und Weise im Zusammenwirken mit seinen Kameraden das Überleben der kleinen Kampfgruppe sichern. Doch um der unausweichlich drohenden Vernichtung zu entgehen, mußte sich die inzwischen weiter geschrumpfte Schar der Verteidiger umgehend zurückziehen. In der zweiten Nacht gelang es der Kompanie, sich über eine noch in der Dämmerung freigekämpfte Bresche unter Mitnahme von dreizehn Verwundeten abzusetzen. Dabei war es wieder der Scharfschütze, der die Verfolger auf respektvolle Distanz hielt, bis im Morgengrauen der Anschluß an die eigene neue HKL gelang. Es stellt sich angesichts dieser Beschreibung sicherlich wieder die Frage nach der Ethik und soldatischen Ehrenhaftigkeit eines solchen Kampfes. Doch in der archaischen Anwendung ungezügelter Gewalt wird nur das persönliche Überleben, bzw. das der unmittelbaren Kameraden zur einzigen Richtschnur des Handelns.

Mit dem Erreichen der HKL war aber an verdiente Ruhe nicht zu denken. Mit dem Licht des neuen Tages griff der Russe wieder an, verhaltener zwar, aber wieder wurde alle Aufmerksamkeit gefordert. Es waren diesmal drei von Infanterie unterstützte Panzer, die sich rasselnd auf die Jäger zubewegten. Franz hatte sich zwischen seinen Kameraden eine Tiefenstellung geschaffen, in der er möglichst lange unentdeckt zu bleiben hoffte. Die Landser hatten ihre neuen, improvisierten Positionen so gut es ging getarnt, um die nachrückenden Russen möglichst überraschend mit einem Feuerschlag zu treffen. Entsprechend vorsichtig rückte der Gegner in Unkenntnis der Lage vor.

Die sowjetischen Infanteristen hielten sich so gut es ging in der Deckung der langsam vorrollenden Panzer. Diese waren nur noch gut einhundertfünfzig Meter von den deutschen Stellungen entfernt. Mit einem Ruck kam der vordere Panzer plötzlich zum Stehen. Summend drehte sich der Turm und schwenkte seine Kanone über die deutschen Linien, wohl ohne sie schon lokalisiert zu haben. Der Turm stoppte und Sekunden später öffnete sich die Turmluke. Schon hatte Franz sein Gewehr im Anschlag, den Zielstachel des Zielfernrohres auf den Deckel gerichtet. Vorsichtig schob sich ein Kopf zwei Handbreit aus der Öffnung und hob ein Fernglas vor die Augen. Das Gewehr war auf eine Entfernung von einhundertzwanzig Meter auf Fleck eingeschossen. Wenn er also ein paar Zentimeter höher anhalten würde, müßte der Schuß sitzen. Der Treffer war in dieser Situation Verpflichtung, denn der Mündungsknall wäre zugleich der Auftakt zum Gefecht.

Angst und unmenschliche Strapazen schnitten tiefe Furchen in die jungen Gesichter der Gebirgsjäger aus Mittenwald...

Franz zögerte nur Sekunden, dann kam ihm blitzartig der Gedanke - das ist der Kommandant der Panzer und vielleicht des ganzen Angriffes. Sein Ausfall könnte die Entscheidung bringen. Ein tiefes Durchatmen, Konzentration, ruhiges und gleichmäßiges Bewegen des Abzugfingers und schon brach der Schuß. Franz sah durch sein Zielfernrohr, wie ein Blutschwall gegen die hochstehende Turmluke klatschte und der Kopf im Panzer verschwand. Sekunden später tobte der Feuerkampf. Und tatsächlich, die Panzer blieben stehen, schossen zwar auf die deutschen Linien, doch ohne Schaden anzurichten. Nach wenigen Minuten dröhnten ihre Motoren auf und die drei Stahlkolosse zogen sich zurück. Franz Vermutung hatte sich damit augenscheinlich bestätigt. Dem russischen Angriff fehlte nun offensichtlich die Führung. Denn als der Gegner nach gut einer Stunde zum zweiten Versuch ansetzte, hatte die Attacke nicht mehr den nötigen Schwung und die Entschlossenheit. Es war nur ein gezielter Schuß, der den feindlichen Ansturm im wahrsten Sinne des Wortes kopflos machte und es mit größter Wahrscheinlichkeit den Jägern an diesem Tag ermöglichte standzuhalten.

Am 20. September endete schließlich die Offensive. Die inzwischen deutlich verkürzte deutsche Front hatte sich notdürftig gefestigt und Dank der hohen Kampfmoral der 3. G.D. einen Durchbruch des Gegners verhindert. Das G.J.R. 144 hatte in diesen außerordentlich harten Kämpfen wiederum mehr als Hälfte seiner Soldaten verloren. Übrig geblieben waren ausgezehrte, verdreckte, verlauste, verwundete und kranke Soldaten, denen die übermenschlichen Anstrengungen der zurückliegenden Kämpfe tiefe Furchen in die Gesichtszüge geschnitten hatten. Die nationalsozialistische Propaganda verkaufte in ihrem Zynismus diese Gesichter als die heroischen Physiognomien der im stählernen Feuer geschmiedeten Ostfront-Kämpfer.

Franz hatte die Kämpfe erstaunlicherweise unverletzt überstanden litt aber unter Läusen, von den Landsern liebevoll ,Sackratten' genannt und Durchfall, da er sich, wie viele seiner Kameraden tagelang nur von Salzgurken ernährt hatte, die sie in den Vorratsspeichern der russischen Bauernhäuser gefunden hatten.

Die Division nutzte die vorübergehende Ruhe, um eine neue Verteidigungslinie, die Wotanstellung aufzubauen. Im augenblicklichen Stellungsraum überkam die Landser ein eigentümliches Heimatgefühl, da sie sich im Siedlungsgebiet der Wolga-Deutschen befanden, die allerdings schon lange vorher von den Russen deportiert worden waren. In schmucken kleinen Dörfern und Städtchen mit Namen wie Heidelberg, Tiefenbrunn und Rosenberg mit ordentlich verlasse-

...die nationalsozialistische Propagandamaschinerie ließ daraus jedoch den entschlossenen Frontsoldaten, dem der Kampf zur Aufgabe geworden war, entstehen.

nen Häusern, in denen das Geschirr noch in den Schränken stand und die aussahen als kehrten die Besitzer jeden Augenblick zurück, wurden Stellungen gebaut im Bewußtsein, daß in wenigen Tagen oder Wochen der Sturm der kriegerischen Zerstörung über sie hinwegfegen würde. Eigenartige Gefühle einer Bedrohung der eigenen Heimat beschlichen die Soldaten, ein Omen, für das was noch kommen sollte ?

Während sich die Rote Armee zu einer neuen Offensive sammelte, wurde das G.J.R. 144 in der Nähe von Gendelberg mit Genesenden und zurückkehrenden Urlaubern nur unzureichend aufgefüllt. Auch der Nachschub an Waffen und Munition blieb deutlich hinter den Erwartungen zurück. Um so wichtiger war jetzt eine möglichst gute Aufklärung im Stellungsraum des Regiments, um den feindlichen Angriff an der richtigen Stellen zu erwarten und die eigenen begrenzten Kräfte richtig einzuteilen. Ebenso wichtig war es, den Gegner durch kühne Stoßtruppunternehmen über die eigene unzureichende Stärke zu täuschen. Franz war jetzt in den Morgen- und Abendstunden ständig auf der Pirsch vor den eigenen Linien, um aufzuklären und unvorsichtige russische Patrouillen durch überraschendes und gezieltes Feuer von den deutschen Linien fern zu halten, sie zu dezimieren und die Überlebenden verunsichert in ihre Stellungen zurückzutreiben.

Der übliche Spähtrupp suchte nach feindlichen Stellungen und war in der Regel auf eine Konfrontation mit einem einzelnen Scharfschützen weit vor den gegnerischen Linien gar nicht gefaßt. Der Kontakt mit einem feindlichen Scharfschützen traf den Spähtrupp hüben wie drüben meist wie der Blitz aus heiterem Himmel. Darum gelang es Franz oft mehrere Mitglieder eines Spähtrupps zu erschießen, bis sie sich soweit orientiert hatten, daß sie eine sichere Stellung fanden oder sich in sichere Entfernung zurückzogen.

In der Dämmerung eines wunderschönen Herbstmorgens im späten September lag Franz gut getarnt auf der bewaldeten Kuppe eines kleinen Hügels und beobachtete eine circa tausend Meter entfernt liegende russische Artilleriestellung, als ungefähr hundertfünfzig Meter vor ihm aus einem kleinen Wäldchen plötzlich ein russicher Spähtrupp vorsichtig auf die dazwischenliegende Lichtung trat. Von einem blutjungen Leutnant geführt, erschien die offensichtlich sorglose Gruppe in einem viel zu dichten Gänsemarsch in der frühen Morgensonne. Mit routinierter Beherrschung brachte Franz sein Zielfernrohrgewehr in Anschlag, um seine Stellung nicht zu verraten und beobachtete erstaunt das unerfahrene Vorgehen dieses Spähtrupps. Üblicherweise den Offizier zuerst ins Fadenkreuz seines Zielfernrohres nehmend, stellte er fasziniert fest, daß dieser wohl aus den Kreisen der hohen russischen Politprominenz stammen mußte. Völlig unüblich hatte er eine maßgeschneiderte Uniform aus feinem Tuch an und wunderbare Stiefel aus bestem Leder. Gebannt auf diese Szene starrend, den Finger am Abzug sah Franz, wie der Leutnant plötzlich über eine Baumwurzel stolperte. Den schon bereiten Finger entspannend beobachtete er, wie der russische Offizier aufstand und ein blütenweißes Taschentuch mit gehäkeltem Rand aus der Tasche zog, um sich die Finger und die Uniform abzuputzen. Selbst seit Wochen mit Dreck Gestank und Ungeziefer lebend, im täglichen, rücksichtslosen Überlebenskampf verstrickt, wurde ihm das anachronistische dieser Situation in einer Mischung aus Lächerlichkeit und irrwitziger Ausstrahlung von Friedfertigkeit bewußt. Krieg läßt aber keinen Platz für Sentimentalität. Eine mögliche Schonung dieses Spähtrupps hätte zur unmittelbaren Gefahr für ihn und seine Kameraden werden können. Während er durch das Zielfernrohr beobachtete, wie der Leutnant das Taschentuch sorgfältig ausschlug, zusammenfaltete und wieder in die Tasche steckte, legte sich das Fadenkreuz mit unausweichlicher Konsequenz über seine linke Brusttasche. Die Situation verströmte, inbegriffen des bevorstehenden Tötungsaktes eine schon magische Ästhetik des Morbiden. Der Tod schien sich zum Ritual zu stilisieren, eine Poesie der willkürlichen Vergänglichkeit, wie sie in der Kultur der japanischen Samurai im Bushido schon zur ‚Kunst‘ erhoben worden war.

Mit einer befremdlichen Leichtigkeit setzte er den Zeitpunkt zum Handeln, nahm wieder den Druckpunkt und mit einem inneren Lächeln krümmte er den Abzug zum Finale.

Als der Knall die morgendliche Stille zerriß, blickte der junge Offizier mit entsetztem Blick auf das Loch in seiner Brust, aus dem eine kleine Blutfontäne schoß. Während seine Soldaten laut schreiend auseinanderstoben, sackte er lautlos in die Knie, seine schon leeren Augen starrten noch einmal in den Morgenhimmel bevor sie brachen und er leblos seitlich ins Gebüsch kippte. Nachdem zwei seiner Soldaten den Versuch ihn zu bergen ebenfalls mit dem Leben bezahlen mußten, blieben die anderen in sicherer Deckung und zogen sich zurück, ohne die Stellung des Scharfschützen direkt erkannt zu haben. Franz aber wußte, daß dieser Platz verbrannt war und sah zu, daß er schnell und wie ein Geist im Unterholz verschwand.

Bei seinen Erkundungsgängen und Jagden vor der HKL beobachtete er immer stärkere Massierungen des Gegners. Seine und Meldungen anderer Scharfschützen waren ein wichtiger Mosaikstein in der deutschen Nahaufklärung, der es so gelang, den kommenden Angriffsschwerpinkt zu lokalisieren. Am Morgen des 26.9.43 um acht Uhr erhellten hunderte von Feuerblitzen den östlichen Horizont mit diabolisch zuckendem Licht. Ein Grollen und Jaulen näherte sich den deutschen Stellungen und schwoll zu ohrenbetäubender Kulisse an. Von einer Sekunde auf die andere schien sich der Höllenschlund zwischen den Landsern aufzutun. In einer fast einzigen Explosion entlud sich über ihnen die Fracht eines mit hunderten von Geschützen und Stalinorgeln geführten Artillerieschlages. Die Luft sirrte vor Splittern und aufstiebendem Erdreich, Pulvergase und Staub machten das Atmen schwer. Die erste Explosionswelle löste die Jäger aus ihrer vorangegangenen beherrschten Anspannung. Offene Angst ergriff jeden und erforderte ein Höchstmaß an Anstrengung zur Selbstkontrolle. Der ersten Explosionswelle folgte das nervenzerrende Hilfegeschrei der Verwundeten und Verstümmelten. Die Jäger drückten sich so tief wie möglich in ihre Stellungen und Löcher. Stoßgebete wurden gemurmelt oder auch geschrien, stille Gelöbnisse abgelegt, von Hysterie erfaßte Soldaten soweit es ging von ihren Kameraden am Verlassen der schützenden Löcher gehindert. Minuten wurden zu Stunden.

Die Erde erzitterte unter den dumpfen Einschlägen und Detonationen. Die Luft verwandelte sich in ein stickiges Gemisch aus Dreck, Pulvergasen und Metallstaub, die den Soldaten fast den Atem verschlug. Franz fühlte sich hilflos wie ein kleines Kind und krallte sich krampfhaft in die Erde seines Loches. Zwanghaft leierte er das Vaterunser wieder und immer wieder herunter, unterbrochen nur vom Flehen um den göttlichen Schutz für ein Überleben dieser Hölle. „Scheiße, Scheiße, warum ich, Gott laß mich hier rauskommen, hilf mir, hilf mir, Vaterunser im Himmel.........!" Plötzlich eine gigantische Detonation in unmittelbarer Nähe, die ihm trotz zugehaltener Ohren das Gehör raubte und ihn orientierunglos machte. Mit einem Schwall von Erde stürzte ein riesiger dunkler Schatten über den Grabenrand auf ihn zu. Instinktiv zog Franz den Kopf ein und kauerte sich noch kleiner zusammen. Dumpf klatschte das Etwas vor ihm in den Dreck. Jäh prallte er zurück, gepackt von einem eiskalten Grauen. Es ist der dampfende Rest eines Kameraden aus dem Nachbarloch. Ein Torso mit abgerissenen Gliedmaßen, Brust, Hals und Gesicht von Splittern zu einer blutig zuckenden amorphen Masse zerrissen. Doch der Mund, erstaunlicherweise unversehrt, beginnt plötzlich guttural, wie aus einer anderen Welt zu stöhnen und zu sprechen. „Was ist mit mir, was ist passiert, warum ist es plötzlich so dunkel, warum spüre ich meinen Körper nicht mehr". In den zerfaserten Stummeln der Oberarme und Schenkel zuckte es hilflos. „Hilfe, helft mir doch," gurgelte es flehentlich. Panik überfiel Franz. Fast hysterisch drückte er sich in die Grabenwand, um den Körper des Verstümmelten nicht zu berühren. Gelähmt, unfähig sich zu bewegen starrte er auf die apokalyptische Szene. Der Moribunde fing an zu schreien: „Ich bin blind, aaahhhh, blind, aahhhh, wo sind meine Hände, aaahhh". Dabei wälzte sich der Torso zuckend im Dreck. Franz glaubte wahnsinnig zu werden. Er zitterte plötzlich wie Espenlaub. Seine Gedanken schrien nur noch „Oh Gott laß ihn sterben, verdammt, verdammt, laß ihn doch sterben, warum stirbt er nicht!" Das Geschrei steigerte sich zu einer letzten Kraftanstrengung und unwirklichen Lautstärke „aaaaahhhhhhhhh" und riß in einer krampfartigen Erstarrung der zerfetzten, ehemals menschlichen Hülle schlagartig ab. Der Kamerad war erlöst. Minutenlang glotzte Franz noch hypnotisiert vor sich hin und suchte sich zu beruhigen. Das Geschehen um ihn herum nahm er gar nicht wahr, wie sich in die höllische Geräuschkulisse die Abschüsse von Panzergeschützen und schweren Werfern mischten. Der infanteristische Angriff stand unmittelbar bevor. So plötzlich, wie das Trommelfeuer begann, so abrupt endete es nach einer halben Stunde auch, einer Ewigkeit für die Landser. Jetzt war das anschwellende Rasseln russischer Panzerketten zu hören, in das sich das vielstimmige Hurrä der angreifenden Infanterie mischte. In Sekunden erwachten die Jäger aus ihrer Erstarrung. Sanitäter versorgten Verwundete, die leicht- und unverletzten Landser schwangen ihre Waffen über die Grabenränder und erwiderten das russische Feuer. Franz war geradezu erleichtert, seiner überschäumenden Erregung nun ein Ventil geben zu können. Wild und ohne Gefühl für die Gefahr warf er sich in den Kampf, um dem in ihm aufkeimenden Wahnsinn Luft zu machen. Es war wie eine Befreiung.

Wieder schlug die Stunde des Scharfschützen. Schuß auf Schuß fanden seine Projektile mit tödlicher Sicherheit ihr Ziel in den Reihen der Angreifer. Wild wogte der Kampf, die Frontlinien lösten sich auf. Der Lauf von Franz Gewehr wurde so heiß, daß das Rostschutzfett zwischen Lauf und Schaftbett schmolz und ihm über die Finger lief. Um ihn herum schlugen die Geschosse ein und Granatsplitter schwirren durch Luft. Instinktiv wechselte er die Stellungen, suchte Deckung, raffte im Sprung von Stellung zu Stellung hastig Munition von gefallenen Russen an sich und versuchte den Anschluß an seinen Haufen nicht zu verlieren.

Dem einfachen Soldaten blieb der große Zusammenhang der russischen Offensive zum Durchbruch an den unteren Dnjepr verborgen. Für ihn reduzierte sich die strategische Gesamtlage auf den archaischen Überlebenskampf. Acht Tage lang tobte in einem steten Wechsel von Verteidigung und Gegenangriff der Kampf. Kompanien und Regimenter schmolzen ohne Ersatz dahin. An den Verbandsplätzen wurde Tag und Nacht operiert. In einer nicht abreißenden Kette brachten Sanitäter Eimer voll Gewebsresten und Amputate zu ausgehobenen Abfallgruben hinter den Operationszelten. Hunderte von Soldaten warteten stöhnend, schreiend und sterbend auf Hilfe. Unerbittlich sortierten die Sanitäter die aussichtslosen Fälle aus. Wenn den Unglücklichen das Schicksal gut gesonnen war, durften sie im Morphinrausch ihrem Tod entgegendämmern. Die meisten aber starben ihren letztlich zu frühen und unsinnigen Tod allein und mit ungelinderten Schmerzen. Viele Schwerstverwundete ohne Aussicht auf Rettung wurden, wenn sie Glück hatten von beherzten Kameraden noch auf dem Schlachtfeld erschossen, wenn Gefahr bestand in die Hände des Feindes zu fallen. Denn üble Mißhandlungen von Verwundeten gehörten zum Kriegsalltag.

Über die Wahlstatt legte sich ein Geruch aus Pulver, Schweiß, Blut, Angst und Tod. Er fraß sich unauslöschlich in die Sinne der Soldaten. Franz, ein achtzehnjähriger Jugendlicher, verlor wie viele andere seines Alters in solcher Umgebung die Unschuld und Unbeschwertheit gegenüber dem Leben. Notgedrungener Maßen verkaufte er sein eigenes Leben so teuer wie möglich und entwickelte dabei eine außergewöhnliche Professionalität. Er behielt die Nerven, wo andere in Panik verfielen. Er benutzte seine Waffe wie ein chirurgisches Instrument mit tödlicher Präzision. Ein archaisches Gespür für den Kampf zwang ihm den Rhythmus von Defensive, Deckung und Angriff auf. Die notwendige Unerschrockenheit vor eigener Verletzung und Tod, die auch Tapferkeit genannt wird, zeichnete ihn ebenso aus, wie eine unfaßbare und unerläßliche Portion Glück. Es ist dies eine der Unerklärlichkeiten des Krieges, daß einige wenige Soldaten gegen Tod und Verwundung gefeit zu sein scheinen. Franz war einer von diesen. Er sollte überleben, obwohl er immer im Brennpunkt der Kämpfe stand.

Am 4./5. Oktober flaute das Ringen ab und gewährte der ausgebluteten und überanstrengten Truppe wenige Tage um sich notdürftig zu reorganisieren.

4. Kapitel

Schon am 9.10.43 stürzte sich die Rote Armee mit einer zwanzigfachen Übermacht wieder auf das verbliebene Häufchen der 3. G.D.. Um zehn Uhr vormittags begann das obligatorische vorbereitende Trommelfeuer von vierhundert russischen Artilleriebatterien und zweihundertzwanzig Stalinorgeln mit über fünfzehntausend Einschlägen pro Stunde. Wieder tauchte die Division ein in das nervenzerfetzende Grauen des hilflos ausgeliefert seins. Gespenstern gleich tauchten die Jäger nach dem Ende des Beschusses aus der schwefelig dampfenden und zerwühlten Erde ihrer Stellungen auf. Mit dem Mut der Verzweiflung wehrten sie sich ihrer Haut. Jetzt zeigte sich, daß wahres Soldatentum nur aus Selbstbeherrschung, Kampferfahrung, Zähigkeit und Durchsetzungsbereitschaft erwächst.

Einer Flutwelle gleich stürmte der Angriff auf sie zu. Schier unerschöpflich erschien das russische Reservoir an Soldaten. Während die Wehrmachtsverbände ohne ausreichenden Ersatz immer mehr zusammenschmolzen, wurde die Streitmacht des Gegners immer größer. Durch die japanische Konzentration auf den Südpazifik konnten die Sowjets viele Truppen aus Sibirien abziehen und an die Westfront werfen. Darüber hinaus rekrutierten sie ohne Einschränkungen alle Männer zwischen vierzehn und sechzig Jahren. Viele dieser im Hauruckverfahren ausgehobenen Verbände waren nur als reines Kanonenfutter gedacht. Sie wurden in Uniformmäntel gesteckt, unter denen sie noch ihre Zivilsachen trugen, und in nur zwei Tagen hatte man ihnen die Benutzung einer Handfeuerwaffe gezeigt. Ihre Aushebung und Organisation geschah so übereilt, daß noch nicht einmal für jeden eine Handfeuerwaffe zur Verfügung stand. Unter Kalkulation der beim Angriff zu erwartenden Ausfälle bekamen nur die ersten Angriffswellen Gewehre oder MPs in die Hand. Die nachrückenden Soldaten mußten dann ohne Waffen aus den Stellungen und während des Angriffes im Vorwärtsstürmen die der Gefallenen aufnehmen. Die Angst dieser zum Verheizen vorgesehenen Soldaten vor dem Einsatz kompensierte die russische Führung durch noch größere Angst vor den eigenen Kontrollinstitutionen. Unbarmherzig wurden die Soldaten von Geheimdiensttruppen des NKWD, die hinter ihnen standen, in den Kampf gejagt. Franz sah es zum ersten Mal, wie die Russen Verweigerer und Ängstliche im Angriff unbarmherzig erschossen und die anderen unerbittlich in das deutsche Abwehrfeuer trieben. Angriffswelle auf Angriffswelle brandete gegen die deutschen Stellungen. Im konzentrierten Feuer der Jäger wurden die russischen Soldaten wie die Hasen zusammengeschossen. Es entstanden Schlachtfelder unbeschreiblichen Ausmaßes. Vor den deutschen Stellungen türmten sich die toten und schwerverwundeten Russen zu Wällen auf.

Die nachrückenden Angreifer mußten über ihre gefallenen Kameraden steigen und benutzen sie als Kugelfang und Deckung. Teilweise lagen die Toten so hoch übereinander, daß der russische Angriff an der entstehenden Barriere zum Stocken kam. Panzer sollten wieder Bewegung bringen und fuhren ohne Rücksicht auf die eigenen Verwundeten durch die Hindernisse der übereinanderliegenden Körper. Mit lautem Schmatzen platzten die Leiber der Geschundenen auseinander.

Tagelang hielten die Jäger dem Ansturm sowjetischer Infanteristen stand. Vor ihren Stellungen lagen Tote und Verwundete in unbeschreiblicher Zahl. Durch diese Körper fraßen sich Stunden später die Ketten der russischen T-34 Panzer.

ALBRECHT WACKER

Knochen knackten wie trockenes Holz unter den unerbittlich mahlenden Ketten der T-34 Panzer. Dieser Anblick aufgehäufter, zerfetzter Leiber, über denen eine unbeschreibliche Geräuschkulisse von Stöhnen und Schreien in Todesangst lag, überstieg das Maß des Erträglichen. Der Kampf eskalierte in Raserei. Die Jäger kämpften wie von Sinnen um an diesem Anblick nicht irre zu werden. Wo sich die Kontrahenten verschossen hatten, ging man mit Bajonetten und Spaten aufeinander los. Die berserkerhafte Gegenwehr der Jäger ließ den russischen Angriff gegen Abend dann endlich zusammenbrechen.

Franz stand zur besonderen Verfügung des Kp.-Chefs und fand sich immer wieder an den Brennpunkten des Kampfes. Oft verkürzte sich die Distanz zum Gegner so schnell, daß er das Zielfernrohrgewehr nach wenigen gezielten Schüssen ablegte und zur MP 40 griff, die er bei solchen Kampflagen immer auf dem Rücken mit sich trug. Dies waren sehr problematische Situationen, in denen sich die Frontlinien auflösten und miteinander zum Nahkampf verwoben. Denn bei Distanzen unter dreißig Metern war das Zielfernrohrgewehr nur noch bedingt einsatzfähig, da sich das Gesichtsfeld der Optik für eine schnelle Zielauffassung zu sehr verengte. Das mögliche Zielen über die offene Visierung unter dem Zielfernrohr her, war zur schnellen Zielauffassung auch nicht praktikabel, da die übergebaute Montage nur einen zu kleinen Ausschnitt des Gesichtsfeldes ließ. Solche Kampflagen bedeuteten für den Scharfschützen einen überproportionalen Streß. Er durfte sein ZF-Gewehr nicht verlieren und setzte sich überdies einer besonderen Gefahr der Identifizierung aus. Passierte dies, eskalierte der individuelle Kampfdruck, denn erkannte Scharfschützen wurden bevorzugt und konzentriert unter Feuer genommen.

Gegen Abend flauten die Kämpfe zwar ab, aber die Anspannung der verbliebenen kämpffähigen Jäger blieb, da die Russen ganz offensichtlich sich nur reorganisierten und jederzeit wieder angreifen würden. Es blieben in der Tat nur wenige Stunden bis zum nächsten Angriff. Dieser fiel allerdings deutlich verhaltener aus, so daß der Gegner auf Distanz gehalten werden konnte, die Scharfschützen trugen durch wohl plazierte Distanzschüsse ein Wesentliches dazu bei.

In der Nacht vom 10. auf den 11. Oktober 1943 brach in dem Abschnitt vor Franz Stellung das russische Feuer abrupt ab. In wenigen Minuten herrschte trügerische Ruhe. Der Kp.-Chef nutze die Situation um eine schnelle Runde durch die Stellungen der Kompanie zu drehen und sich ein genaues Bild der Lage in seinem Abschnitt zu verschaffen. In einer vorgeschobenen sMG-Stellung berichteten die

Jäger von merkwürdigen Bewegungen in ihrem buschbestandenen Vorfeld. Umgehend wurde ein Spähtrupp von acht kampferfahrenen Soldaten gebildet. Franz begleitete sie als Sicherung, indem er dreißig Meter seitlich versetzt mit äußerster Vorsicht durch das Gelände schlich. Franz führte sein ZF-Gewehr, die Landser waren mit MP und Handgranaten ausgerüstet. Die Nerven waren zum Zerreißen gespannt, als sie durch das kniehohe Gras auf die beschriebene Stelle zukrochen. Nach gut dreihundert Metern hörten sie plötzlich gedämpfte Stimmen. Franz bezog auf das Handzeichen des Truppführers unter einer Buschgruppe eine gut getarnte Stellung, brachte sein Gewehr in Anschlag und beobachtete durch das Zielfernrohr die Umgebung. Vor sich sah er in etwa achtzig Metern Entfernung schemenhaft den Ausgang einer Talsenke. Der Spähtrupp arbeitete sich weiter auf den Kamm der Senke zu. Vorsichtig lugte der Truppführer in die Mulde und sah dahinter eine Kampfgruppe von circa einhundert russischen Soldaten, alte Männer und Halbwüchsige, die sich unter der Führung eines wohl völlig unerfahrenen Politoffiziers in ihrer Angst und Unsicherheit vor dem anstehenden Kampfeinsatz schwatzend und rauchend eng aneinanderdrückten. Der Truppführer kroch zurück und verständigte seine Männer mit Handzeichen. Einer schlich sich zu Franz und teilte ihm mit, daß man in der ersten Morgendämmerung, obwohl zahlenmäßig weit unterlegen, doch einen Feuerüberfall versuchen wolle. Es sei zu erwarten, daß die völlig überrumpelten Russen dann instinktiv auf den Ausgang der Senke zulaufen würden, wo sie dann Franz unter Feuer nehmen sollte.

Zwei Stunden später zog das erste fahle Morgenlicht am Horizont auf. Viele der Russen waren inzwischen eingeschlafen, die wenigen Wachen sichtbar unaufmerksam. Auf ein Zeichen des Truppführers nahm jeder Landser drei Stiehlhandgranaten in die Hand und zog sie zusammen ab. Wie aus dem Nichts explodierten zwischen den ahnungslosen Rotarmisten plötzlich vierundzwanzig Handgranaten. Sofort brach eine vollständige Panik aus. Kopflos rannten die Unverletzten hin und her und schossen wild um sich, dabei weitere Kameraden verletzend. Die Verwundeten schrien voll Entsetzen. Jetzt richteten sich die Jäger auf und schossen mit ihren Maschinenpistolen in die kopf- und führerlose Menge. Wie erwartet flohen die Russen zum Ausgang der Senke, um Franz direkt ins Fadenkreuz zu rennen. Den unerbittlichen Gesetzen des Krieges folgend erfüllte er seine Bestimmung, routiniert war sein Handeln: auf die Körpermitte zielen, schnell und gleichmäßig den Abzug durchziehen, repetieren, zielen, abdrücken. Schuß auf Schuß fand mit tödlicher Sicherheit sein Ziel. In Minutenfrist lagen fünf tödlich getroffene Gegner im Gras, die nachfolgenden zögerten irritiert, Zeit für Franz zum Nachladen. Als sich ihre Erstarrung löste, krümmten sich schon die nächsten fünf schwerverwundet im Gras. Die anderen drängten zurück und gerieten wieder ins MP- und Handgranatenfeuer des Spähtrupps. So wogte es einige Minuten in der Senke und ihrem Ausgang hin und her, bis das Gemetzel ein Ende fand. Die erstaunlicherweise unverletzt gebliebenen Jäger hinterließen eine Wahlstatt zerissener Leiber und schreiender Verwundeter und Sterbender. Spähtrupp und Scharfschütze verschwanden lautlos wie die Nebelgeister im Zwielicht des Morgengrauens.

Ihr kühner und mit Glück geführter Überfall bescherte der dezimierten Kompanie einige Stunden trügerischer Entlastung. Aber schon am Mittag traf sie der russische Gegenschlag mit unverminderter Wucht. Es gelang ihnen erneut sich mit dem Mut der Verzweiflung bis zum Abend zu halten, als mit einsetzender Dämmerung der Angriff schlagartig abbrach. Auf das Schlimmste gefaßt verharrten sie in Anspannung. Kurz vor Mitternacht kam dann die Mitteilung, daß den Russen an anderer Stelle der Front der Durchbruch gelungen war und er seine Kräfte zum Stoß in die Tiefe neu konzentrierte. Für die Jäger bedeutete es die vorläufige Rettung. Denn sie waren personell inzwischen so schwach, das sie einen weiteren Tag massiver Angriffe nicht mehr durchgestanden hätten. Von Hunger, völliger Erschöpfung, Verwundungen und Infektionskrankheiten schwer gezeichnet, war eine kurze Zeit der Ruhe jetzt auch eine Frage des Überlebens. Tagelang hatten sich die Jäger nur von Salzgurken und Äpfeln ernährt, die sie in den russischen Bauernkaten gefunden hatten. Diese mörderische Mischung ließ auch den abgehärtesten Darm letztlich kollabieren. Alle hatten Durchfall. Da an geordnete

Ein seltener Schnappschuß!

Entsorgung der drängenden Masse im Kampf ebensowenig zu denken war, wie an einen Wäschewechsel wurde jeder vermeintliche Furz zum unkalkulierbaren Wagnis. In mancher Landserhose spielten sich wahre Dramen ab. Mit vollgeschissenen Hosen, im Kreise stinkender Kameraden begann die notdürftige Reorganisation.

Kaum eine Woche blieb um Atem zu holen, dringend notwendigen Schlaf zu finden, Körperpflege zu treiben und mit halbwegs vernünftiger Verpflegung neue Kräfte zu finden. Gerade die Körperpflege war und ist ein nicht zu unterschätzender Aspekt in der Truppenführung.

Aus gutem Grund wurden bei der Wehrmacht in der Ausbildung und bei kasernierten Verbänden regelmäßige und unangekündigte Kontrollen des körperlichen Pflegezustandes der Soldaten vorgenommen, die auch den Genitalbereich mit einschlossen. Überraschend erschien der Stabsarzt mit einigen Sanitätern. Die Kompanie mußte in den Speisesaal einrücken und die Soldaten sich ausziehen und nackend aufstellen. Besonderes Augenmerk legte der Arzt dabei auf die Geschlechtsteile und erste Anzeichen von Geschlechtskrankheiten, Endzündungen und Mykosen, die auf Unsauberkeit beruhten. Da folglich ein verdreckter Dödel disziplinarische Strafen nach sich zog, wurde vorm Appell noch manche Eichel auf die Schnelle mit dem Taschentuch hektisch auf Hochglanz poliert.

Speziell unter den sehr problematischen hygienischen Verhältnissen eines fast ununterbrochenen Kampfeinsatzes mußte jede Möglichkeit zur Körperpflege genutzt werden. Blieb sie aus, kam es sehr schnell zu einer Vielzahl unangenehmer Beschwernisse mit teilweise ernsten Folgekrankheiten. Es waren Mykosen und Krätzebefall, Läuse und Furunkel, die den Soldaten das Leben zunehmend verdrießten. Gelegenheiten zum Waschen und Entlausen wurden darum ausgiebig genutzt. Es hatte direkt etwas von Idylle, wenn sich die Landser gegenseitig und ihre Kleidung nach Läusen und anderem Ungeziefer absuchten. Zwei oder drei saßen andächtig beisammen, in ihrer Mitte eine Kerze, über der mit Draht der Deckel einer Schuhcremedose befestigt wurde. Die Kerze erhitzte den Blechdeckel wie eine Herdplatte. Zischend ließen die gefangenen Schädlinge ihr Leben auf der glühenden Unterlage begleitet von triumphierenden Kommentaren der Landser.

Doch schon nach wenigen Tagen, es waren nur notdürftige Stellungen hergerichtet, traf die Jäger am 21.10. wieder die Wucht der russischen Offensive und riß das Regiment erneut in den Strudel eines gnadenlosen Überlebenskampfes. Trotz einzelner deutlicher Abwehrerfolge und offensiver Gegenstöße drückte die russische Übermacht konsequent und forderte die zunehmende Preisgabe von Gelände. Die deutsche Frontlinie wurde dabei sehr unsystematisch eingedrückt, so daß ein unübersichtliches Hin und Her der Kampflinien entstand. Es gab schließlich kein Vorne und Hinten mehr. Die Verbindungen zwischen den deutschen Truppen waren unterbrochen. Der Stand der Kämpfe blieb unklar und jede Einheit rang für sich allein. Es bildete sich eine psychologisch außerordentlich labile Situation. Der enorme Kampfdruck bei gleichzeitiger Angst, vom Anschluß an die eigenen Truppen abgeschnitten zu werden ließ die Gefahr einer Panik akut werden. Kopflose und unkontrollierte Flucht aber hätte auf jeden Fall die Katastrophe der eigenen Vernichtung nach sich gezogen, da der Gegner dann ungehemmt und ohne ernstzunehmende Gegenwehr in die chaotischen Reihen stoßen könnte, um ganze Einheiten zu vernichten. Die Folge waren immer enorme Verluste an Menschen und Material.

Gleichzeitig ist Panik aber etwas zutiefst menschliches und bedeutet den letzten, instinktiv gesteuerten Versuch, das extrem bedrohte Leben durch eine letzte Kraftanstrengung zu retten, allerdings um den Preis einer Auflösung jeglicher Organisation. Für einen militärischen Verband bedeutet dies das Ende. Beim wirklichen Ausbruch von kollektiver Panik gibt es kaum noch eine Möglichkeit gegenzusteuern. Im Entstehen von Panik erfordert es eine fast übermenschliche Willenskraft standzuhalten und den Fluchtreflex zu kontrollieren. Nach zwei Tagen ununterbrochen tobenden Kampfes, der im wahrsten Sinne des Wortes in einem Hauen und Stechen Mann gegen Mann gipfelte, bei dem mit Spaten und Gewehrkolben aufeinander eingeschlagen wurde und sich die Reihen der Jäger zunehmend lichteten, ließen sich erste Ansätze von beginnender Panik beobachten. Einzelne Soldaten versuchten kopflos davonzurennen, um den Preis im russischen Feuer zerfetzt zu werden. Andere verfielen in plötzliche Agonie und Lähmung und ließen sich im Handgemenge faktisch ohne Gegenwehr überwältigen.

Bereits in der Entstehungsphase einer Panik muß sich das Führungskorp vom General bis zum Unteroffizier durch persönliche Tapferkeit und besonderen Einsatzwillen beweisen. Nur durch ein Führen in vorderster Linie, im Kreise ihrer Soldaten läßt sich die gefürchtete Auflösung der Truppe verhindern. Ein Handeln, daß in der 3.G.D. für Viele zum Ethos gehörte. Dies ermöglichte ihr immer wieder, auch in aussichtslosen Situationen das Überleben als Verband und sicherte den kampffähigen Erhalt der Division bis zum letzten Kriegstag.

So beobachtete Franz in einer Mischung aus Faszination und Angst, wie zwei Rotarmisten in eine Nachbarstellung eindrangen, deren Soldaten sich augenscheinlich verschossen hatten. Während ein reflexartig geführter Spatenhieb dem ersten Russen beim Sprung in die Stellung das Gesicht spaltete, erwies sich der andere als phantastischer Bajonettkämpfer. Mit katzengleicher Geschmeidigkeit parierte er alle Angriffe der verbliebenen sechs Jäger. Franz versuchte in dem unübersichtlichen Gemenge vergebens seinen Kameraden mit einem gezielten Schuß zuhilfe zu kommen. Doch er hätte sie nur zusätzlich gefährdet. So mußte er tatenlos zusehen, wie einer nach dem anderen erstochen wurde. Sie waren dem routinierten Kämpfer in seiner rücksichtslosen Entschlossenheit in einer eigentümlichen Art und Weise ausgeliefert. Es gelang ihnen nicht, ihre Gegenwehr so zu koordinieren, um ihn erfolgreich zu stoppen. Vielmehr ließen sie sich in halbherzigen Einzelaktionen niedermachen. Es schien, als hätten sie sich willenlos in die Endlichkeit ihres Schicksals ergeben. Der letzte Jäger konnte noch einen Angriff des Russen abwehren, als es Franz in letzter Sekunde gelang den Gegner im Zustoßen auf den bewegungslos darstehenden Jäger durch einen Schuß zu stoppen. Ungläubig starrte der Landser auf das unter einem Explosivgeschoß platzende Gesicht des Russen. Knochensplitter und Gewebsfetzen spritzten dem Jäger auf Gesicht und Uniform. Schrecken über die Situation und Erleichterung über die unerwartete Rettung mischten sich zu neuem Impuls. Von Überlebenswillen beseelt gelang dem Landser im Sprint der Anschluß an die Stellung in der Franz kämpfte.

Damit ist zugleich auch eine essentielle Voraussetzung zur Eignung als Scharfschütze problematisiert. Denn mehr noch als praktische Schießfertigkeiten braucht er eine besondere Gabe zur Selbstbeherrschung, um auch in scheinbar aussichtslosen Situationen noch präzise und routiniert zu reagieren und zu handeln. Die Einsatzrealität des militärischen Scharfschützen ist weniger die Jagd nach dem einzelnen Abschuß, als vielmehr ein schnelles und präzises Handhaben der Schußwaffe im Rahmen des üblichen Infanteriekampfes. Aus diesem Grund rekrutieren sich gute Scharfschützen auch eher aus kampferfahrenen, als aus nur schießtechnisch und theoretisch zum Scharfschützen ausgebildeten Soldaten. Jungscharfsschützen frisch vom Lehrgang und ohne Fronterfahrung erzielten durchschnittlich nur fünfzehn bis zwanzig Abschüsse, bis sie im feindlichen Feuer fielen. Ungeschickte Stellungswahl ohne die Möglichkeit zu schnellem und gedecktem Rückzug, Angst in arithmetischen Schlangenlinien durch feindliches Granatwerferfeuer zu laufen und zu häufiges Schießen aus einer Stellung gehörten zu den einschneidensten Fehlern. War ein Scharfschütze ausgemacht, wurde er in der Regel mit schweren Infanteriewaffen bekämpft. Begann sich zum Beispiel ein Granatwerfer auf seine Stellung einzuschießen und es fehlte die Möglichkeit zum ungesehenen sicheren Rückzug, blieb nur die blitzartige, offene Flucht aus der Stellung. Unter Scharfschützen hieß das der Hasensprung, plötzlich aufspringen und in wilden unkalkulierbaren Haken zur nächsten, schon vor dem Einsatz ausgeguckten Stellung sprinten. Dieser Lauf durch das feindliche Feuer erforderte große Überwindung und Nervenstärke. Unerfahrene Schützen blieben dagegen angstvoll in ihren Stellungen liegen und fanden dann zwangsläufig ihr Ende.

Obwohl sich die 3. G.D. mit Bravour geschlagen hatte, gelang der Roten Armee südlich der Division ein so tiefer Einbruch, daß die Einkesselung drohte. Die 6. Armee war in zwei Teile gespalten. Es blieb nur der sofortige Rückzug um die Vernichtung zu verhindern und eine neue verteidigungsfähige Linie zu finden. Diese sollte dem Verlauf des Dnjepr folgen.

Wie üblich zögerte das OKH wieder viel zu lange mit dem Befehl zur Frontbegradigung. Der Russe hatte bereits einen tiefen Keil in die deutsche Front getrieben und stand unmittelbar vor dem entscheidenden Bogenschlag. In letzter Minute, vor dem endgültigen Reißen der Front erging am 31.10.43 der Rückzugs-

Die neuen Tarnwende-Anzüge im Brückenkopf von Nikopol.

befehl hinter den Dnjepr. Allerdings verblieb ein Brückenkopf um die Mangangruben bei Nikopol, um die Erzförderung und den Abtransport desselben so lange wie möglich aufrecht zu halten. Im Brückenkopf massierten sich neben der 3. Gebirgs- acht weitere Divisionen. Alle Verbände waren inzwischen aber personell und materiell auf ein Viertel ihrer Sollstärke ausgebrannt. Ihnen blieben kaum drei Wochen um Stellungen herzurichten und die Verteidigung zu organisieren. In bescheidenem Maße kam auch wieder Nachschub zur Truppe.

Unter anderem erhielten sie neue Winteruniformen. Mit Watte gefütterte Baumwollanzüge, die man je nach Bedarf wenden konnte. Eine Seite war weiß für den Schnee, die andere mit einem Tarnmuster versehen, für die schneefreie Zeit. Doch die anfängliche Freude über diese warme Winterbekleidung verschwand schnell. Der dünne Deckstoff riß sehr schnell und bei Regen und Feuchtigkeit sog sich das isolierende Futter voll Wasser und machte den Anzug nicht nur unangenehm schwer, sondern nahm ihm auch die klimatisch schützende Wirkung. Bei Frost gefror sogar die nasse Watteschicht. Dasselbe passierte mit den ebenfalls neuen Filzstiefeln. Aber noch ein weiteres Problem stellte sich schnell ein. Kerbtiere mannigfaltiger Art fanden im plusterigen Material geradezu idyllische Verhältnisse vor und konnten sich jetzt mühelos den heimtückischen Nachstellungen ihrer menschlichen Wirte entziehen. Die Verlausung in diesen Anzügen war so heftig, daß mit einsetzendem Frühjahr die Läuse kurzerhand mitsamt der Textilien entsorgt wurden. Einzig bei trockener Kälte und wenig Bewegung waren die Anzüge zu gebrauchen. Da sie aufgrund ihres sehr voluminösen Schnittes über der feldgrauen Uniform getragen wurden, schwitzen die Soldaten schon bei der geringsten Anstrengung und der Schweiß konnte durch das schnell verklumpte Isolierfutter kaum abtrocknen. Ein Anstieg der Erkältungskrankheiten war die Folge. Hunderte von weggeworfenen Tarnanzügen sollten dann bei Ausklang der kalten Jahreszeit den Rückzugsweg der Division säumen. Mit dieser einmaligen Episode war das Thema wattierter Tarnanzüge bis Kriegsende bei der 3. G.D. erledigt. Die Landser waren mit wärmender Unterbekleidung, Decken und Zeltbahnen deutlich besser bedient.

Im Frühjahr 1944 konnte Franz den Regimentsschneider überreden, ihm aus einer Zeltbahn ein Tarnhemd zu nähen, das ihm dann in der Tat lange Zeit gute Dienste tat. Ebenso konnte er sich einen leichten Schneetarnanzug besorgen, der klein zusammenzurollen und gut mitzunehmen war. Der dünne Baumwollstoff behinderte auch im nassen Zustand nicht in den Bewegungen und durch sein Gewicht und trocknete ebenso, wie das Hemd auch schnell wieder ab.

Tarnbekleidung im Vergleich:
rechts: gefütterter Tarnwende-Anzug
unten links: leichtes Schneehemd
unten rechts: Tarnhemd

5. Kapitel

Die Kampftätigkeit beschränkte sich in dieser Zeit auf Stoßtruppunternehmen und Beschuß durch Scharfschützen. Auch Franz war täglich auf der Jagd um durch überraschende Abschüsse Unruhe in die russischen Gräben zu bringen. Dabei hatte er im Niemandsland zwischen den Gräben einen abgeschossenen russischen T 34 als sichere Stellung eingeschätzt. Ungesehen konnte er im Morgengrauen unter den Panzer kriechen, war über Tag durch diesen geschützt und konnte durch ein Loch im Fahrwerk perfekt die russischen Stellungen beobachten und beschießen.

Unüblicherweise hatte er seine Position unter dem Panzer schon vier Tage lang benutzt und fünf Abschüsse erzielt. Da die gegenüberliegenden Sowjets keine

Franz Karner vor seiner vermeintlich sicheren Scharfschützenstellung.

ALBRECHT WACKER

Mit der aufgehenden Sonne im Rücken lauert der russische Scharfschütze.

schweren Waffen hatten, fühlte er sich in seiner Stellung tief unter dem Stahlkoloss absolut sicher und verstieß bewußt gegen die eherne Regel der Scharfschützen, sich nicht lokalisieren zu lassen. Die Russen waren aber inzwischen äußerst vorsichtig geworden und es wurde für ihn immer schwerer ein Ziel zu finden. So entschloß sich Franz am fünften Tag einen Beobachter mitzunehmen. Die Wahl fiel auf Balduin Moser, ein Tiroler, mit dem er sich schon vor Wochen angefreundet hatte. Als die beiden sich vor Anbruch der Morgendämmerung auf den Weg in ihre Panzerstellung machten, ahnten sie noch nichts von dem Entsetzen der kommenden Stunden. Keiner spürte den Hauch des Todes der das Schicksal des Beobachters an diesem Tage besiegeln sollte. Denn Franz hatte schon viel zu oft aus seiner vermeintlich sicheren Stellung geschossen. So war sie inzwischen verbrannt, denn der Gegner hatte sie eindeutig als einzig mögliche Position, in der ansonsten deckungslosen Landschaft identifiziert. Da den Sowjets an diesem Abschnitt augenblicklich eben keine Artillerie zur Verfügung stand, waren sie bislang machtlos gegen den deutschen Scharfschützen und Franz unter seinem Panzer sicher - gewesen. Denn ab jetzt war ihm die gefährlichste Bedrohung auf den Fersen, - ein russischer Scharfschütze, der sein Handwerk verstand und unerbittlich auf seine

Chance lauerte.

Glutrot blinzelte die Morgensonne über den östlichen Horizont und warf ihre ersten Strahlen auf die öde Steppenlandschaft. Franz und Balduin hatten sich inzwischen eingerichtet und beobachteten aufmerksam die Stellungen des Gegners, um wieder ein unvorsichtiges Opfer zu finden, das sich zum Beispiel in seiner arglosen Schläfrigkeit beim Entleeren der üblichen vollgeschissenen oder -gepinkelten Konservendose leichtsinnigerweise über dem Grabenrand zeigte. Es war nur ein kleiner Lichtreflex, den die tief stehende Sonne auf das Objektiv des zuweit vorne gehobenen Fernglases warf. Aber genug für den ausgefuchsten russischen Scharfschützen, um zu erkennen, das die Stellung besetzt war.

Aus gut getarnter Position brachte er sein Gewehr in Anschlag und richtete den Zielstachel seines Zielfernrohres auf die Stelle des gesehenen Lichtreflexes. Geduldig wartete er auf ein erneutes Aufblitzen. Keine Minute später brach sein Schuß. Es war wohl ein Erkennen auf beiden Seiten. Denn sein Fernglas vor Augen flüsterte Balduin im selben Moment „Du Franz, da vorne, zwei Finger breit rechts neben dem kleinen Erdhügel bewe........" Dem peitschenden Abschuß des Russen folgte unmittelbar ein zweiter sirrender Knall und ein Geräusch wie Händeklatschen direkt neben Franz. Blut und Gewebefetzen spritzen ihm über die linke Gesichtshälfte. Sein Blick flog zur Seite und er sah in eine apokalyptische Fratze. Das Projektil des Scharfschützen, ein Explosivgeschoß, war am Fernglas von Balduin leicht abgeglitten und unmittelbar auf seinem Mund explodiert. Es hatte ihm dabei die Lippen, die Schneidezähne, das Kinn und die halbe Zunge weggerissen. Aus panisch aufgerissenen Augen starrte er Franz an, während sich ein schauriges Gurgeln schaumig quellenden Blutes aus der zerfetzten Mundhöhle drückte. Sekunden später zerplatzte ein zweites Geschoß zwischen ihnen im Erdboden. Sofort schob sich Franz in die sichere Tiefe der Stellung zurück und zog Balduin in den Füßen zu sich heran. Ein Verlassen ihrer Position vor Anbruch der Dunkelheit am Abend war unmöglich und würde ihren sicheren Tod durch den feindlichen Scharfschützen bedeuten . Sie waren damit zu untätigem Ausharren verdammt, Hilfe für den Verletzten unmöglich. Im Angesicht der schrecklichen Verwundung seines Kameraden fühlte sich Franz völlig hilflos und der Situation ausgeliefert. Hier half kein Verbandszeug oder eine Aderpresse mehr, sondern nur möglichst schnelle und professionelle Hilfe durch geschultes Sanitätspersonal. Aber das war unerreichbar. Zusehens schwoll der Zungenrest zur Größe eines Kinderballes an und verstellte den Luftweg. Franz versucht in die Wunde zu fassen und das quellende Gewebe zur Seite zu drücken, um den Preis, das Balduin auch noch anfing zu kotzen und damit noch weniger Luft bekam. Einzig ein Tubus oder ein Luftröhrenschnitt hätten ihn retten können. So mußte Franz ohnmächtig und untätig den Todeskampf des Kameraden mit ansehen. Immer weniger gelang es dem Moribunden Luft zu bekommen und immer mehr Blut sog er bei jedem krampfartigen Atemzug in die Lungen. Ganz langsam begann er zu ersticken. Franz versuchte ihm den Oberkörper ein wenig aufzustützen. In seiner Hilflosigkeit redete er unnütz auf ihn ein, von Durchhalten, er würde es schon schaffen und Hilfe käme gleich. Im Todeskampf umkrallte der Sterbende Franz Arm. Blutig gruben sich die Nägel der verkrampfenden Hände in die Haut, doch Franz spürte es überhaupt nicht. Ihm war es, als dauere es Stunden bis ihn Balduin plötzlich mit einer unergründlichen Tiefe und Traurigkeit seiner aufgerissenen Augen ein letztes Mal direkt anblickte, seine Hände im Abschied noch einmal in eigentümlich verhaltener Art zudrückten, ein Beben durch seinen Körper lief, der Blick schließlich im Tode brach und sein Körper in den Armen des Kameraden vom Leiden erlöst erschlaffte. Innerlich erstarrt glotzte Franz auf den Leblosen, den er hielt. Minuten später löste sich seine unglaubliche Anspannung in einem Weinkrampf. Hemmungslos schluchzend machten sich seine Hilflosigkeit, seine Angst seine Anspannung und der Dauerstreß des ununterbrochenen Überlebenskampfes Luft. In lähmender Untätigkeit verbrachte er den Rest des Tages neben seinem toten Freund und Kameraden und hielt ihm die letzte Wacht. Sein Kopf war zum Schluß wie leer geblasen, keine Gedanken, keine Gefühle mehr, sie wurden mit seinen Tränen weggespült. Er faßte sich schließlich und wurde innerlich wieder ein Stück abge-

Balduin Moser. Mit ernstem Blick in eine ungewisse Zukunft.

stumpfter, härter und gnadenloser. Irgendwann an diesem nicht enden wollenden Tag unter dem Panzerwrack stellte er beim Blick auf den Toten kurioserweise fest, daß er und Balduin schon seit einigen Tagen unrasiert waren. Die von spätpubertärem Fusselbart umkränzte Gesichtsverletzung gab der Leiche etwas abstoßend Häßliches.

Es ist eine Art von gedanklichem Irrwitz, den solche Situationen oft gebären. Franz nahm sich jedenfalls vor, als Leiche auf keinen Fall so häßlich auszusehen, wenn es ihn denn treffen sollte. Wann immer möglich, gelobte er, sich fortan regelmäßig zu rasieren. Wie magisch klebte er den Rest des Tages, auch zum emotionalen Selbstschutz an diesem kuriosen Gedanken. Er hielt sich tatsächlich mit eiserner Disziplin bis zum Kriegsende an seinen kosmetischen Vorsatz - niemals unrasiert dem Tode ins Auge zu schauen.

Bei Anbruch der Dunkelheit zog er den Toten unter dem Panzer her und trug ihn im Schutze der Nacht zurück in die Stellung. Er erstattete dem Kompaniechef kurz Bericht und übergab ihm die Erkennungsmarke des Gefallenen, den er

Franz brachte die Leiche seines gefallenen Kameraden zurück in die eigene Stellung.

zuvor bei den Sanitätern abgelegt hatte. Am nächsten Morgen hob er mit einem Kameraden ein Grab für Balduin aus. In der baumlosen Steppe gab es keine Äste für ein Kreuz und so legten sie nur den Stahlhelm des Toten auf den kleinen Erdhügel, vor dem sie nach getaner Arbeit in stummer Andacht verweilten. Mit Balduin begrub Franz auch einen weiteren Teil seiner menschlichen Unschuld. In ihm wuchs weiter die fortschreitend bedingungslosere Akzeptanz der unerbittlichen Gesetze des Krieges.

Noch in derselben Nacht wurde das russische Panzerwrack zur Sprengung vorbereitet und in den Morgenstunden des nächsten Tages demonstrativ in die Luft gejagt. Denn es bestand die latente Gefahr eines doch noch geführten russischen Artillerieschlages um diese vorgeschobene deutsche Position zu vernichten. Ein solcher Artillerieschlag hätte die zurückliegenden Stellungen ebenfalls akut gefährdet. Die Maßnahme erwies sich wohl als richtig, denn der Gegner verhielt sich noch kurze Zeit ruhig.

Doch schon wenige Tage später fegte die nächste russische Offensive über die Jäger und das Grab. Panzerketten zerschnitten es in die Eintönigkeit der Landschaft und das Vergessen wehte Balduin, wie Zehntausende anderer Soldaten, die gewaltsam aus der Blüte ihres Lebens gerissen wurden, in die Unendlichkeit der russischen Weite und die Anonymität der Geschichte.

Am 20.11.43 begannen die russischen Angriffe. Zwar noch verhalten, so daß die Verteidigung unproblematisch war. Nichtsdestotrotz erforderte sie aber die volle Aufmerksamkeit und Opfer, die weiter die Kampfkraft schwächten. In der Nacht zum 25.11.43 braute sich dann aber speziell im Abschnitt des G.J.R. 144 ein russischer Angriff zusammen, der das Regiment in einen unerbittlichen Strudel aus Eisen und Blut reißen sollte. Die Russen zogen in der Nacht im Frontabschnitt der 3. G.D. zweihundert Panzer und mehrere Regimenter Infanterie zusammen. Fünfzig der Kampfwagen sollten sich auf den Abschnitt der 144-ziger werfen.

Um fünf Uhr morgens riß ein artilleristischer Feuerschlag die Jäger aus leichtem Schlaf. Instinktiv duckten sie sich in ihre Löcher, bereit den Kampf jederzeit aufzunehmen. Eine Stunde dauerte das Trommelfeuer, jeder allein mit seiner Angst. Die Landser krallten sich in die Erde, murmelten Stoßgebete während die Splitter sie umsirrten. Mit dem ersten Morgengrauen riß das Feuer abrupt ab und machte dem Rasseln und Quietschen einer Vielzahl von Panzerketten Platz. Kaum mit Panzerbekämpfungsmitteln ausgestattet erforderte es allen Mut, dem Angriff zweier Panzerbrigaden und eines aufgesessenen Gardeschützenkorps standzuhalten. Wie zu erwarten, überrollten die Panzer im ersten Anlauf die Stellungen der 144-ziger. Im Rücken der Jäger saß die russische Infanterie ab. Sofort entwickelten sich heftige Nahkämpfe die schnell auf die Btl.- und Kp.-Gefechtsstände und Tiefenstützpunkte übergriffen. In einer zweiten Welle griffen die Sowjets mit Flammenwerferpanzern an. Das infernalische Schreien der Brandverletzten und der Geruch verbrannten Fleisches fraßen sich unauslöschlich in die Seelen der überlebenden Jäger. Jegliche Form zusammenfassender Führung brach auf deutscher Seite zusammen. Jede Gruppe kämpfte auf sich allein gestellt im wahrsten Sinne des Wortes bis auf Messer. Für hunderte von Jägern vollendete sich an diesem Tage das persönliche Schicksal, unter oft grausamsten Begleitumständen. In diesen Kämpfen verabschiedeten sich auch die letzten Reste eines kriegerischen Reglements. Gefangene wurden nicht gemacht, auf Verwundete keine Rücksichten genommen.

Hatte die artilleristische Feuerwalze den Charakter unentrinnbarer Naturgewalten, denen man machtlos ausgeliefert war, forderte der Panzerangriff das letzte an Selbstüberwindung und Beherrschung. Alle Fasern des Körpers waren zum Zerreißen gespannt, eine übermächtige innere Stimme schrie nach Flucht und Entkommen, während das todbringende Rasseln der Panzerketten aus der vorrübergehenden Stille des abgebrochenen Artillerieschlages sich zu einem Kreischen steigerte, in das sich die dumpfen Explosionen der feindlichen Sprenggranaten mischten. Das Adrinalin schoß den Landsern in die Körper, die Muskeln vibrierten vor Erregung, mechanisch wurden die Handfeuerwaffen und Handgranten kampfbereit gemacht. Nur noch einhundert Meter waren die Russen entfernt als sich die Anspannung der Jäger im Feuerbefehl entladen konnte. Schon im Anrollen der Panzer hatte Franz durch sein Fernglas die aufgesessene Infanterie beobachtet und versucht an Ausrüstung und Bewaffnung die Führer zu identifizieren. So schnell es ging schoß er jetzt mit Rumpftreffern so viele von den Panzern wie möglich. Waren es erfahrene Soldaten erkannten sie die Gefahr und sprangen sofort ab und verbargen sich hinter den Kettenfahrzeugen um den Effekt einer Verlangsamung des Angriffes. Blieben sie vom Schreck überwältigt sitzen, schoß Franz solange weiter wie es ging. Den Abschluß bildete immer ein Schuß in den Ersatz-Treibstofftank, der am Heck der russischen Panzer aufgesetzt war. Saß der Schuß günstig, lief der Treibstoff durch die Lüftungsschlitze in den Motorraum. Manchmal führte es zur Selbstentzündung und der Motorbrand legte dann den Panzer lahm. Franz und seine Kameraden schossen um ihr Leben, was die Läufe der Waffen hergaben. Aber unaufhaltsam näherte sich trotz aller Verluste die Woge der russischen Angreifer. Zuwenig Panzerabwehrwaffen und leichte Werfer waren machtlos gegen diesen Ansturm. Die Distanz zum Gegner schmolz dahin, schon waren die Gesichter der Russen zu erkennen.

Im rasenden Feuer der Verteidiger blieb die russische Infanterie gut einhundert Meter vor den deutschen Stellungen zurück. Zwanzig Panzer wühlten sich aber mit immer bedrohlicher werdendem Grollen ihrer Motoren im Einsatzabschnitt von Franz unaufhaltbar auf die Stellungen der Jäger zu. Die wenigen Hohlhaftladungen wurden bereit gemacht. Ansonsten hatten sie nur geballte Ladungen aus mehreren zusammengebundenen Stiehlhandgranaten. Auf den Laufrädern der Kampfwagen plaziert, waren sie manchmal in der Lage, die Kette zu zerstören und den Tank manövrierunfähig zu machen. Doch alle diese Abwehrmittel erforderten es, im wahrsten Sinne des Wortes, auf Tuchfühlung mit dem Panzer zu gehen. Sie so nah herankommen zu lassen brauchte ein Höchstmaß an Selbstbeherrschung. Erst bei einer Entfernung von zehn Metern gerieten die Löcher der Landser in den toten Winkel der Bordwaffen. Auf den wenigen Metern wurde es dann aber auch schon allerhöchste Zeit zu handeln. Denn hatte die Besatzung des Panzers im Anfahren ein Schützenloch ausgemacht, versuchten sie dieses zu überrollen und durch Drehen des Tanks auf der Stelle zu verschütten und dabei den darinsitzenden Soldaten lebendig zu begraben. Darum wurden die begrenzten Panzerabwehrmittel nur an die erfahrensten und kampferprobtesten Soldaten übergeben. Die kritische Distanz zum Handeln war überschritten. Jetzt schlängelten sich die Soldaten mit ihren Haftladungen auf die Panzer zu, sprangen auf und versuchten die Sprengmittel an den Türmen, auf den Motoren oder in den Laufrädern zu plazieren. Doch nur wenige erreichten ihr Ziel, denn die russische Begleitinfanterie versuchte nach Kräften die deutschen Panzerknacker an ihrem Vorhaben zu hindern. So blieben nur fünf der Panzer in dumpf krachenden Explosionen liegen, während die anderen die deutschen Linien überrollten. Ängstlich verkrochen sich die Jäger in ihren Gräben und Löchern.

Franz kauerte bewegungslos in seiner Stellung während sich die stählernen Kolosse quietschend und rasselnd näherten. Nicht allen Jägern gelang es, die vibrierenden Nerven unter Kontrolle zu halten. Immer wieder sprang einer auf, um sich in wilder Flucht der Bedrohung zu entziehen. Doch das Feuer der russischen Infanterie mähte sie unbarmherzig nieder. Gut dreißig Meter vor Franz setzte ein Landser zur kopflosen Flucht an. Wilde Haken schlagen stürmte er auf die Stellung seiner Kameraden zu. Doch auf der Hälfte der Strecke schlug ihm eine russische MG Garbe in die Beine und riß ihn zu Boden. Auf die Ellbogen gestützt versuchte er weiter zu robben, die zerschlagenen Beine leblos hinter sich her schleifend, während ein T-34 auf ihn zu rasselt. Plötzlich bleibt der Verwundete liegen, wohl um seine Kräfte für eine letzte Flucht vor dem Tank zu sparen. Mit letztmöglicher Beherrschung läßt er das Ungetüm auf sich zu fahren. Dann, wenige Meter davor wälzt er sich mit aller Kraft und Schnelligkeit zur Seite. War es Schicksal oder Intuition, oder eine Wahrnehmung des russischen Fahrers, eine Frage ohne Antwort, wie so oft im Kriege nach dem Warum. Jedenfalls folgte der Panzer ruckend geradezu magnetisch den Bewegungen des Verwundeten, bis dieser in Schmerz und Kraftlosigkeit erstarrte. Die Kette erfaßte jetzt seine Beine und zog sie unentrinnbar, metallisch klackend in ihr tödliches Mahlwerk. Dabei schnellte der Oberkörper des Landsers hoch, als wollte er seinen maschinellen Henker umarmen. In Sekunden sind die Gliedmaßen unter dem stählernen Koloß verschwunden. Im Entsetzen der Situation wird Franz plötzlich bewußt, daß der Kamerad im Schock keinen Laut von sich gibt. Als die Kette sein Becken erfaßt bleckt der Soldat die Zähne wie ein Pferd, sein Gesicht verzerrt sich zu einem diabolischen, nicht abreißen wollendem Grinsen und sein Kopf schwillt rot an, wie eine Melone. Dann platzt sein Körper, Uniformstoff, Knochen und Gedärm verschlingen sich zu einem farblich schaurigen Gemenge in der Kette des Tanks. Aus dem immer noch aufgerissenen Mund spritzt ein dicker Schwall leuchtend roten Blutes. Dann verschwinden auch Brust und Kopf im Mahlwerk der Panzerkette. Zurück bleibt eine in den Boden gepreßte, matschig zerwühlte, konturlose Masse, bald erinnerungslos aufgesogen vom russischen Morast.

Das Erstaunen war allerdings groß, als die Kampfwagen ihren Weg unbeirrt fortsetzten und sich nicht, wie befürchtet aus dem Rücken der Verteidiger in das Kampfgeschehen einzumischen. Ganz offensichtlich gab es eine Kommunikationsstörung mit der Begleitinfanterie oder eine vorhergehende Fehleinschätzung der deutschen Widerstandskraft. Mit dem Verschwinden der Tanks in die rückwärtigen Linien faßten die Jäger schnell wieder Mut und warfen sich der nun unbeschirmt anstürmenden russischen Infanterie mit Vehemenz entgegen.

Scharfschützen, gefürchtet und gehaßt, wurden bei Entdeckung übel mißhandelt. Aus diesem Grund sorgte Franz bei jedem zu erwartenden Angriff vor, um im Bedarfsfall sein ZF-Gewehr schnell verschwinden lassen zu können. Auch jetzt hatte er unter Munitionskisten ein Versteck vorbereitet. Kurz bevor die Welle der russischen Angreifer den deutschen Graben erreichte, schob er darum das Gewehr in die vorbereitete Höhlung und griff zur MP 40.

Schon stürzten sich die Rotarmisten mit tosendem Hurrä-Geschrei in die Stellungen der Jäger und ein Nahkampf ohne Erbarmen entbrannte. Nur noch von archaischen Instinkten getrieben, stürzten sich die Männer aufeinander. Hemmungslos tobte der Kampf. Dumpf krachend fuhren Gewehrkolben in verzerrte Gesichter, MP-Garben verwandelten Bäuche in blutig dampfende Masse, Spatenblätter fraßen sich in Schultern und Rücken, Bajonette und Messer bohrten sich in die Körper. Es gab kein Vorne und Hinten. In einer Kulisse aus Todesschreien, Röcheln, Stöhnen, peitschenden Abschüssen, Pulverdampf, Schweiß und Blutgeruch verlor sich das Menschsein, wenn es denn hier noch mit einer, wie auch immer beschriebenen Begrifflichkeit zu fassen war. Oder offenbarte sich hier das eigentliche Menschentum, das nicht existente? Der Mensch als eine von vielen Wirbeltierarten, die nach dem schlichten Muster von Fressen und Gefressen werden auch nur ein Teil des darwinistischen Lebenskampfes ist. Der Verstand dabei eher schlichtes Werkzeug als erhöhende Gabe !

Ein tödlich getroffener Russe fiel wie ein Kartoffelsack in den Graben und riß Franz zu Boden. Ein Bajonettstich der eigentlich ihm galt, fuhr dabei dem in den Weg fallenden Toten in die Rippen. Franz wälzte sich unter der Last hervor, dabei verklemmte sich das Bajonett des Angreifers in den Rippen des Gefallenen. Sekunden zu lang zerrte der Sowjet an seiner festhängenden Waffe. Mit einem Satz war Franz heran und trat ihm mit der ganzen Kraft seiner panischen Erregung in die Geschlechtsteile. Ein leises Knacken wie beim Brechen eines Kekses zeigte, daß der eisenbeschlagene Bergschuh das Schambein des Getroffenen zertrümmert hatte. Starr vor Schmerz fiel der Russen mit verzerrtem Gesicht auf den Rücken. Schon war Franz über ihm, wie rasend umklammerte er den Hals des Gegners und zerquetschte ihm mit den Daumen den Kehlkopf. Furchtbar röchelnd quollen dem Todgeweihten die panisch aufgerissenen Augen aus ihren Höhlen. Aus dem Augenwinkel sah Franz einen Schatten auf sich zusausen. Sich instinktiv duckend glitt ein Schlag mit dem Gewehrkolben, zu seinem Kopf geführt, dumpf scheppernd am Stahlhelm ab. Leicht benommen kugelte Franz zur Seite und hielt schützend die Hände vor das Gesicht als der Russe zu einem zweiten Schlag ausholte. Da fuhr dem Angreifer aus nächster Nähe eine MP-Garbe in den Rücken. Blut und Eingeweidefetzen spritzten Franz über den Körper. Er sprang auf und sah, wie seinem Kameraden mit der MP seitlich ein russisches Bajonett durch die Nieren gerammt wurde. Im rasenden, nicht mehr zu artikulierenden Schmerz erstarrte dieser wie eine Salzsäule. Im Aufrichten griff Franz nach dem Gewehr des vor ihm liegenden, toten Russen und rammte den eisenbeschlagenen Kolben ins Gesicht des anderen, noch bevor der das aufgepflanzte Bajonett aus dem tödlich getroffenen Jäger gezogen hatte. Schaumig gurgelt quoll das Blut aus der amorphen Masse seines zertrümmerten Gesichts.

Franz verlor in dieser Raserei jegliches Gefühl für Zeit oder Schrecken und auch für Schmerz. Irgendwann im Getümmel war ihm beim Explodieren einer russischen Handgranate eine Ladung Dreck ins Gesicht gespritzt. Dabei spürte er nur einen dumpfen Schlag an Kiefer und Nase. Und erst jetzt am Ende des Kampfes schmeckte er Blut und spürte eine klebrige Masse auf Gesicht und Hals. Es war so plötzlich vorbei, wie es kam. Eine Hand voll Jäger stand inmitten eines mittelalterlich anmutenden Schlachtfeldes voll stöhnender, schreiender, sterbender und toter Soldaten. „Mensch Franz, Dich hat's ja erwischt. Laß mal sehen", wandte sich ihm ein Kamerad zu. Sein rechter Nasenflügel war aufgeschlitzt und in seiner Unterlippe steckten eine Anzahl winzig kleiner Metallsplitter. Aber es blieb keine Zeit zur Besinnung zu kommen und Fürsorge zu treffen. Schon näherte sich mit Hurrä-Geschrei die nächste Welle sowjetischer Angreifer. Die wenigen, noch kampffähigen Landser schlossen sich zusammen. Die Waffen und Munition gefallener Kameraden an sich raffend igelten sie sich in einer zweihundert Meter zurückliegenden Auffangstellung ein. Sein russisches Scharfschützengewehr mußte Franz notgedrungener Weise im Versteck zurücklassen. Einer eingeschlossenen Gruppe von circa zwanzig Jägern mißlang der Anschluß an die Absetzbewegung. Sie verschanzten sich und leisteten erbitterten Widerstand.

Es gelang, die Auffangstellung, in die auch die Reste anderer Kompanien strömten, zu halten. Dabei konnte Franz beobachten, wie sich die Eingeschlossenen verschossen und fünf Überlebende sich den Russen durch erhobene Hände ergaben. Unter Fußtritten und Gewehrkolbenstößen wurden sie weggetrieben.

Wenn auch alles nach einer Niederlage aussah, so war es den Jägern doch gelungen, die russische Infanterie von ihren Panzern zu trennen. Diese waren im direkten Duell mit deutschen Sturmgeschützen und einer Achtacht-Batterie zusammengeschossen worden und damit die Bedrohung im Rücken beseitigt.

Über Funk wurde der verbliebenen Truppe mitgeteilt, daß zwei Sturmgeschütze zur Unterstützung im Anmarsch sind und bei ihrem Eintreffen ein unmittelbarer Gegenstoß geführt werden sollte, um die russischen Kräfte so lange wie möglich an diesem Abschnitt zu binden. Freund und Feind versuchten sich zu reorganisieren. Franz, inzwischen nur noch mit einem normalen K 98 k bewaffnet, war natürlich auch ohne aufgesetztes Zielfernrohr ein außerordentlich routinierter

und präziser Schütze. So gelang es ihm, die Angriffe einzelner russischer Stoßtrupps durch schnelle und gezielte Abschüsse, verborgen im Abwehrfeuer seiner
Kameraden auf Distanz zu halten.

Es war kaum eine Stunde verstrichen, als sich die Sturmgeschütze näherten.
Schnell war eine Angriffsformation gebildet und der Gegenschlag rollte. Gut achtzig noch kampffähige Jäger versuchten im Schutz der Kampfwagen ihre alte Stellung zurückzuerobern. Augenscheinlich hatten sich die Russen taktisch verkalku-
liert und waren nicht mehr in der Lage ihre im Angriff verbrauchten Kräfte aufzu-
füllen. Sichtlich überrascht vom deutschen Gegenangriff zogen sie sich auf ihre
alten Stellungen zurück. Franz versuchte natürlich so schnell wie möglich zum Versteck seines Zielfernrohrgewehres zurückzukommen, und er fand es tatsächlich
unversehrt unter den Munitionskisten. Der deutsche Angriff entwickelte soviel
Schwung, daß sich der Einheitsführer spontan entschloß, den Gegenstoß bis in die
russischen Stellungen zu führen. Das ZF-Gewehr wieder in Händen gelang es

Ein Sturmgeschütz, wertvolle Unterstützung und oft erhoffte Rettung für den Infanteristen.

Franz durch schnelle und gezielte Treffer speziell auf das feindliche Führungspersonal, die Gegner so zu irritieren, daß ihnen die Organisation einer effektiven Verteidigungslinie mißlang. Ihrer Panzer beraubt und ohne schwere Infanteriewaffen brach die Frontlinie der Russen stückweise zusammen. Die Sowjets begannen sich zurückzuziehen. Die deutschen Angreifer versuchten Ihnen dabei soviel Verluste wie möglich beizubringen. Manch einer der Gegner, der sich schon sicher wähnte, wurde noch von einer Kugel aus Franz Gewehr erwischt. Welch Ironie des Schicksals, daß es ein russisches Gewehr war ! Erst jetzt nach dem Abbruch des sowjetischen Angriffs versorgte ein Sanitätsfeldwebel die Wunden in seinem Gesicht. Die Nase wurde tamponiert und verpflastert. Die Metallsplitter in der Lippe zog ein Magnet heraus. Diesmal reichte es noch nicht einmal für einige Tage beim Troß. Franz blieb bei der Truppe in vorderster Linie.

In solchen Kampflagen spielte Tarnung überhaupt keine Rolle. Der Scharfschütze suchte sich auf dem Gefechtsfeld spontan einigermaßen geschützte Stellungen mit gutem Schußfeld. Er schoß aus diesen Stellungen solange es ging und wechselte in eine neue, sobald er unter gezieltes Feuer genommen wurde oder sich die Kampflinie deutlich veränderte.

Die russische Verteidigungslinie löste sich unter dem entschlossenen Angriff der Jäger weiter auf. Franz drang jetzt mit einer Gruppe von elf Kameraden in die Stellungen des Gegners ein. Sie trafen auf keine Gegenwehr mehr und fanden nur Tote und Schwerverwundete. Doch die Anspannung ließ nicht nach, da sie gut ausgebaute Unterstände vorfanden, in denen sich noch kampfbereite Gegner befinden konnten. Vorsichtig und sich gegenseitig deckend näherten sie sich einem Unterstand aus dem merkwürdig gurgelnde Geräusche nach außen drangen. Ein Jäger ruft auf Russisch: „Sdawajtesj ! Wychoditje s podnjatymi rukami !" (Ergebt euch, kommt mit erhobenen Händen raus). Als nichts passierte, setzte er einen Feuerstoß aus seiner MP 40 in den Raum. Nichts rührte sich, die eigenartigen Geräusche aber blieben. Vorsichtig tasteten sie sich in den Unterstand, dessen Inneres von einem Loch in der Decke in fahles Licht getaucht wurde. Kaum hatte der erste Jäger seinen Fuß hineingesetzt, als er auch schon lautstark seine Kameraden rief. Beim Betreten bot sich Franz ein Bild hemmungsloser Grausamkeit. Es waren die Stunden zuvor gefangen genommenen fünf Kameraden. Schaumig gurgelnd strömt das Blut aus ihren vor wenigen Minuten durchschnittenen Kehlen, damit sich ihre fliehenden Bewacher nicht durch Schüsse verrieten. Ihre Arme und Beine zuckten unkontrolliert, ihre Hände krallten sich ohnmächtig und hilflos in die Erde. Den Todgeweihten war nicht mehr zu helfen und es erschien Franz viel zu lang, bis ihr Leiden endlich ein Ende hatte und ihre zappelnden Körper inne hielten und sich entspannten.

Es waren Erlebnisse wie dieses, die ihn innerlich hart und unerbittlich machten. Sie legten die Saat eines Hasses, der auch dazu führte, daß ausnahmslos jeder Gegner, der in das Absehen seines Zielfernrohres geriet, seiner Kugel zum Opfer fallen sollte. Ein Phänomen, daß allerdings auf beiden verfeindeten Seiten Gültigkeit hatte. Jeder fand irgendwann seinen Grund, sein kämpferisches Wirken unter anderem durch das Gefühl der Rache zu legitimieren.

Denn auch seine Kameraden waren nicht zimperlich. Franz beobachtete, wie ein russischer Feldwebel, der mit einer Beinverletzung den Anschluß an seine fliehenden Kameraden verpaßt hatte, die ungebremste Wut der Landser zu spüren bekam, die vom Schicksal der Gefangenen erfahren hatten. Man wollte Informationen über Stellungen und Kräftemassierungen, Angriffspläne. Es war unbedeutend, daß der Russe aufgrund seiner Stellung von vielen dieser Dinge keine Ahnung hatte. Es war auch wohl mehr nur ein Vorwand um eben Rache zu üben. Jedenfalls waren seine Auskünfte dem verhörenden Leutnant und seinen Helfern wohl nicht ausreichend. Mit Faustschlägen ins Gesicht versuchten sie nachzuhelfen. Es kam natürlich nicht das was sie sich erhofften. Und wenn es gekommen wäre, hätte es sicherlich nicht gereicht. Ein anderer Vorwand wäre gefunden worden. Jedenfalls steigerte sich das sogenannte Verhör zu schlichter Mißhandlung. Die Schläge wurden härter und unkontrollierter. Schließlich kam einem der Beteiligten die Idee angespitzte Streichhölzer unter die Fingernägel des Sowjets zu treiben. Unter Gejohle wurde es in die Tat umgesetzt. Die Schmerzenschreie des Geschundenen stachelten die Quäler nur noch mehr an. Es war ein kampferfahrener Stabsfeldwebel, der dem Spuk beherzt ein Ende setzte. Mit dem Einwurf: „Schluß jetzt mit der Scheiße, ihr seit auch nicht besser als der Iwan" zog er seine 08 aus der Tasche, setzte sie dem Russen ins Genick und zog ab. Im Schußknall platzte der Schädel des Erlösten, die Stirn barst und Gehirnmasse spritze an die Wand des Unterstandes. Schlagartig trat lähmende Stille ein, die Jäger kamen wieder zur Besinnung. Auch der Leutnant begehrte nicht auf gegen diese Mißachtung seines Ranges und schien durch den Schuß wie aus Trance erlöst.

Am 27.11.43 brach der Russe den Angriff erfolglos ab. Der Brückenkopf hatte gehalten, aber um welchen Preis ! Das G.J.R. 144 war auf ein Viertel seines Bestandes zusammengeschmolzen.

Die Reste der 2./ Gebirgs-Infanterie-Regiment 144

Fast drei Wochen hatten die Verteidiger des Brückenkopfes eine trügerische Ruhe. Die Kämpfe reduzierten sich auf Erkundungsangriffe, Störfeuer und kleine Scharmützel, währenddessen der Winter mit Macht Einzug hielt. Eisregen, Schlamm und schließlich Frost und Schnee zermürbten jetzt die ausgelaugten Landser zusätzlich. Weil Trinkwasser fehlte und die Soldaten Wasser aus Pfützen und Bächen tranken grassierten Ruhr und Gelbsucht.

Das wenige Trinkwasser wurde optimal genutzt. Die Morgentoilette bestand aus einem Schluck aus der Feldflasche, der im Mund gehalten wurde. Einen Stritz spuckte man auf die Hände, einen zweiten in die hohle Hand, um das Gesicht ein bißchen abzureiben. Mit dem Rest wurden die Zähne geputzt und das Wasser zum Schluß runtergeschluckt. Die Männer sahen aus wie die Gespenster. Franz jungenhaftes Antlitz glich mittlerweile dem eines Vierzigjährigen. Die Augen lagen tief in ihren Höhlen, der Blick war hart und stechend geworden im Erleben der täglichen Unmenschlichkeit. Der Krieg hatte seine Züge wie aus Granit gemeißelt. Er war erst neunzehn und hatte schon das harte Gesicht des unerbittlichen Ostfrontkämpfers.

Franz war jetzt täglich auf der Jagd. Durch gezielte Abschüsse sorgte er für

Angst und Unsicherheit in den russischen Reihen. Gleichzeitig brachte er von seiner Pirsch eine Fülle wichtiger Beobachtungen mit zurück, über Kräftemassierungen, Panzer und Artilleriestellungen, Truppenbewegungen.

Während die deutschen Truppen nur unzureichenden Ersatz an Menschen und Material erhielten konnten die Sowjets aus der Tiefe ihres Raumes unaufhörlich und unbehelligt immer neue Massen an Soldaten und Material heranschaffen. So waren sie in der Lage, am 19.12.43 mit zehn vollständigen Divisionen erneut zum Großangriff anzutreten, um den Brückenkopf einzudrücken. Von deutscher Luftwaffe oder Luftabwehr unbehelligt, griffen auch russische Schlachtflieger und Jagdflugzeuge in die Kämpfe ein. In nicht enden wollendem Ansturm brandeten die Wellen russischer Panzer und Infanterie gegen die deutschen Stellungen. In einer ununterbrochenen zwölftägigen Schlacht wurde die 3. G.D. fast aufgerieben. An einzelnen Frontabschnitten mußten zwei Jäger einhundert Meter Kampflinie gegen bis zu fünfzigfache Übermacht verteidigen. Zunehmend überstieg der ständige Kampfstress und die pausenlose Angst die Kräfte auch der kampferprobtesten Landser.

Am 30. und 31.12.43 kam es im Bereich des Regiments 144 zu nur allzu verständlichen Panikausbrüchen unter den Soldaten. In dieser hochriskanten Situation überzeugten der Regimentsadjudant und der Ordonanzoffizier durch besondere persönliche Tapferkeit. Sie fuhren mit dem Krad in die vordersten Linien und motivierten einerseits durch ihre aktive Präsenz die Soldaten zum Durchhalten, stellten sich Auflösungserscheinungen aber auch massiv entgegen.

Das 7.Btl. hielt seit Tagen dem pausenlosen Angriff stand. In ständigem Stellungswechsel versuchte Franz durch schnelle Abschüsse die Angreifer in die Deckung zu zwingen und seinen Kameraden jeweils kurze Entlastung zu schaffen. Wie durch ein Wunder blieb er im feindlichen Geschoßhagel unversehrt, im Gegensatz zu seinen Mitkämpfern. Mit Entsetzen stellte er fest, wie sie rapide durch Verwundung und Tod ausfielen. Einzelne Grabenstücke wurden nur noch von einem oder zwei Mann verteidigt. Gerade in diesen Situationen der Vereinzelung bedurfte es oft nur eines kleinen Auslösers, um kopflose Flucht zu provozieren. Dies waren dahinschmelzende Munitionsvorräte, die plötzliche Feststellung, daß man seit subjektiv längerer Zeit keine Kameraden mehr gesehen hat, das Abreißen der Verbindungen zum Gefechtsstand, Ausfall von Führungspersonal, keine Versorgung der Verwundeten, flüchtende Kameraden. Für das Bataillon trafen schließlich alle Punkte zu. Auch Franz spürte in sich ganz deutlich das Verlangen hochsteigen, sich zu verpissen und in vermeintliche Sicherheit zu bringen, obwohl er den unschätzbaren Vorteil hatte, sich im Abschnitt seines Verbandes frei bewegen zu können. Er merkte die Erleichterung seiner Kameraden, wenn er für kurze Zeit zu ihnen stieß. In ihren aufgeregten Fragen nach dem Stand der Dinge lag schon der Hauch des Zusammenbruches. Er befand sich gerade in der Stellung eines vereinsamten MG-Schützen, dem die Nerven bloßlagen und der mit ihm seine Position verlassen wollte. „Franz, ich komm mit. Ich bin doch nicht bekloppt und halt hier länger meinen Arsch hin. Scheiße, die holen noch nicht mal mehr die Verwundeten, von Mun (Munition) und Fressalien (Verpflegung) ganz zu schweigen." In diesem Augenblick hörten sie im Hintergrund das Knattern eines Motorrades. Ein Hauptmann legte die Maschine ab und rannte geduckt im Zickzack auf sie zu. In diesem Augenblick gingen den letzten fünf Soldaten der Nachbarstellung die Nerven durch. Sie sprangen aus ihren Löchern und hetzten kopflos zurück. Der Offizier erkannte sofort den Ernst der Lage, riß seine um den Hals hängende MP 40 hoch und feuerte eine Salve über die Köpfe der Soldaten. Diese blieben abrupt stehen und starrten, wie vom Donner gerührt auf den Vorgesetzten. Plötzlich riß einer seinen Karabiner hoch und feuerte gezielt auf den Hauptmann, verfehlte ihn aber knapp. Schon hatte dieser seine MP im gezielten Anschlag und nahm den Landser ins Visier. „Waffen runter und zurück in die Stellung ihr Arschlöcher." Die Landser kamen zur Besinnung, der Hauptmann nahm seine Waffe runter, hielt sie aber bereit und ging auf die Gruppe zu. Das Orgeln eines russischen Werferschlages zwang sie schlagartig in den Dreck. Jetzt sah Franz, wie der Offizier voran, die Soldaten wieder in ihren Graben sprangen. Zehn Minuten später kam er zu ihnen in den Graben gerobbt. Völlig verdreckt und übermüdet strahlte er doch eine gewisse Zuversicht aus, während wieder eine russische leichte Werfersalve über sie hinwegwummerte und hinter ihnen Erdfontänen aufwarf. Erdklumpen prasselten auf die drei nieder. „Männer, macht keinen Scheiß und haltet durch, wir haben die Sache im Griff", erklärte der Offizier mit eingezogenem Kopf. „Der Druck vom Iwan läßt nach. Alle haben ihre Stellungen bisher vorbildlich gehalten. Wir bauen jetzt eine neue Verteidigungslinie auf und werden uns geordnet zurückziehen. Die Meldeketten werden im Laufe des Tages wieder funktionieren. Jungs, bleibt standhaft, solange ihr könnt. Ich verlaß mich auf euch." Er ließ ihnen eine Dose Fliegerschokolade da, über die sie sich sofort gierig hermachten und er verschwand, sich Deckung suchend, zu den Nachbarstellungen. Eine halbe Stunde später verließ auch Franz seinen Kameraden und wechselte in eine neue Position. Es war erstaunlich welche Wirkung das Erscheinen des Stabsoffiziers hinterließ. Die Jäger hielten aus. Eine taktisch verheerende und für noch mehr Landser tödliche Panik war verhindert. Die Front blieb stabil.

Doch nicht alle Soldaten hielten dem andauernden Streß stand. Ein Weg, dem Grauen der Front zu entrinnen war es, Krankheit oder Verwundung vorzutäuschen. Es gab Spezialisten, die dieses Metier wie eine Wissenschaft beherrschten und das Geheimnis ihrer Kenntnisse sorgfältig hüteten und nur an ausgesuchte Kameraden weitergaben. So führte zum Beispiel das Essen von Nivea-Creme zu den gleichen Symptomen wie eine Gelbsucht. Bei Selbstverstümmelungen zum Beispiel durch einen Schuß in die Hand oder den Fuß wurde durch ein Kommißbrot geschossen um keine Verbrennungs- und Schmauchspuren an den Wundrändern zu haben. Vor großen Angriffen oder lang anhaltendem Kampfdruck oder sehr widrigen äußeren Bedingungen häuften sich die Ausfälle durch vorgetäuschte Erkrankungen. Im gleichen Maße unterlagen auch Offiziere und Unteroffiziere dem Streß und manche unkontrollierte Auflösung ging auch auf das Konto vorschnell flüchtender Vorgesetzter, die ihre Leute im Stich ließen.

Überrascht von der unerbittlichen und standhaften Gegenwehr brach der Russe den Ansturm schließlich ab und verlegte ihn weiter nordöstlich um hier einen aussichtsreicheren Angriff zu verstärken. Doch die deutsche Aufklärung hatte gute Arbeit geleistet und so wußte man um die Verlegung des Angriffsschwerpunktes. Die wenigen noch kampf- und marschfähigen Soldaten des Bataillons wurden aus ihren Gräben zusammengeholt. Mit Genugtuung stellten sie fest, daß der Hauptmann die Wahrheit gesagt hatte und tatsächlich eine neue Verteidigungslinie aufgebaut war. Völlig apathisch lagen die Landser wie die Sandsäcke in der kurzzeitigen Sicherheit der Sammelstellung, als sie ein Sanitätsfeldwebel aus ihrer Agonie riß. „Männer jetzt gibt's wieder Tinte auf den Füller." Er ging von einem zum anderen und drückte jedem ein kleines Glasröhrchen mit Tabletten in die Hand, mit der Aufschrift ‚Pervitin'. Hinter diesem Namen verbarg sich ein Methamphetamin, das das Hungergefühl dämpfte, die psychische Widerstandsfähigkeit erhöhte und euphorisierend und schlafhemmend wirkte. „Immer wenn ihr glaubt es geht nicht mehr, dann haut euch eine von den Pillen rein und das Motörchen läuft wieder rund. Aber übertreibt es nicht mit den Dingern, sonst kackt ihr schneller ab als ihr piep sagen könnt. Und dann seid ihr völlig im Arsch. In diesem Sinne, guten Flug", und er wandte sich einigen Verwundeten zu, die in die Stellung getragen wurden.

Es blieben nur wenige Stunden der Schonung und komatösen Schlafes, als sie auch schon wieder hochgerissen und aufgefordert wurden eine der Tabletten zu nehmen. Dazu gab es nach langer Zeit mal wieder einen Becher heißen Kaffee und sogar ein paar Flaschen Schnaps machten die Runde, so daß für jeden ein großer

Schluck da war. Aber Kaffee und Schnaps bedeuteten auch immer dicke Luft im Anmarsch. Und so verhielt es sich auch diesmal. Schon nach einer halben Stunde brachen sie auf, um in Eilmärschen an die neuen Brennpunkte des russischen Angriffes verlegt zu werden. Sie sollten die stark bedrängten Kameraden einer Infanteriedivision unterstützen.

6. Kapitel

Tauwetter hatte eingesetzt und die Jäger mußten sich ihren Weg durch oft kniehohen Morast bahnen. Schuhe und Hosenbeine waren voll Wasser gesogen und so mit zähem Schlamm behangen, daß die Männer kaum noch ihre Beine bewegen konnten. Physisch völlig erschöpft, setzten sie ihre Füße nurmehr mechanisch voreinander. Viele waren so fertig, daß sie in der Bewegung erstarrten und einschliefen. Sie wurden von ihren Kameraden an die Hand genommen und weitergezogen. Minuten später schreckten sie hoch und konnten sich nicht erinnern, wie sie sich weiterbewegt hatten. Die Anstrengungen dieses Marsches waren so übermächtig, daß selbst die in gerade noch vertretbarer Dosierung eingenommenen Aufputschtabletten nur noch eine geringe Wirkung entfalteten. Franz trug sein Scharfschützengewehr auf dem Rücken, das Zielfernrohr dick mit einem Zeltbahnstreifen umwickelt um es vor dem Morast zu schützen. Um den Hals hing ihm eine MP 40 für den überraschenden Feuerkampf. Er hatte es sich angewöhnt gegen die Lethargie Trockenkekse zu kauen, die er, wo möglich, gegen seine Zigarettenrationen eintauschte.

Hinter den russischen Bewegungen stand aber mehr als eine schlichte Verlegung des Angriffsschwerpunktes. Ihre Operation entwickelte sich zu einer Großoffensive, die schon am 30.1.44 eine breite Bresche in die deutschen Linien schlug. An der Mündung des Basawluk im großen Dnjepr-Knie drohte plötzlich die Einkesselung zweier deutscher Armeen. Wie sooft wurde eine dringende Frontverkürzung von der Heeresleitung solange verweigert, bis es fast zu spät war. Schließlich half, glücklicherweise, nur die ungeschickte russische Führung, die ihre Kräfte im entscheidenden Augenblick in der Tiefe zerfaserte anstatt sie gebündelt und beherzt an das Dnjepr-Knie zu führen. Es gelang der deutschen Führung vor Ort mit letzten Anstrengungen, ihre Kräfte so zu verlegen, daß den sowjetischen Operationen ausreichender Widerstand entgegengesetzt werden konnte. Die völlig erschöpften Gebirgsjäger bewegten sich nur noch lethargisch durch den kniehohen Morast. Ein höherer Sinn ob dieser unmenschlichen Anstrengungen entzog sich den Soldaten.

Sie kämpften mehr mechanisch und aus persönlichem Überlebenswillen. Sie waren zu Kriegern geworden, der Tod ihre Bestimmung, Kameradschaft der Maßstab ihres Handelns.

Es gab keine Kampfpause mehr. Die Jäger glichen Gespenstern. In durchnäßten Winterkampfanzügen, die Gesichter von Hunger und Müdigkeit gezeichnet trieben sie nur noch durch den Strudel der Ereignisse.

Auch Franz wurde schließlich krank. Die ständige Unterkühlung und aus Granattrichtern geschöpftes Trinkwasser bescherten ihm eine heftige Darmgrippe. Von Schüttelfrost gepackt wußte er von einer Minute auf die andere nicht was er zuerst tun sollte, scheißen oder kotzen. Wie ein waidwundes Tier zusammengerollt fand ihn der Bataillonskommandeur bei seinem Rundgang zitternd in der Ecke eines Unterstandes.

Hauptmann Max Klos hatte das Bataillon im Brückenkopf von Nikopol übernommen. Freiwillig war er von der Lapplandfront an die Ostfront gewechselt, getrieben von dem Gedanken seinem Vaterland in schwerer Stunde dort zu dienen wo Soldaten am nötigsten gebraucht wurden. Er war in seinem Tun beseelt von dem nationalsozialistisch geprägten Glauben an eine gute und wichtige Sache. Auch als Ausdruck seiner Überzeugung trug er an seiner Uniform noch das Abzeichen der Hitlerjugend. Er war aber kein blinder Parteianhänger sondern mehr ein engagierter und tapferer Soldat. Als er Franz zusammengekauert und bibbernd sah, fragte er den ihn begleitenden Oberleutnant und Kompanie-Chef was mit dem Mann sei. Dieser klärte ihn unter anderem auf, daß Franz der Scharfschütze der Kompanie sei und sein Handwerk sehr gut verstehe. „Wir brauchen jeden Spezialisten, der Mann muß wieder auf die Beine", stellte Kloß fest. „Er ist der letzte Scharfschütze im Haufen. Den kann ich nicht auch noch verlieren." Kloß forderte Franz auf, zum Btl.-Gefechtsstand zu gehen und sich den Meldern anzuvertrauen. „Sag den Jungs, sie sollen sich um dich kümmern". Zum Kp-Chef gewandt: Ich hoffe, Sie haben nichts dagegen, Herr Oberleutnant". Dieser zuckte nur mit den Schultern. Zitternd schleppte sich Franz davon. Immer wieder mußte er auf dem gut einen Kilometer langen Weg ruckartig aus der Hose um wäßrig abzuprotzen (Landserausdruck für Stuhlgang). Endlich im Unterstand der Melder angekommen warf er sich entkräftet auf den nächstbesten improvisierten Ruheplatz und stöhnte nur noch: „Der Alte hat gesagt, ihr sollt euch um mich kümmern. Vor allen Dingen brauche ich eine neue Unterhose". „Selbstverständlich Fräulein Karner, der Herr Professor und seine Karbolmäuschen kommen sofort, um ihnen das wunde Arschloch zu pudern", franste es aus einer Ecke der höhlenartigen Behausung zurück. Doch sie bemühten sich wirklich um ihn. Sie besorgten schwarzen Tee und hatten sogar ein hochwirksames Durchfallmittel namens Dolantin.

Im Jahre 1939 hatten die Hoechst-Werke dieses Medikament entwickelt, das nicht nur eine besondere schmerzstillende Wirkung hatte, sondern auch speziell krampflösend war. Dies erleichterte die schmerzhaften Begleiterscheinungen bei Durchfallerkrankungen erheblich. Seine eigentliche Bestimmung fand Dolantin aber bei der Linderung von Wundschmerzen. Anfang der vierziger Jahre gelang es

Franz mit den Meldern im Brückenkopf von Nikopol. Noch glaubt man sich in festen Stellungen dem russischen Angriff gewachsen. Doch das kommende Inferno wird die meisten dieser Landser grausam verschlingen.

den Hoechst Chemikern die Wirkung des Dolantin noch einmal um den Faktor zwanzig zu steigern. Dieses Medikament bekam den Namen Polamidon. Der enorme Bedarf an schmerzstillenden Medikamenten, Sammelbegriff Analgetika, kommt in der Jahresproduktion von 1944 mit sechshundertfünfzig Tonnen zum Ausdruck.

Dolantin, Ruhe und angemessene Ernährung linderten recht schnell Franz Darmkrämpfe und den Durchfall. Die Beziehungen der Melder waren phänomenal. Er konnte es kaum fassen, wie es ihnen immer wieder gelang zu organisieren. In wenigen Tagen hatte sich Franz erholt. Zwischendurch kam der Kommandeur immer wieder um sich nach seinem Befinden zu erkundigen. Dabei kamen sie auch ins Gespräch und stellten fest, daß sie sich sehr gut verstanden. Klos nahm sich vor, ihn zu seiner persönlichen Verfügung bei den Meldern des Bataillonsstabes zu behalten.

Franz war zwar noch etwas wackelig auf den Beinen doch Klos fand: „Es wird Zeit, daß Du wieder was tust. Wir haben vier neue Unteroffiziere bekommen. Die sollen zu Deiner Kompanie. Ich dachte mir, Du nimmst sie mal unter Deine Fittiche, bringst sie hin und weist sie ein. Mein Fahrer bringt euch hin." Keine Viertelstunde später knatterten sie in einem Kübelwagen durchs Gelände. Doch schon nach wenigen Minuten endete ihre Fahrt in einer Detonation, die dem Fahrer das Lenkrad mit eiserner Faust aus den Händen schlug. Das Auto brach nach links aus und kippte mit Schwung auf die Seite. Franz hörte sich nur noch „Scheiiiiße" schreien, dann segelte er mit seinen Kameraden im hohen Bogen aus dem Wagen in den Morast neben dem Feldweg. Allen war sofort klar, daß sie auf eine Schützenmine gefahren waren, die das linke Vorderrad abgerissen hatte. Keiner wagte sich jetzt mehr zu bewegen und blieb liegen, wo er war. „Die Scheißdinger müssen von uns sein, gestern war hier noch alles frei, und der Iwan war noch nicht hier," kommentierte der Fahrer das Ereignis. „Irgendeiner verletzt?", fragte er als nächstes. Außer blauen Flecken waren sie aber ungeschoren davongekommen. Auf allen Vieren, den Boden vor sich mit spitzen Fingern vorsichtig abtastend, krochen sie wieder zum Auto zurück. Sie berieten sich noch, was jetzt zu tun sei, als eine Gruppe Pioniere im Gänsemarsch auf sie zu kam. „Was macht ihr Heimchen denn hier ? Hat euch einer erlaubt unsere liebevoll verlegten Minen kaputt zu machen ?", wurden sie begrüßt. Der feingliedrige Scherz voll zartem Zynismus zündete aber gar nicht. „Ihr Arschlöcher kriegt doch gleich was in die Schnauze. Man hat ja wohl mitzuteilen wo die eigenen Minen verlegt werden !" „Jetzt wißt ihr ja Bescheid", wurden sie belehrt. „Und wenn ihr noch lange mekkert, lassen wir euch hier sitzen. Ich schlage vor, die Herren schließen sich uns zwanglos an", bemerkte der Gruppenführer der Pioniere und machte sich auf den Weg. „Die Karre ist sowieso im Arsch", grummelte der Fahrer. „Also ihnen nach". Der Weg zur Kompanie war verstellt und so erschien die Gruppe bald wieder beim Btl.-Gefechtsstand um dem 'Alten' Bericht zu erstatten. Das entscheidende Ergebnis dieses Vorfalles aber war die Tatsache, daß Klos Franz nun zu seiner persönlichen Verfügung bei den Bataillonsmeldern behielt.

Die Russen setzten alles daran, ihr Ziel zu erreichen. Die untauglichen Versuche, Kriegführung durch verbindliche Regeln zu beeinflussen, waren an der Ostfront generell gescheitert und einem Kampf mit allen Mitteln und ohne Rücksichten gewichen. Nachdem die Sowjets das Gesetz des Handelns bestimmten, zahlten sie den deutschen Soldaten den anfänglichen Erfolg und ihre oft unmenschliche Härte gegenüber dem Gegner und speziell der Zivilbevölkerung nunmehr mit doppelter Münze zurück.

Den Eisenbahnern war es gelungen, trotz heftigsten Beschusses noch zwei Batterien des G.A.R. 112 als dringend benötigte Verstärkung in den Brückenkopf zu bringen. Doch nur eine Lokomotive hatte den russischen Beschuß unbeschadet überstanden und sollte auf ihrer letzten Fahrt aus dem sich abzeichnenden Kessel einen Zug mit Schwerverwundeten evakuieren. Franz und seine Kameraden passierten in den frühen Morgenstunden den Bereitstellungsplatz des Zuges auf ihrem Weg in die neuen Stellungen. Hunderte von Verwundeten, nur notdürftig verbunden, umlagerten die Waggons. Als sie die kleine Schar kampffähiger Jäger sahen leuchtete ein Hoffnungsschimmer in den Augen der Moribunden. Einer sprach es aus „Haltet den Iwan auf, bis der Zug raus ist". Abgestumpft gegenüber den allgegenwärtigen Leichen und Verstümmelten verhallten die Worte ohne sichtbare Wirkung zu hinterlassen. Unmerklich setzten sie sich aber doch beim einen oder anderen der Landser fest und gaben ein Fünkchen Motivation, dem kommenden Angriff doch möglichst lange standzuhalten.

Die Sowjets hatten sich schon bis auf eineinhalb Kilometer an die Verladestation herangekämpft. Aus dem Marsch gerieten die Jäger bereits ins feindliche Feuer und nahmen den Kampf auf. Der Druck des Gegners war so groß, daß nur mehr ein hinhaltender Widerstand möglich war. Buchstäblich in letzter Minute verließ der Verwundetenzug die Sammelstelle, bereits unter direktem Beschuß. Aber schon nach wenigen Kilometern Fahrt stürzten sich russische Jagdflugzeuge auf die Wehrlosen und entluden ihre tödliche Fracht, ohne sich von den großen

Rotkreuzzeichen auf den Waggons irritieren zu lassen. Der Waggon mit dem medizinischen Personal erhielt als erster einen Bombenvolltreffer, der fast alle Ärzte tötete. Im Hagel der Geschosse und Bomben riß es den Zug kreischend aus den Schienen. Die Wagen schoben sich krachend ineinander und spukten ihre Fracht wahllos ins Freie. Hilflos lagen die zum zweiten Mal Verwundeten im Dreck. Doch niemand kam um Hilfe zu leisten. Die wenigen überlebenden Sanitäter und zwei Ärzte kapitulierten vor dem sich darbietenden Elend. Erst am nächsten Morgen führte der Rückzug Franz und seine Kameraden an die Wahlstatt. Es bot sich ein Anblick, wie er auch im alltäglichen Grauen des Krieges nicht so häufig ist. Aus dem Wrack des Zuges hingen in irrwitzigen Verrenkungen die Toten, abgerissene Gliedmaßen lagen herum, aufgerissene Verbände lagen verstreut oder flatterten im Wind. In ihrer Panik und von Todesangst beseelt hatten sich überlebende Verwundete auf allen Vieren und kriechend versucht davonzuschleppen. Die meisten waren dieser letzten Anstrengung nicht mehr gewachsen. Die Wunden rissen wieder auf, sie verbluteten oder ihr Kreislauf brach zusammen. Das Leben verrann. Im Umkreis von dreihundert Metern lagen ihre Körper verstreut im Gelände. Dazwischen die paar Sanitäter und die beiden Ärzte, hilflos bemüht, sich der Situation zu stellen. Hoffnung keimte auf, als sie die Jäger kommen sahen. Es waren nur noch fünfzig, zum Teil auch verwundet und mit Verbänden versehen. Aber auch sie waren in ihrer Situation nur ein Tropfen auf den heißen Stein.

Der Russe saß der kleinen Kampfgruppe schon im Nacken und würde binnen Stundenfrist nachrücken. So schnell es ging wurden Tragen improvisiert. So grausam es für die Betroffenen auch war, es blieb nur die Selektion der Verwundeten nach bedingt gehfähig und solchen, die durch den Abtransport noch eine realistische Überlebenschance hatten. Alle todgeweihten Verletzten oder solche, die den strapaziösen Transport nicht überstehen würden, mußten zurückgelassen werden. Noch vor vierundzwanzig Stunden hatte man die Verwundeten in gewisser Weise beneidet, denn sie hatten es zumindest theoretisch vorläufig überstanden und waren auf dem Weg in die Heimat. Jetzt hatte der Krieg sie wieder eingeholt und zu Kameraden gemacht, die wieder um ihr Leben kämpfen mußten.

Plötzlich durchbrach ein Pistolenschuß die Aufbruchsvorbereitungen. Alle Beteiligten blickten in die Richtung seines Ursprunges und sahen einen Jäger mit der 08 in der Hand versteinert bei einem nun toten Verwundeten stehen. Schon war Franz heran und fragte seinen Kameraden, was um Himmels Willen er da gemacht habe. Angesprochen sank der Landser hemmungslos schluchzend in sich zusammen. Er brauchte Minuten, um sich zu fassen und zu berichten. Vor ihm lag sein

Freund und Nachbar, beide Beine amputiert, die Stümpfe wieder blutig aufgerissen, der Oberkörper von Splittern zerfurcht. Es war unfaßbar, wie er diese Verletzungen solange überlebt hatte. Dem Mann war klar, daß er zurückgelassen würde und damit der Willkür der Russen ausgeliefert. Als sich die beiden Freunde trafen, bat er um einen letzten Freundschaftsdienst, den Gnadenschuß zur schnellen Erlösung seiner Leiden. Er flehte so inständig um diese Gunst, daß der Jäger ihm diesen Gefallen tat, um die Konsequenz einer lebenslang nicht verblassenden, schmerzvollen Erinnerung.

Schon war die Gruppe abmarschbereit und man verließ den Platz menschlichen Elends mit der bangen Hoffnung, daß sich die Russen der Verwundeten annehmen, oder sie zumindest schnell erschießen würden.

Franz hatte jetzt sein Zielfernrohrgewehr bereit gemacht und blieb etwas hinter der Gruppe zurück, um ihre Rückendeckung zu übernehmen. Sie waren keine halbe Stunde unterwegs, er folgte in etwa fünfhundert Meter Abstand und hatte sich kurz zur Beobachtung in einem Gebüsch versteckt, als er in einer Entfernung von etwa einhundertfünfzig Metern die Spitze eines russischen Stoßtrupps ausmachte. Es galt schnell zu handeln um die Gegner zum Halten zu zwingen. Franz schlug sein Gewehr in einer stabilen Astgabel als Auflage an. Er hatte ein sehr schwieriges Schußfeld, von Büschen durchsetzt, die die Russen geschickt als Deckung zu nutzen wußten. Routine, Intuition und das Gespür des erfahrenen Jägers für den richtigen Augenblick machten sich in solchen Situationen bezahlt. Ruhig erfaßte er den Spähtruppführer in seinem Zielfernrohr, der Stachel des Absehend legte sich auf dessen Brust und folgte ihm durch das Gesträuch. Da war er plötzlich, der richtige Zeitpunkt. Für Sekunden stand der Russe frei vor einem Busch, als Franz Schuß brach, und der Gegner mitten in die Brust getroffen, rücklings ins Gesträuch geworfen wurde. Die anderen waren erfahren genug, um sofort die Arbeit eines Scharfschützen zu erkennen. Sie spritzten auseinander wie die Hühner, unter die der Habicht gefahren war und preßten sich so gut es ging in Deckung. Schnell setzte Franz noch zwei Schüsse möglichst nah an zwei Russen, deren Stellung er ausmachen konnte. Dabei zerschoß er einem die am Koppel hochstehende Feldflasche. Das reichte, um sie für die nächste halbe Stunde am Boden zu halten. Schnell zog sich Franz zurück und suchte den Anschluß an seine Gruppe, um die Nähe des Feindes zu melden. Spontan bildete sich eine kleine Gruppe, die nun mit ihm zusammen die Rückendeckung übernahm. Erstaunlicherweise blieben sie aber bis zum Abend unbehelligt.

Glücklicherweise trafen sie in der einsetzenden Dämmerung auf ein weiteres Jäger-Btl., das sich ebenfalls vom Feind abgesetzt hatte. So verstärkt, erhielten sie über Funk den Befehl Stellung zu beziehen und die nachrückenden Russen solange es ging aufzuhalten.

7. Kapitel

Bei der anderen Gruppe traf Franz auf einen Kollegen, den er vom Hörensagen schon kannte. Es war der Scharfschütze Josef Roth, ein Mann im selben Alter, der sich aus Nürnberg als Freiwilliger zur Gebirgstruppe gemeldet hatte und wie Franz mit einem erbeuteten russischen Scharfschützengewehr eigeninitiativ zum Scharfschützen geworden war. Die beiden verstanden sich auf Anhieb. Der Btl.-Kommandeur wußte um die Bedeutung richtig eingesetzter Scharfschützen in der Defensive und ließ ihnen jetzt freie Hand. Während die Truppe schanzte verabredeten sie eine gemeinsame Erkundung der Feindbewegungen und eine Zusammenarbeit in den kommenden Abwehrkämpfen. Es zeigte sich, daß zwei geübte Augenpaare deutlich mehr erkannten.

Gegen acht Uhr am nächsten Morgen, das Wetter war seit drei Tagen trocken bei Temperaturen kurz über Null Grad, peitschte plötzlich ein Schuß zwischen die mit Stellungsbau beschäftigten Jäger. Schreiend brach ein Gefreiter zusammen und krümmte sich zuckend am Boden. Wie der geölte Blitz warfen sich die anderen in Deckung. Sekunden zu lang verharrte einer in Hilfsabsicht über dem Getroffenen. Er hörte den Knall der Kugel nicht mehr, die ihm hinter dem linken Ohr in den Schädel fuhr und mit einem faustgroßen Loch aus dem rechten Auge wieder herausjagte. Eine gelblich rote Masse aus Blut und Hirn quoll in einem Schwall hinterher. Schon erschallte der Warnruf „Achtung Scharfschützen!" Hilflos schossen die Sicherungsposten mit ihren MGs in die vermeintliche Richtung, ohne Wirkung, wie der wohl plazierte Kopfschuß, der einen der MG-Schützen als nächsten dahinraffte, bewies. Niemand wagte sich mehr zu bewegen. Franz und Josef hielten sich noch im Btl.-Gefechtsstand auf, als ein Melder atemlos in den Unterstand stürzte und vom Überfall auf die vordere Linie berichtete. Der kurze Kommentar des Kommandeurs zur Lage „Jäger, ihr kennt eure Aufgabe, klärt das Problem". Im schnellen Schritt, sorgfältig auf Deckung achtend, eilten die beiden mit dem Melder nach vorn.

Er führte sie direkt in ein schon fertiges Grabenstück, wo sie ein Feldwebel empfing, der ihnen die Ereignisse der letzten Minuten mitteilte. Etwas abseits en-

Beim Stellungsbau wurde ein Jäger Opfer des russischen Scharfschützen.

dete ein Sappenstück in einem sehr gut getarnten Beobachtungsposten im Dickicht eines Strauches. Ungesehen erreichten die beiden den Aussichtspunkt und begannen das Gelände sorgfältig nach Indizien einer möglichen Scharfschützenstellung abzusuchen. Aber trotz aller Anstrengungen fanden sie keinen Anhaltspunkt, obwohl sie durch die Lage der getroffenen Kameraden eine Region besonders unter die Lupe nahmen. Aber nichts, die Stunden vergingen. Sie besprachen sich, im Versuch selbst anstelle des russischen Schützen zu sein. Aber auch die vermeintlichen Idealstellungen in ihrem Sinn zeigten keine Regung.

Um die Mittagszeit wurde ein Jäger beim Versuch seinen, in einer Konservendose wohlplazierten Schiß über den Grabenrand zu werfen das dritte Opfer. Wieder peitsche ein Schuß. Doch der Getroffene hatte Glück im Unglück. Das Projektil prallte seitlich am Helm ab und drang ihm in den Oberarm, wo es eine klaffende Wunde schlug. Zum Glück schoß der russische Scharfschütze diesmal nicht mit Explosivgeschossen, wie sonst üblich, so daß er mit einer Fleischwunde davon kam.

84

Josef und Franz hatten in diesem Augenblick ihre Ferngläser auf die Frontlinie des Gegners gerichtet und sahen beide, wie das hohe Gras vor einer Bodenwelle sich kurz und heftig vor der Druckwelle des abgefeuerten russischen Scharfschützengewehres trennte und wieder zusammenfiel. Beide bewunderten den Einfallsreichtum des Gegners, sich in einer solchen Erdhöhle zu verbergen. Vermutlich hatte er sich von der Rückseite durch den Wall gegraben. Jetzt blieb die Frage, ob er soviel Erfahrung hatte die Stellung zu verlassen oder sie beibehalten würde. Für letzteres sprach, das alle drei Getroffenen in etwa aus derselben Richtung beschossen wurden. Franz und Josef mußten ihn aus der Reserve locken. Sie beschlossen, ihm durch einen dritten Kameraden ein fingiertes Ziel zu bieten. Josef sollte vorher circa fünfzig Meter rechts von Franz Stellung beziehen. Sie verabredeten, dann beide zusammen in die vermutete Stellung zu schießen sobald sich das Gras wieder durch den Schuß des Russen bewegte. Sie stopften einen Brotbeutel mit Gras aus und steckten ihn auf einen Stock. Darauf setzten sie eine Feldmütze. Auf dem Weg in seine Feuerposition übergab Josef auf halbem Weg die

Eine List veranlaßte den Russen zur Abgabe seines letzten Schusses.

Attrappe an einen Kameraden und bat ihn, diesen in genau zehn Minuten ganz vorsichtig nur soweit über den Grabenrand zu halten, das gerade die Mütze für den Russen zu sehen war. Beide Scharfschützen hatten ihre Zielfernrohrgewehre auf die vermutete Stellung ihres Gegners gerichtet, als sich die Feldmütze vorsichtig über den Grabenrand hob. Und tatsächlich, ihre List ging auf. Der Russe schoß zu früh, gar nicht mit einer Falle rechnend und wieder aus derselben Position. Sein Schuß war kaum gefallen, als Franz und Josef fast zeitgleich feuerten. Sie hatten für diesen Schuß ihre russischen Zielfernrohrgewehre jeweils mit einer von ihren wenigen erbeuteten Explosivgeschoßpatronen geladen (vgl. auch Bericht über Scharfschützenlehrgang) In der Erdhöhle tat es einen dumpfen Schlag. Aufmerksam beobachteten die beiden den Erdwall durch ihre Zielfernrohre und sahen, wie plötzlich hektische Betriebsamkeit dahinter entstand und offensichtlich etwas weggetragen wurden. Ein neugieriger sowjetischer Beobachter tauchte mit einem Fernglas vor den Augen auf und bezahlte seinen Drang unmittelbar mit dem Leben. Zeitgleich schlugen ihm die Projektile der beiden deutschen Scharfschützen in den Kopf, der unter der Wucht des doppelten Aufpralls wie ein überreifer Kürbis in Fetzen auseinander platzte. Nur das Fernglas blieb scheinbar unversehrt auf dem Grabenrand zurück. Jetzt waren es die Russen, die sich nicht mehr aus den Löchern trauten, und die Jäger konnten unter gebührender Aufmerksamkeit ihr Schanzwerk beenden.

Auch Franz und Josef bereiteten sich für den kommenden sowjetischen Angriff gut getarnte Wechselstellungen vor. Dabei teilten sie sich das Vorfeld so ein, daß sie sich gegenseitig decken konnten. Um möglichst lange unerkannt zu bleiben vereinbarten sie, solange Kreuzfeuer zu schießen bis die Angreifer etwa einhundert Meter heransein würden, um dann auf ein gradliniges unmittelbares Vorfeldfeuer überzugehen.

Die Strategie der beiden Scharfschützen ging auf und sie trugen einen wesentlichen Teil dazu bei, daß ihre Truppe dem infanteristischen Angriff der Russen zwei Tage lang standhielt. Dies ermöglichte sowohl die Evakuierung der Neuverwundeten, wie derer aus dem überfallenen Zug. Doch Stück für Stück wurde der Brückenkopf um Nikopol eingedrückt und es drohte wieder eine Einschließung. Bei den anstehenden Umgruppierungen der Kräfte trennten sich die Wege der beiden Scharfschützen Karner und Roth wieder. Im Wissen um die besondere Härte und persönliche Belastung ihres Soldatenlebens gaben sie sich beim Abschied lange die Hand und wünschten sich die unverzichtbare Portion Glück um den Krieg zu überstehen. Sie gingen auseinander in der Hoffnung sich vielleicht

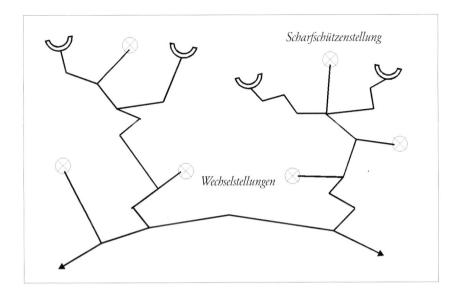

Prinzipskizze des Einsatzes des Scharfschützen in Stellungssystemen. Die Scharfschützenstellungen sind bestmöglich getarnt, Wechselstellungen für den Fall eines einbrechenden Angiffs sind vorbereitet, im Stellungskampf kann auch aus dem gesamten vorderen Stellungssystem gewirkt werden.

eines Tages wiederzusehen.

Doch auch eine entscheidende Erfahrung hatten beide aus ihrer Begegnung gezogen, es gibt Situationen, in denen das Zusammenwirken mit einem zweiten Mann, einem speziellen Beobachter, doch von entscheidendem Vorteil ist. Obwohl sich Franz nach dem Tod von Balduin Moser geschworen hatte, nur noch allein zu arbeiten, mußte er sich die zeitweilige Teamarbeit als vorteilhaft eingestehen. Franz gelang es, seinen Kompaniechef auch unter dem Eindruck der zurückliegenden Ereignisse von dieser Konzeption zu überzeugen. Wann immer Franz einen Beobachter brauchte, konnte er sich nun unter seinen kampferfahrenen Kameraden einen aussuchen.

Wieder begannen härteste Ausbruchskämpfe, in denen das G.J.R. 144 immer wieder Ablenkungsangriffe führen sollte, um wichtige Verkehrsknotenpunkte

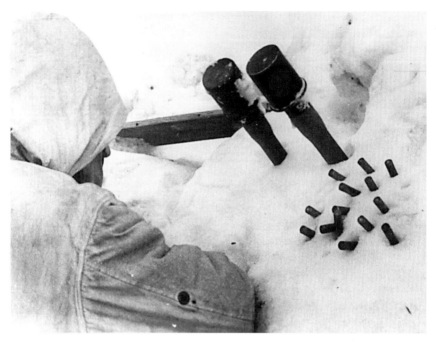

Im russischen Winter konnte das Temperatur bis zu minus 50° C fallen.

für abrückende Verbände frei zu halten. Personell ausgeblutet, war es für das Regiment schon ein Erfolg die zugewiesenen Stellungen überhaupt gegen die russischen Angriffe zu halten. Hin und wieder gelang nach geglückter Defensive sogar ein kleiner Gegenstoß. Dabei erlitt das geschwächte Regiment so enorme Verluste, daß die Existenz des Verbandes an sich auf dem Spiel stand. Ganze Kompanien wurden bis auf den letzten Mann aufgerieben.

Nach vier Tagen härtester Kämpfe erhielten sie am 12.2.44 den Befehl zum generellen Rückzug aus dem Brückenkopf. Das Regiment war so verbraucht und so lange ohne Nachschub, daß gar keine schweren Infanteriewaffen mehr vorhanden waren und jeder Landser nur noch fünf bis zehn Patronen für seine Handfeuerwaffe hatte. In dieser äußerst prekären Situation, vom nachsetzenden Gegner ständig bedrängt, wurden die wenigen Scharfschützen zur ‚Artillerie‘ der Truppe. Nur sie waren noch in der Lage eine Nachhut zu bilden, die den Gegner auf Distanz halten konnte. Für den Scharfschützen sammelten deshalb alle Landser russische Gewehrmunition um zumindest ihn einsatzfähig zu halten.

Nur unter größten Mühen und Verlusten konnte sich die 3.G.D. aus dem Kessel befreien und erreichte die neue Frontlinie am Ingulez. Das Wetter schlug um und wurde dabei zusätzlich zum Gegner aber auch zum Verbündeten. Gegner war es, weil ein Schnee- und Eissturm einsetzte, der die physisch außerordentlich geschwächten Jäger zu vernichten drohte. Sie waren ihm auf dem Rückzug schutzlos ausgeliefert. Zum Verbündeten wurde es, da jede Form von organisiertem Kampf unter diesen Bedingungen unmöglich wurde.

Apathisch taumelten die Landser über das jetzt brettebene Steppenland. Wie mit Nadeln stachen die Eiskristalle des Schneesturms in die ausgemergelten Gesichter. Das Thermometer sank auf Minus fünfzig Grad. Wer aufhörte, sich zu bewegen, oder vor Entkräftung zu Boden fiel, hatte in wenigen Minuten zum Teil

Besonders gefürchtet waren die Schneestürme, denen man in der Ebene schutzlos ausgeliefert war.

lebensgefährliche Erfrierungen. Die Eisenbeschläge der Gebirgsschuhe leiteten die Kälte direkt ins Innere. Bei vielen Landsern froren dadurch die Schuhe, mit den schweißigen Strümpfen/Fußlappen und der Haut der Füße zusammen. Viele der so Betroffenen konnten sich nur noch kriechend fortbewegen. Die Sanitäter konnten kaum helfen, da die flüssigen Medikamente alle in ihren Behältnissen gefroren waren. Nur für die schwersten Fälle hatten die Sanis ständig Morphinampullen im Mund, um sie warm zu halten. Wunden gefroren sofort und wurden brandig. Um die Winterkleidung gefallener Russen, die man steifgefroren im Schnee fand, entbrannten Schlägereien, wenn sich die Landser nicht über die Aufteilung einigen konnten. Glücklich derjenige, der auf diese Weise eine Fellmütze oder Filzstiefel ergattern konnte.

Unnachgiebig hielten sich die Jäger gegenseitig in Bewegung. Sobald Franz innehielt traf ihn ein rüder Fußtritt oder Stoß mit dem Karabinerkolben und auch er schlug, wenn nötig auf verharrende Kameraden ein. Trotzdem zogen sich viele Soldaten Erfrierungen zu oder starben auch vor Entkräftung. Die Zahl der Kampffähigen schmolz so weiter dahin. Unter größten Mühen wurden die Verwundeten mitgeschleppt, soweit sie noch eine Aussicht auf Genesung hatten. Die Todgeweihten blieben unbarmherzig zurück, zumal auch die Tragtiere bereits alle verspeist worden waren. Die Waffen, von Eis überzogen, waren gebrauchsuntauglich. Die extreme Kälte ließ den Stahl so schrumpfen, daß sich die Verschlüsse nicht mehr bewegen ließen. Die hochwertige Verarbeitung der deutschen Waffen, mit engen Passungen, wurde ihnen jetzt zum Verhängnis. Die mit deutlich größeren Toleranzen verarbeiteten russischen Waffen dagegen funktionierten auch noch bei diesen besonderen Minustemperaturen. Der steinhart gefrorene Boden verhinderte jeglichen schützenden Stellungsbau. Nur noch von animalischen Instinkten getrieben, schleppten sich die Jäger durch die trostlose Steppe, während der Sturm noch stetig zunahm. Wie in Trance, gefühllos auch vor Hunger und Erschöpfung, taumelte Franz durch den inzwischen kniehohen Schnee, sein Zielfernrohrgewehr in eine dicke Decke gewickelt auf dem Rücken.

Schemenhaft tauchten aus dem undurchdringlichen Grau des Schneesturmes die Silhouetten eines Gehöftes und eines riesigen Strohhaufens auf. Die Kälte wurde fast unerträglich. Mit tief ins Gesicht gezogener Kapuze seiner wattierten Tarnjacke trotze Franz dem Sturm, als plötzlich der Boden unter ihm nachgab. Mit einem Aufschrei fiel er in ein verwehtes Schützenloch und blickte in das zu einem abscheulichen Grinsen verzerrte Frostgesicht eines steifgefrorenen Rotarmisten. Wie ein gehetzter Käfer wühlte er sich auf allen Vieren durch den Schnee wieder an die Oberfläche. Jetzt waren auch Bewegungen in dem ausgebrannten Gehöft wahrzunehmen, das nur noch gut dreißig Meter entfernt lag. Wie elektrisiert zogen sich die Jäger zur Eigensicherung auseinander. Doch die ausgekühlten Glieder erlaubten keinen Griff zur ohnehin vereisten Waffe. Hektisches Nesteln am Gerät erwies sich als sinnlos. Sie waren defacto wehrlos. Russische Wortfetzen wurden durch den Wind herangetragen. Jeder verharrte jetzt ängstlich in der unmittelbarem Erwartung eines russischen Feuerschlages. Aber Nichts passierte. Minuten hektischer Ungewißheit verstrichen, bis es offensichtlich wurde. Die Russen waren witterungsbedingt wohl ebenfalls kampfunfähig. Beide Parteien zogen sich vorsichtig zurück. Die Nacht brach herein und der Schneesturm nahm noch einmal an Heftigkeit zu. Wetterschutz, wie auch immer, wurde jetzt zur Schicksalsfrage. Instinktiv rückten die Landser schrittweise dem riesigen Strohhaufen immer näher, dem einzigen Schutz weit und breit vor den tosenden Naturgewalten. Dann kam der Punkt. wo ihnen alles egal wurde, Hauptsache raus aus dem Eissturm. In wenigen Schritten waren sie heran. Schnell gruben sich alle in das wärmende Stroh. Alle Regeln der Eigensicherung außer acht lassend, kuschelten sie sich wie die Ferkel im Stroh zusammen und überlebten so den Kältesturm. Noch zwei Tage und Nächte tobte er mit ungebremster Kraft und zwang selbst die Regeln des Kriegs unter seine Gewalt. Denn auch für die Russen wurde der Strohhaufen die letzte Rettung, von der gegenüberliegenden Seite. Unfähig zu kämpfen, saßen die sonst unerbittlichen Gegner jetzt nur durch ein paar Meter Stroh getrennt beieinander.

Am Morgen des 20.2.44 ließ der Sturm deutlich nach, die Waffen, jetzt vor der Witterung geschützt wurden wieder funktionsfähig. Nervosität machte sich breit beim Gedanken an die nahen Russen und den bevorstehenden Kampf. Denn keiner wußte wie und wann. Drei Jäger wühlten sich im wahrsten Sinne des Wortes auf Erkundung. Als sie eine halbe Stunde später zurückkamen, gaben sie erleichtert Entwarnung. Die Sowjets hatten sich wohl schon am frühen Morgen zurückgezogen.

Wieder stapften die Jäger durch die schier endlose, jetzt totenstille Schneewüste, ihrem neuen Kampfraum entgegen. Ohne Versorgung nahm der physische Niedergang der Landser jetzt aber bedrohliche Formen an und buchstäblich in letzter Minuten erreichte das Regiment eine Versorgungsbasis um Munition, Verpflegung, Bekleidung und Decken zu fassen. Sogar personeller Ersatz kam in geringem Umfang. In den Ruinen eines Dorfes konnten sie sich für einige Tage einrichten.

Zum Bataillonsstab gehörig, profitierte Franz vom Luxus des etwas festeren Unterstandes und sogar eines Ofens. Franz döste in einem kuscheligen Eckchen vor sich hin, als der Kommandeur Kloß durchgefroren von einer Regimentsbesprechung zurückkam. Bibbernd hockte er sich vor den bullernden Ofen und streckte seine eiskalten Füße in durchnäßten Stiefeln ganz nah an die Wärme. Wohlig stieg diese nach einigen Minuten in ihm hoch. Müdigkeit schlich sich heran. Entspannt lehnte er sich zurück an die Wand und schlief ein. Irgendwann blickte Franz rüber und sah die Stiefel seines Vorgesetzten heftig qualmen. Wenige Minuten später schoß der Offizier dann mit einem Schrei in die Höhe und hüpfte wie das Rumpelstielzchen herum. „Scheiße, Scheiße ist das heiß." Seine Versuche, sich die Stiefel vom Fuß zu ziehen scheiterten allerdings, trotz der hilfreichen Bemühungen eines Melders, denn das nasse Leder war durch die massive Wärme zu schnell getrocknet und auf saugende Passung an den Fuß geschrumpft. Es blieb also nur, die Füße mit einem Eimer Wasser zu übergießen und das Leder wieder aufquellen zu lassen. Unter dem hämischen Grinsen der anwesenden Soldaten wurde die Krise schließlich gemeistert. Es paßte gut, daß mit dem Nachschub auch ein geringer Ersatz an Kleidungsstücken gekommen war. So konnte Klos seine Lederstiefel gegen neue Filzstiefel austauschen.

Schon am 25.2. griff der Russe wieder an. Seine Attacke endete aber im gelungenen Sperrfeuer des wieder einsatzfähigen Gebirgs-Artillerieregiments. Die Jäger nutzten die Lage, um sich weiter abzusetzen und schließlich auf die neue Frontlinie am Ingulez zurückzuweichen. Wie so oft wurden bei der Festlegung dieser neuen Frontlinie wieder entscheidende Fehler gemacht. Während die Frontoffiziere unter richtiger Einschätzung der Lage und der eigenen Ressourcen und Kräfte tragfähige strategische und taktische Konzepte entwickelten, torpedierte das OKH immer wieder die sachgerechten Lösungen durch völlig unsinnige Durchhaltebefehle an überflüssigen Positionen. Die Folge waren unverantwortliche Verluste an Material und Menschenleben, die zunehmend nicht mehr ausgeglichen werden konnten. Eine auch dadurch völlig überforderte Logistik schaffte es immer weniger die stete Auszehrung der Truppe zu kompensieren. Die militärischen Operationen verkamen zu einer immer unkoordinierteren Rückzugsschlacht, die immer chaotischer wurde und in einem ‚Rette sich wer kann' endete. So wurde auch die neue Front am Ingulez zur geplanten Katastrophe. Überlebensnotwendige Verkürzungen wurden untersagt, eine unverzichtbare Reorganisation der Kräfte unterblieb. So erwartete eine völlig überdehnte und zerfurchte Frontlinie die immer massiveren russischen Angriffe. Divisionen und Regimenter mit hoher Kampfmoral und -erfahrung, wie die 3. G.D. wurden in diesen Situationen zu wichtigen

Völlige Erschöpfung. Jede Möglichkeit zur Rast wird genutzt.

Hoffnungsträgern der Kommandeure. Man warf sie immer wieder an die Brennpunkte der Kämpfe. Auf ihren Schultern lastete oft allein die ganze Verantwortung, Durchbruchsversuche des Gegners um jeden Preis zu verhindern und das Schreckgespenst drohender Einkesselungen abzuwenden. Rückhaltstellungen und Reserven konnten nur improvisiert werden und gaben keine richtige operative Sicherheit. Der Preis waren unbeschreibliche personelle und materielle Verluste.

Am 1. März brandete der sowjetische Angriff wieder gegen die Stellungen der Jäger. Die Entschlossenheit der Russen war diesmal von besondere Härte. Im Abschnitt der 3. G.D. und der benachbarten 16. Pz.Gren.Div. füllten die Sowjets täglich alle personellen Verluste auf. In nicht abreißender Kette wurden Marschbataillone aus der Tiefe des geographischen Raumes herangeführt. Bis zu eintausend neue Soldaten kamen täglich dazu, während die deutschen Verluste weder an Menschen noch an Material auszugleichen waren. Am dritten Angriffstag wurden die Panzergrenadiere von den Russen aufgerieben und die Jäger mußten sich nun auch in ihrer Flanke zur Wehr setzen. Am vierten Kampftag war die Division auf die Hälfte ihres Bestandes zusammengeschmolzen. Fünfzig Prozent der Landser waren gefallen oder verwundet. Wie durch ein Wunder blieb Franz, obwohl immer im Brennpunkt der Kämpfe stehend, bis auf Bagatellen unverletzt. Wieder einmal erwies sich, daß hohe Kampfmoral und -erfahrung materielle Überlegenheit lange Zeit kompensieren können. Doch am Ende des fünften Kampftages war Franz Bataillon auf sechzig kampffähige Soldaten zusammengeschrumpft.

Während die kleine Schar sich gegen den von zwei Seiten angreifenden Gegner behauptete, drang plötzlich heftiger Gefechtslärm aus ihrem Rücken an die Ohren. Zugleich erhielt ein Fernmelder einen Funkspruch, in dem der Btl.-Gefechtsstand hektisch einen russischen Überfall meldete und um Hilfe bat. Einer Kampfgruppe des Gegners war es gelungen, durch die Front der Jäger zu sickern und sie versuchte jetzt, die Schaltstelle des deutschen Widerstandes zu neutralisieren. Mit einer Übermacht von einhundert zu dreißig warfen sich die Russen auf die völlig überraschten Deutschen. Es entwickelte sich ein heftiges Feuergefecht bei dem die Munitionsvorräte der Verteidiger sehr schnell zur Neige gingen. Dem rasenden Feuer der Angreifer fielen immer mehr zum Opfer, da der Gefechtsstand von seiner Bauart auf einen solchen direkten Angriff nicht eingerichtet war. Der Angriff auf die HKL flachte bereits in einen distanzierten Feuerkampf ab, so daß der Kompanie-Chef das Wagnis einging, die Frontlinie um ein paar Mann vorübergehend zu schwächen und diese zur Unterstützung der Verteidiger im Btl.-Gefechtsstand zu entsenden. Er verständigte sich auch mit seinen Nachbarkompanien, die ebenfalls einige Männer abstellten. Schnell waren die notwendigen kampferprobten Soldaten beisammen, insgesamt zwanzig, unter ihnen auch Franz und ein stoßtrupperfahrener Kamerad, der ihm als spezieller Beobachter zur Seite stehen sollte.

Die Überfallmeldung des Btl. kam gegen acht Uhr morgens. Eine knappe Stunde später bewegten sich die Jäger des Entlastungsangriffes so schnell wie möglich, bei aller gebotenen Vorsicht auf den knapp eineinhalb Kilometer entfernten Gefechtsstand zu. Schon nach einer viertel Stunde stießen sie auf die russische Kampfgruppe.

Im buschbestandenen, leicht hügeligen Gelände lag der Gefechtsstand in einer Senke am Fuße eines hoch aufragenden Hügels. Dieser konnte von den ausgedünnten deutschen Verbänden nicht mehr besetzt werden. Für die Russen war er jetzt von strategischer Bedeutung, da sie von seiner Spitze aus die deutschen Stellungen kontrollieren konnten.

Die Verteidiger hatten sich auf einen letzten befestigten Unterstand zurückgezogen und standen unmittelbar vor dem Ende ihrer Munitionsvorräte. Auf das wütende Feuer der Angreifer antworteten sie nur noch mit einzelnen gezielten Schüssen. Das Vorfeld des Gefechtstandes war mit Toten beider Seiten bedeckt.

Kurz zögerten die zur Entlastung anrückenden Jäger, um sich einen Überblick zu verschaffen. Jetzt sollte sich das Team aus Scharfschütze und Beobachter bewähren. Franz und sein Kamerad suchten sich schnell eine Buschgruppe aus, unter der sie gute Tarnung und doch relativ freie Sicht auf die Kämpfenden hatten. Während die Jäger zum Angriff übergingen versuchten die beiden möglichst viele Gegner auszuschalten. Der Beobachter hatte durch sein Fernglas ein sehr weites Gesichtsfeld gegenüber dem sehr begrenzten Bildausschnitt, den der Schütze

Eines der wenigen verbliebenen Pak-Geschütze in Aktion.

durch das Zielfernrohr wahrnehmen konnte. Während er das Vorfeld abstrich hatte er eine deutlich bessere Übersicht und konnte den Schützen durch genaue Zielanweisungen in seiner Effektivität deutlich steigern. Kaum die Waffe im Anschlag sah Franz, wie sich einer der vermeintlich toten Landser auf dem Kampffeld mit blutender Kopfwunde versuchte, sich auf die Hände zu stützen und unmittelbar wieder von einer russischen MP-Garbe getroffen wurde. Kopf und Hals verwandelten sich unter den einschlagenden Projektilen in eine amorphe blutige Masse. Sein Beobachter hatte schon den Schützen identifiziert: „Kleiner Erdwall, zehn Meter rechts." Franz schwenkte sein Gewehr und hatte den Russen schon im Blick. In Sekunden war der Zielstachel auf den teilweise sichtbaren Oberkörper justiert, schon brach der Schuß und traf sein Ziel auf einhundertfünfzig Meter mit schicksalhafter Gewißheit.

Dieser Schuß war zugleich das Signal zum Angriff. Die Jäger eröffneten das Feuer. Die Projektile des Scharfschützen fanden weiter mit tödlicher Konsequenz die vom Beobachter vorgegebenen Gegner. Das Gefecht war kurz und heftig. Plötzlich im unerwarteten Kreuzfeuer und durch die Vielzahl der Ausfälle, verloren die Russen die Übersicht. Wild um sich schießend zogen sie sich nach wenigen Minuten zurück. Noch etwa zwanzig von ihnen verschwanden im Dickicht. Achtzig Tote und Verwundete ließen sie zurück. Die Jäger hatten keine Zeit sich weiter um die Lage zu kümmern und nach kurzer Rücksprache mit den Überlebenden des Btl.-Gefechtsstandes rückten sie unmittelbar wieder ab. Zwanzig Minuten später waren sie schon wieder bei ihren Kameraden in der HKL.

Sechs Tage wogte fast ohne Unterbrechung der Kampf und die Landser waren so erschöpft, daß sie schon bei wenigen Minuten der Untätigkeit in einen komagleichen Schlaf fielen. Wie oft in solchen Situationen gaben die Sanitäter das Aufputschmittel Pervitin aus, um die letzten physischen Reserven zu mobilisieren.

Zwar gelang es der 3. G.D. ihre Positionen bis zum 7.3.44 zu halten, doch schon am 6.3. überschritten die Sowjets in den Nachbarabschnitten den Ingulez und sprengten die deutsche Frontlinie. Jetzt saßen die Jäger wie ein Stachel in der russischen Linie. Ihn galt es für die Sowjets nun schnell zu ziehen. Mit immer neuen infanteristischen Kräften stürmten sie gegen die deutschen Stellungen. Dabei wurde das G.J.R. 144 besonders bedrängt, bis es einschließlich des Regimentsgefechtstandes in erbitterten Nahkämpfen stand. Eine geordnete Führung wurde unmöglich. Jede Gruppe kämpfte für sich und um das nackte Überleben. In diese Konfusion traf der Befehl zum sofortigen Rückzug über den Ingulez.

Dem Russen war es inzwischen gelungen die Anbindung der 3. G.D. an die deutschen Linien fast vollständig zu durchtrennen. Der Nachschub war zerstört und der HVP (Hauptverbandsplatz) der Division überrollt. Es blieb ein letzter verteidigter Korridor von circa einem Kilometer Breite durch den der Rückzug noch zu treiben war. Die wenigen noch kampf- und bewegungsfähigen Überlebenden des Regiments 144 begannen sich kämpfend zurückzuziehen. Versprengte und Reste anderer Einheiten schlossen sich ihrem Rückzug an.

Dabei stieß auch eine Gruppe von vier Sanitätern zu ihnen, die dem russischen Überfall auf den HVP entkommen konnten. Die Männer befanden sich in einem vollständig abgehetzten Zustand und zeigten ein sichtlich verstörtes Verhalten, Indiz für psychisch äußerst belastende Erlebnisse. Ein Feldwebel, der Auskunft wollte, woher sie kamen und was passiert sei, erntete nur zusammenhangloses Gestammel und übergab sie nach kurzer Zeit entnervt ihren Kollegen. „Sani, kümmer Dich mal um Deine Kumpels. Ich glaube, die haben den heiligen Geist gesehen, wie die rumfaseln. Die brauchen erst mal 'nen Schnaps und 'nen Schlag in den Nacken, und dann versuch Du es mal mit Deiner mütterlichen Art. Vielleicht erzählen sie Dir ja was passiert ist." Und in der Tat, was zu essen und der Alkohol beruhigten. Doch ihre Schilderung des Erlebten jagte den Zuhörern Schauer über die Rücken und erhöhte die Angst vor möglicher russischer Gefangenschaft beträchtlich.

Bei weitem nicht alle Verwundeten hatten einen Platz in dem letzten Zug aus dem Kessel gefunden. Insbesondere die aussichtslosen Fälle waren auf dem Hauptverbandsplatz mit einem Arzt und sieben Sanitätern zurückgeblieben. Um ihre Wehrlosigkeit zu signalisieren hatten sie eine weiße und die Fahne des Roten Kreuzes ausgehängt und ihre Waffen demonstrativ und gut sichtbar vor einem Zelt zusammengestellt. Es war eine mongolische Einheit, die den HVP besetzte. Vorsichtig von Deckung zu Deckung springend umstellten sie den Ort und forderten die Landser auf, mit erhobenen Händen herauszukommen. „Wychodite s podnjatymi rukami, faschistskie swinji" (Kommt mit erhobenen Händen raus, ihr Faschistenschweine). Zwei Sanitäter traten vor das Operationszelt. Aus einem russischen Sprachheftchen für Soldaten an der Ostfront hatten sie sich ein paar Sätze zurechtgebastelt und riefen den Sowjets entgegen: „My ne wooruscheny. Sdes tolko ranenye. My sdajomsja Sowetskoj Armii" (Wir unbewaffnet, hier nur Verwundete, wir ergeben uns der sowjetischen Armee.) Für die Landser Unverständliches schreiend kamen die Mongolen, die Waffen nervös im Anschlag, näher. Die Hände hoch über dem Kopf erwarteten die Beiden sichtbar vor Aufregung zitternd die

Konfrontation mit den Asiaten. Schon war der Erste heran und schrie wohl einen Befehl, den die Sanis nicht zu deuten wußten. Es waren nur Sekunden vergangen, als der Russe ohne weitere Vorwarnung einem der Beiden mit blitzartiger Bewegung den Kolben seiner PPSh (russ. MP) durch das Gesicht schlug. Stöhnend brach der Soldat zusammen, das Blut aus gebrochener Nase und geplatzten Lippen zwischen den vor das Gesicht gepreßten Fingern hindurchquellend. Der Russe schrie weiter und trat den am Boden liegenden mit den Füßen. Es schien wohl nicht das zu passieren, was er erwartete, denn plötzlich trat er einen Schritt zurück, richtete den Lauf seiner MP auf den sich vor Schmerzen krümmenden Soldaten und jagte ihm eine Salve aus seiner Waffe in den Oberkörper, der sich zuckend unter den Einschlägen wandt. Die Hände des Getroffenen griffen Hilfe suchend ins Leere und fielen schlagartig zu Boden, während das Leben mit einem blutigen Röcheln aus ihm entwich. In diesem Augenblick traten der Arzt, in blutbeschmierter OP-Schürze, und ein weiterer Sanitäter vor das Zelt, um zu sehen, was passiert war. Das lenkte den Schützen ab, während vier weitere Russen dazutraten und die Deutschen vor sich her in das Zelt stießen, dabei unverständliche Befehle schreiend und ihnen die Läufe ihrer Waffen in die Rücken stoßend.. Auf dem Operationstisch lag ein Verwundeter mit offensichtlich schwersten Kopfverletzungen, den ein weiterer Sanitäter nach gerade abgeschlossener operativer Versorgung verband. Einer der Russen schubste den Sanitäter beiseite zog ein Messer aus seinem Stiefel und stieß es dem Verwundeten mit dem Kommentar „Eta faschistskaja swinja bolsche nam ne pomecha",(Diese Faschistensau fällt uns nicht mehr zur Last) zwischen die Rippen ins Herz und zog es nach zwei drei Drehungen des Handgelenks wieder heraus. Geschockt blickten die Deutschen auf das Szenario und ahnten wohl, was jetzt kam. Sie wurden in das angegliederte Zelt gestoßen, in dem die bereits versorgten Schwerstverwundeten lagen. Ein mongolischer Feldwebel schubste den Arzt beiseite, der mit Händen und Füßen auf die Russen einzureden versuchte, um sie zu einer Schonung der Verwundeten zu bewegen und rief, „Sejtschas my wam pokaschem, kak postupajut s ludmi, kotorye napadajut na matuschku-rossiju i ubiwajut schenschtschin i detej." (Jetzt zeigen wir Euch mal, wie es Leuten ergeht, die Mütterchen Rußland überfallen und Frauen und Kinder getötet haben) Mit einer Handbewegung zu seinen Soldaten und auf die Verwundeten zeigend befahl er, „Pererechte im glotki, kak owzam." (Schneidet Ihnen die Hälse durch, wie den Schafen). Den Landsern lief es eiskalt den Rücken hinunter, als sie in die diabolisch blitzenden Augen der beiden angesprochenen Mongolen sahen. Es müssen erfahrene Hirten und Schlächter gewesen sein, denn sie zogen Messer aus ihren Stiefelschäften, die sie augenscheinlich aus ihrer Heimat mitgebracht hatten und mit Meisterschaft zu führen wußten. Haarschar geschliffen, waren sie das ideale Werkzeug für die jetzt folgende apokalyptische Tat. Ohne das geringste Zeichen der Regung traten sie an die Lager der Verletzten. Mit geübter Hand rissen sie ihnen die Köpfe ins Genick und führten mit Schwung einen beherzten Schnitt tief in die Hälse der wehrlosen Kreaturen. Die scharfen Messer fraßen sich teilweise so vehement ins Fleisch, das die Knochen der Wirbelsäule durch das aufspritzende Blut zu sehen waren. Die Mongolen arbeiteten schnell und routiniert und in wenigen Minuten war das Krankenzelt in einen Schlachthof verwandelt. Auf ihren Stroh- und Deckenlagern wandten sich zuckend die sterbenden Leiber der geschächteten Landser. Der Arzt, täglich mit den schrecklichsten Seiten des Krieges konfrontiert, verfärbte sich grüngelblich und konnte sich nicht mehr auf den Beinen halten. „Smotri" (Schwächling), rief der Feldwebel und schlug dem Knienden den Kolben seiner PPSh vor den Kopf. Wie ein Streichholz knackte leise das Nasenbein des Getroffenen und Blut schoß ihm aus dem Gesicht und spritzte auf die Stiefel des Russen. „Na moi sapogi, slaboumok, ty, staraja swinja." (Du Sau, guck Dir meine Stiefel an) entfuhr es dem Feldwebel, während er seine Maschinenpistole am Lauf faßte und den schweren Holzkolben auf den Kopf des Arztes niedersausen ließ. Ein Krachen wie bei einer überreifen Melone signalisierte das Brechen des Schädelknochens. Noch zwei drei gezielte Schläge mit der metallenen Schaftplatte verletzten den am Boden liegenden Arzt tödlich. Im Grauen erstarrt standen die in einer Ecke zusammengetriebenen Sanitäter dabei. Einen riß der Feldwebel zu sich heran und wischte den blutbeschmierten Schaft seiner Waffe an der Uniform des Landsers ab.

Die russischen Soldaten fingen an den HVP zu plündern. Die letzten sechs Sanitäter hockten jetzt mit hinter den Köpfen verschränkten Armen vor dem Operationszelt, nachlässig von einem Mongolen bewacht, der sich ganz augenscheinlich ärgerte durch seine Aufgabe vom Fischzug durch das, von den Deutschen zurückgelassene Material ausgeschlossen zu sein.

„Wot dermo, zatschem mne zdes za etimi glupymi swinjami prismatriwat. Ich wsö rawno w raschod pustjat. Lutschsche ja ich sejtschas srazu prischju." (Scheiße, verdammte, warum muß ich hier auf die dummen Schweine aufpassen, die werden doch sowieso umgelegt, dann kann ich sie auch sofort kaltmachen.) „Zakroj rot i delaj, tschto ja tebe skaschu." (Halt die Schnauze und tu was ich Dir sage), motze ein Feldwebel zurück. „Staryi chotschet eschtschö s nimi poodinotschke tschto-to soobrazit. Moschet proschtschebetschut ptitschki nam eschtschö swoju pesenku i rasskaschut nam, kuda ich doblestnye prijateli smylis." (Der Alte will sie sich noch mal vornehmen. Vielleicht zwitschern die Vögelchen uns ja noch ein Lied und verraten uns, wohin sich ihre heldenhaften Kameraden verpißt haben.)

Einer der Sanis verstand ein paar Brocken Russisch und kriegte mit, das ihnen wohl Schlimmes blühte. „Die wollen uns abstechen, wie die Verwundeten", flüsterte er zwischen den Zähnen durch zu den anderen. „Fällig sind wir so oder so. Ich bin dafür bei nächstbester Gelegenheit abzuhauen und zu versuchen, Anschluß zu finden. Unsere können noch nicht weit weg sein." „Du hast Recht", entgegnete sein Nachbar. „Ich mach den Iwan kalt, dann laufen wir durch das OP-Zelt, springen über die Abfallgrube und dann ins Gebüsch. Wir rennen, bis wir in Sicherheit sind, jeder ist für sich allein verantwortlich und versucht den Anschluß zu halten".

Die Russen kommentierten ihren Beutezug lautstark, insbesondere als sie auf Verpflegung stießen. Das Ausgeschlossensein brachte den wacheschiebenden Soldaten zur Weißglut, und er hatte nur noch Augen dafür, durch Zurufe an seine Kameraden sich einen Anteil zu sichern. Dann war die Gelegenheit da. Die Russen wühlten in Kisten, der Aufpasser beobachtete sie argwöhnisch und war unaufmerksam. In einer blitzschnellen Bewegung zog der Sani einen Dolch aus seinem Stiefel, sprang wie ein Tiger auf, war mit einem Satz hinter dem Russen, riß ihm den Helm über die Vorderkante in den Nacken und zog ihn mit dem Kinnriemen würgend aus dem Blickwinkel seiner Kameraden um die Ecke des OP-Zeltes. Im nächsten Augenblick stieß er ihm mit anatomischer Sachkunde den Dolch in die rechte Niere und drehte die Klinge schnell zwei, dreimal in der Wunde. Der Russe erstarrte im unerträglichen Schmerz einer Nierenkollik. Sein dumpfes Stöhnen erstickte der Landser, indem er ihm seine Hand vor den Mund preßte, während er ihn zu Boden drückte. Schon rannten seine Kameraden los durch das Zelt und er hinterher. Sie waren noch nicht ganz am Ende, als der Schmerzensschrei des tödlich verletzten Russen die Aufmerksamkeit der anderen einforderte. MPs bellten los und Geschosse prasselten durch das Segeltuch des Zeltes und rissen den zuletzt rennen Landser, mit dem Dolch noch in der Hand, von den Beinen. Die anderen stürmten wie verabredet weiter und setzten im wilden Sprung über die Grube, in der sich der Operationsabfall türmte. Aus dem Gewebs- und Blutmodder stachen surrealistisch einzelne amputierte Gliedmaßen hervor. Der vorletzte Sani blieb beim Sprung mit dem Fuß in einer Zeltleine hängen und schlug der Länge nach in die Grube. Der nächste erreichte sicher die andere Seite. Er zögerte kurz und reichte dem Kameraden die Hand. Ein schneller Griff, schon stand er blutbesudelt am Grabenrand als ihm eine russische MP Garbe in den Rücken schlug. Gefährlich sirrend verfehlten sie durch den Körper abgelenkt den dahinter stehenden Kameraden, der sich mit

einem Hechtsprung in die Büsche warf. Während er wie eine Schlange durch das Unterholz robbte zerfetzten die russischen Projektile Laub und Zweige über ihm. Rechts von sich sah er seine Kameraden rennen. Er rollte sich in eine langgezogene Erdmulde und sprintete gebückt hinter den anderen her und konnte sie erreichen.

Erfahrene Landser besorgten sich sehr schnell einen kleinen Kompaß, den sie immer in der Tasche trugen, um sich im Falle einer Versprengung orientieren zu können. Auch einer der Sanitäter hatte einen, der ihnen jetzt das Leben retten sollte. Zwei Tage lang hasteten sie der deutschen Absetzbewegung hinterher und es gelang ihnen, dem Gegner aus dem Wege zu gehen, bis sie endlich wieder auf ihre Kameraden stießen. Auch Franz hatte einen solchen Kleinkompaß zur Sicherheit in der Tasche.

Nachdem sie dem kommandierenden Offizier die Namen ihrer zurückgebliebenen und getöteten Kameraden gegeben hatten, reihten sie sich stumm in die Reihe der marschierenden Landser ein, allein mit dem Geschehenen.

Den Jägern gelang der Anschluß an die HKL, doch von einer Entspannung der Lage konnte keine Rede sein. Die Soldaten standen vor dem Ende ihrer physischen Kraft. Seit Tagen kam keine Verpflegung mehr durch, alle waren völlig verdreckt und verlaust. Die Munition für Handwaffen ging zuende und jeder Schuß wollte jetzt überlegt sein. Die Landser wurden nur noch von der Schicksalhaftigkeit der Situation aufrecht gehalten. Sie wußten, daß nur absoluter Zusammenhalt, Disziplin und stilles Ertragen aller Strapazen die geringe Chance auf ein Überstehen dieser endzeitlichen Prüfungen gaben. Denn die einzige Alternative wären das sichere Verderben und der Tod in den Händen des Gegners gewesen.

Für den in vorderster Stellung kämpfenden Soldaten nicht ersichtlich, versuchte die Führung der 6. Armee die drohende Umschließung in letzter Sekunde zu verhindern. Es hatte sich eine sackartige Ausbuchtung der deutschen Frontlinie gebildet, deren Abschnürung durch die Sowjets unmittelbar bevorstand. Es war nur der unkoordinierten russischen Armeeführung zu danken, daß der mögliche Zangenschluß unterblieb. Fünfzehn deutsche Divisionen wurden jetzt zu einem Stoßkeil zusammengezogen, um mit massierten Kräften durch die verbleibende Öffnung zu stoßen, den Ingulez zu überschreiten, zum Bug durchzudringen und an seinem Westufer eine neue Frontlinie aufzubauen.. Die 3. G.D. stand an der Spitze dieser Operation und erreichte als erste den Ingulez. Es gelang ihr eine passable Übergangsstelle zu finden. Unter Führung des Pionier-Btl. wurde ein tragfähiger Damm gebaut. Störangriffe der Sowjets blieben unkoordiniert und konnten abgewiesen werden.

Die Regimenter 138 und 144 bezogen Brückenkopfstellungen, um sich dem zu erwartenden konzentrierten Angriff des Gegners entgegenzustellen und den Übergang der nachfolgenden Divisionen zu sichern. Am 15.3.44 setzte heftiger Regen ein, der schließlich gefror und sich zu einem Eissturm auswuchs. Schutzlos der Witterung ausgesetzt, grassierten binnen Tagesfrist Erkältungskrankheiten unter den chronisch erschöpften Soldaten. Ohne geringste Möglichkeiten einer Behandlung standen die Landser von Fieber und Schüttelfrost gepeinigt in ihren Löchern.

8. Kapitel

Völlig ausgepumpt und fiebernd stapften Franz und seine Kameraden auf dem Weg in ihren Stellungsraum an den Fahrzeugkolonnen, der am Flußübergang zusammenlaufenden Divisionen entlang. Apathisch einen Fuß vor den anderen setzend, wähnten sie sich im Schutz dieser Truppenmassierung vor feindlichen Angriffen sicher. Franz hatte das aufgesetzte Zielfernrohr seiner Waffe mit einem Stück Zeltbahn umwickelt, um es vor dem Eisregen zu schützen. Er marschierte gerade auf die Kommandeure der beiden Regimenter zu, die sich mit ihren Stäben zur bevorstehenden Verteidigung des Flußüberganges besprachen. Noch etwa dreißig Meter von der Gruppe entfernt, ertönte plötzlich der Warnruf „Achtung der Iwan, Paaaanzer !", als auch schon das Bord-MG eines aus dem Eisregen auftauchenden T-34 aufbellte. Alles spritzte auseinander und suchte Deckung. Ein Sturmgeschütz versuchte in Schußposition zu kommen. Ein Pferd schrie schrill wiehernd die Schmerzen und den Schreck seiner gerade erlittenen Verletzung heraus. Das Tier gehörte dem Kommandeur des G.J.R. 138, Oberst Graf von der Goltz und hatte eine großflächig klaffende Schußwunde an der Hinterhand. Anstatt Deckung zu suchen, wendete sich der Oberst seinem Tier zu. In diesem Moment verließ mit grellem Mündungsblitz eine Granate das Rohr des russischen Kampfwagens, rauschte heran und verwandelte Sekunden später eine Fahrzeuggruppe in unmittelbarer Nähe der am Boden liegenden Kommandeursgruppe in eine brennende und rauchende Trümmerwüste. Metallsplitter sirrten und pfiffen durch die Luft, als der Oberst, wie von einer unsichtbaren Faust getroffen, zu Boden fiel. Dem Pferd zerfetzte es blutig spritzend die Eingeweide und es schrie in höchster Pein ein letztes Mal seinen Todesschmerz heraus. Jetzt feuerte das deutsche Sturmgeschütz zurück und traf den T-34 am Turmkranz. Mit dumpfer Explosion ging der Panzer in Flammen auf.

In Minuten war der Spuk vorbei. Franz sah, wie sich der Oberst wieder aufrichtete. Sein rechter Arm fehlte. Aus seiner Schulter ragte wie ein Stock ein Rest seines Oberarmknochens. Gewebsfetzen, Adern und Sehnen hingen wie abgerissene Kabel aus der riesigen Wunde. Stumm und mit panischem Blick sah der Getroffene auf seine rechte Seite. Sekunden später überwältigte ihn der Schock und er fiel, in sich zusammensackend in eine erlösende Ohnmacht. Schon waren seine Kameraden heran, um Hilfe zu leisten.

Für Franz war es nur eine Episode, wie er sie täglich erlebte. Aber die Division verlor mit Oberst von der Goltz einen ihrer fähigsten Kommandeure, der sich in vielen Kämpfen nicht nur durch überdurchschnittliches operatives Geschick, sondern auch durch besondere persönliche Tapferkeit ausgezeichnet hatte. Er war ein sehr eigenwilliger und unkonventioneller Offizier, der im Laufe seiner Karriere immer wieder mit seinen Vorgesetzten aneinander geraten war. Erst bei den Gebirgsjägern fand er schließlich eine Truppe und einen Führungsstil, der ihm lag und Raum zur Entfaltung seiner Fähigkeiten bot. Er war auch der einzige Regimentskommandeur der 3. G.D., dem das Eichenlaub zum Ritterkreuz verliehen wurde.

Tage später erfuhr Franz, daß der Oberst in einem Lazarett in Odessa am Wundbrand gestorben war.

Schon am 16.3.44 verstärkten die Russen deutlich ihren Angriffsdruck und verwickelten die von den 138. und 144. gehaltenen Brückenköpfe in heftige Kämpfe. Doch die Jäger konnten sich erfolgreich verteidigen. Als eine der letzten Divisionen zog sich die 3. G.D. über den Ingulez zurück. Mit Ausnahme kleiner Nachhutgefechte erreichte der Verband unbehelligt den Bug und setzte sich auf dem Westufer fest.

Gerade in diesen Absetzbewegungen zeigte sich die besondere taktische Bedeutung von Scharfschützen. Denn sie hielten nachrückende Spähtrupps und infanteristische Kampfverbände auf nötige Distanz und brachten zugleich wertvolle Aufklärung mit ein.

Um die sehr anfällige Situation beim Rückzug zu kompensieren war es notwendig, den Gegner so lange wie möglich im Unklaren über die Vorgänge zu halten. Es verblieb also eine Nachhut, die optimalerweise solange einen hinhaltenden Widerstand bot, bis die Truppe die neue Stellung bezogen hatte. Dieses am Gegner Zurückbleiben und sich kämpfend Zurückziehen erforderte ein hohes Maß an Selbstbeherrschung und Mut, wie es nur erfahrene Soldaten aufbrachten. Um den nachrückenden Gegner zu beeindrucken, war eine präzise Waffenwirkung notwendig, wie sie durch routinierte lMG- oder eben Scharfschützen geleistet werden konnte. Unzweifelhaft war der Scharfschützeneinsatz aber die effektivste Form der infanteristischen Nachhut. In gut getarnter Stellung erwartete er den vorsichtig nachrückenden Gegner, beobachtete ihn solange wie möglich, um Informationen über seine Stärke und Ausrüstung zu sammeln und zwang ihn schließlich durch zwei, drei schnelle und präzise Schüsse, in denen die Handschrift des Scharfschützen sofort zu erkennen war, an den Boden. Oftmals traute sich nachrückende Infanterie dann für Stunden nicht mehr aus ihren Stellungen.

So blieb Franz in der Regel bei den nächtlichen Absetzbewegungen zurück, um die am Morgen nachrückenden Russen zu bremsen. Sorgfältig bereitete er dazu seine Stellungen vor. Neben guter Tarnung sollten sie auch einen gewissen Schutz gegen Geschoßwirkung bieten. Vor allen Dingen aber mußten sie einen schnellen und ungesehenen Rückzug erlauben. Wenn möglich, richtete er sich schon weit vor den verlassenen Stellungen im Niemandsland ein, um die eigenen Gräben und Löcher in sein Rückzugskonzept mit einzubauen. Wenn es der Kampfraum zuließ, baute er in seinem Vorfeld an geeigneten Stellen Sprengfallen aus Handgranaten und Stolperdrähten, um beim nachrückenden Gegner die Verwirrung durch die Explosionen zu Rückzug oder schnellen Wirkungsschüssen zu nutzen.

Schon vier Tage ging das Wechselspiel aus Widerstand und Rückzug. Doch Franz merkte, daß die Russen von Tag zu Tag vorsichtiger wurden. Es gelangen ihm schließlich nur noch ein oder zwei Abschüsse. Dann waren alle anderen wie vom Erdboden verschwunden. Am sechsten Tag näherten sich die Sowjets ganz besonders vorsichtig. Sie nutzten jede Deckung aus und waren peinlich drauf bedacht, möglichst kein Ziel abzugeben. Die ersten waren noch gut hundert Meter von seiner Stellung entfernt, als sich Gelegenheit für einen präzisen Schuß bot. Es muß ein Aufklärer gewesen sein, der hinter einem Busch Stellung bezogen und sich zu weit im Grün aufgerichtet hatte. Franz sah die unnatürliche Bewegung der Blätter und entdeckte bei genauem Hinschauen Teile der Körperumrisse des Gegners. Er zielte einfach mitten rein. Am hektischen Zittern der Äste sah er seinen Treffer bestätigt. In gespannter Erwartung sah er den weiteren Aktionen der Russen entgegen. Aber es geschah nichts. Sie schienen verschwunden. Nach einer Stunde wurde er extrem mißtrauisch, da stimmte etwas nicht. Voller Konzentration strich er das Vorgelände ab, ergebnislos. Langsam fingen seine Muskeln an zu schmerzen und er mußte sich etwas strecken und recken. Dabei schlug er die Beine übereinander. Gerade hatte er den rechten Fuß auf die linke Hacke gelegt als er zeitgleich mit dem peitschenden Mündungsknall von der russischen Seite einen schweren Schlag in seiner rechten Hacke spürte. Instinktiv zuckte er zusammen und rutsche tief in seine Stellung um sich den schmerzenden Fuß zu begucken. Seinem Stiefel fehlte die ganze Hacke und er hatte auf seiner hinteren Fußsohle eine blutige Kratzspur.

Sofort erkannte er die Handschrift eines Scharfschützen und es mußte ein absoluter Könner sein, sowohl in seiner Beobachtungsgabe, wie von seinen Schießfertigkeiten her. Ein solcher Schuß war meisterlich. Franz einziger Gedanke galt jetzt dem Überleben. Da der Gegner seine Stellung identifiziert hatte, durfte er sich mit keinem Quadratzentimeter mehr zeigen. Wie angeklebt verharrte er in der Tiefe seines Versteckes. Augenscheinlich aber war sich der Russe wohl nicht ganz sicher, ob seiner vermuteten Lokalisierunmg des deutschen Scharfschützen, und seinen Treffer hatte er wohl auch nicht gesehen. So kam es an diesem Tage zu einer Pattsituation. Von den Sowjets wollte sich kein zweiter dem Abschußrisiko aussetzen und der Scharfschütze sah trotz angestrengter Beobachtung Nichts mehr von seinem Gegner. Franz hoffte, daß sich die Russen bis zum Einbruch der Dunkelheit ruhig verhalten würden, damit er sich ungesehen aus dem Staube machen konnte. Da er sich auf ein schnelles Verlassen seiner Stellung eingerichtet hatte, hatte er natürlich keine sanitäre Vorsorge getroffen. Nach einigen Stunde drückte denn auch durch die Anspannung mächtig ein Pipperchen. In die Hose wollte er sich nach Möglichkeit nicht pinkeln. So grub er sich mit der Hand, dabei kaum seinen Körper bewegend, vor dem Hosenschlitz ein Loch in die Erde, in das er dann seinen Schnippendillerich hing. Wohlig erlöste er sich dann von drückender Pein. Pinkeln konnte in solchen angstvollen Situationen geradezu etwas Orgasmisches haben.

Schleppend verging der Tag und schwindendes Büchsenlicht befreite Franz schließlich aus seiner Zwangslage. In der einbrechenden Dunkelheit konnte er wie ein Geist auf vorbereitetem Pfad verschwinden. Am nächsten Tag wechselte er in den Abschnitt der Nachbarkompanie und war besonders auf der Hut. Zum Glück liefen sich die beiden Scharfschützen diesmal nicht über den Weg. Tags darauf erreichten die Jäger dann endlich ihre neue Haltelinie.

Franz und seine Kameraden fanden am Bugufer recht gut ausgebaute Stellungen vor, die noch vom zwei Jahre zurückliegenden Vormarsch der Truppe stammten. Mit wenig Schanzarbeit waren daher „komfortable" Unterstände herzurichten und der Russe ließ sich jetzt erstaunlich viel Zeit beim Nachrücken. Dies bescherte den Landsern eine gute Woche trügerischer Ruhe. Sogar Waffen und Munition und gar personeller Ersatz kamen nach vorne. Für die Jäger war diese Pause wie Urlaub. Endlich konnten sie ausgiebig schlafen, ordentlich essen und ein bißchen Körperpflege betreiben. Aber die kriegerische Idylle währte nur wenige Tage.

ALBRECHT WACKER

In der Nacht zum 26.3.44 setzten russische Sturmtrupps im Schutze der undurchdringlichen Dunkelheit unbemerkt über den Bug und bildeten am Steilufer unter dem II. Btl.144. einen Brückenkopf. Es waren harte und sehr kampferfahrene Soldaten, die mit dem ersten fahlen Morgenlicht, ausgehungerten Raubtieren gleich, in die Gräben des Bataillons eindrangen. Mit Messern und geschliffenen Handspaten überwältigten sie im Handstreich die überraschten Vorposten. Kein Schuß fiel. Es wurden keine Gefangenen gemacht. Eine aufmerksame MG-Wache, die mit dem Fernglas das zweihundert Meter entfernte Gegenufer abstreifte und beobachtete, wie die Russen im fahlen Morgennebel etwas floßähnliches zu Wasser ließen, streifte eher zufällig links über die deutschen Stellungen. Dabei sah er für Bruchteile von Sekunden zwei russische Helme über den Grabenrand blitzen.

Da fielen auch schon Schüsse, MP ratterten los, Schreie wurden hörbar. Der russische Einbruch war endlich bemerkt und es entwickelten sich heftige Nahkämpfe in diesem Grabenabschnitt. In Sekunden waren alle Jäger hellwach, hatten ihre Waffen in der Hand und ihre Stellungen bezogen. Da griff der Russe auch schon über den Fluß an. In Booten und auf Flößen setzten sie ohne Rücksicht auf das mörderische deutsche Abwehrfeuer über das Gewässer. Da die Russen ohne Artillerieunterstützung angriffen, hatten die Verteidiger in ihren gut ausgebauten Stellungen alle Vorteile auf ihrer Seite. Während es nur wenig Mühe machte, den flußseitigen Angriff zu kontrollieren, entwickelte sich ein bedrohliches Szenario im Graben des russischen Stoßtruppeinbruchs. Abschnitt für Abschnitt fiel in die feindlichen Hände. Schnell wurde darum eine Entsatzgruppe gebildet, die einen Gegenstoß zur Bereinigung führen sollte. Es gelang ihr zwar den Gegner am weiteren Vordringen zu hindern, aber dieser verteidigte sein besetztes Grabenstück verbissen. Während Franz Schuß um Schuß die Reihen der über den Fluß angreifenden Russen lichtete, warf ein Unteroffizier mit seinem Fernglas einen Blick auf das Grabenstück der russischen Angreifer. Dabei beobachtete er, daß ein Soldat mit einer weißen Pelzmütze, offenbar der Führer der Gruppe, immer an den Brennpunkten des Kampfes auftauchte und die Soldaten zur heftigen Gegenwehr animierte. Der Unteroffizier faßte Franz an die Schulter: „Ich glaub, die feine Pelzmütze da hinten ist der Anführer. Wenn Du dem eine verpaßt, kriegen unsere Kameraden den Iwan am Arsch." Franz wußte um die motivierende Wirkung eines in vorderster Linie mitkämpfenden Offiziers und auch um den demoralisierenden Effekt, wenn er fiel. Mit zwei Schritten war er an einer Grabenbiegung, wo er eine gute Gewehrauflage und ein gutes Schußfeld auf den besetzten Graben hatte. Um seinen speziellen Gegner auch sicher auszuschalten, lud er eine seiner kostbaren

Patronen mit Explosivgeschoß. Sie fanden sich nur selten in der russischen Beutemunition.

Das Gewehr im festen Anschlag wartete er auf seine Gelegenheit zum tödlichen Schuß. Der Unteroffizier machte jetzt den Beobachter. Er hatte den gegenüberliegenden Graben im Fernglas, während Franz nur einen begrenzten Geländeausschnitt in seinem Zielfernrohres sah. Plötzlich tauchte die Pelzmütze wieder über dem Grabenrand auf. „Franz, da rechts", rief ihm der Uffz. zu. Die Waffe schwenkte rüber, doch schon ist das Ziel wieder verschwunden. Jetzt bewährte sich der Beobachter, der im Wegtauchen des Russen noch seine Bewegungsrichtung erkannt hatte. „Franz der läuft nach rechts, zieh langsam mit, siehst Du den Teil der Mütze über dem Grabenrand ! Jetzt hatte Franz den Bewegungsrythmus seines Gegners gefunden. Er mußte gleich an einer Sappeneinmündung auftauchen, im Augenblick die einzige Gelegenheit für einen gezielten Schuß. Franz schwenkte den Lauf seiner Waffe vor, den winzigen Einblick in den Graben im Zielstachel seines Zielfernrohres, wartete er angespannt auf die entscheidende Sekunde. Da war plötzlich die Pelzmütze in voller Größe im Zielfernrohr zu sehen. Der Schuß peitschte in Sekundenbruchteilen über die einhundertzwanzig Meter Distanz und traf. Die beiden sahen durch ihre Optiken wie in Zeitlupe, wie sich die Pelzmütze des Russen einem Luftballon gleich aufblähte, um einer überreifen Melone gleich dann blutig spritzend auseinanderzuplatzen.

Ihres Führers plötzlich beraubt, zeigte sich Verwirrung und Orientierungslosigkeit in den Reihen der Russen. Diese unmittelbar ausnutzend, stürmten die bereitstehenden Jäger in den besetzten Graben. In heftigem Nahkampf gelang es ihnen jetzt alle Eindringlinge zu töten.

Nach diesem Schuß wandte sich Franz wieder unmittelbar den über den Fluß andrängenden Gegnern zu. Auch sein Beobachter griff wieder zum Karabiner. Die Stärke des Scharfschützen lag jetzt in einem schnellen und sehr zielsicheren Feuer. Da die Angreifer auf den Flößen leicht zu treffende Ziele boten, sprangen sie schon weit vor dem angestrebten Ufer ins Wasser, um sich dem vernichtenden Abwehrfeuer zu entziehen. Für den Scharfschützen war es jetzt wie ein Scheibenschießen auf die aus dem Wasser schauenden Köpfe. Durch die ohne Rücksicht auf Verluste anstürmenden Russen entstand ein schauriges Gemetzel im Fluß. Dieser sah nach wenigen Stunden aus, wie der Abwasserkanal eines Schlachthofes. Eine blutig graue Brühe durchsetzt mit Leichen, abgerissenen Gliedmaßen und Gewebebrocken trieb dem Schwarzen Meer zu.

ALBRECHT WACKER

Dem Regiment gelang es, alle Angriffe erfolgreich abzuwehren und sich in seinen Stellungen zu behaupten. Doch im Nachbarabschnitt durchbrachen die Sowjets den Verteidigungsriegel. Noch bis zum 27.3.44 hielten die 144-ziger aber trotz offener Flanke stand.

In der Nacht zum 28.3. löste es sich dann vom Feind und begann den befohlenen Rückzug zum Dnjestr. Dreihundert Kilometer waren in Fußmärschen zu überwinden. Um den Kampfdruck der massiv andrängenden Russen etwas zu mildern, versuchte die Division durch einen unmittelbaren achtundvierzigstündigen Gewaltmarsch ersten Raum zu gewinnen. Doch im Rückzug, zumal wenn er mit nicht auffüllbaren Personal- und Materialverlusten verbunden ist, wird eine Truppe extrem verwundbar.

Es gehört zu den Grundregeln der Kriegskunst, einen flüchtenden Gegner nicht zur Ruhe kommen zu lassen. Und die Russen hatten ihre Lektionen aus den ersten Kriegsjahren gelernt. Trotz der übergroßen Marschanstrengungen ließ ihr Druck auf die zurückweichenden Jäger in keiner Weise nach.

Zu allem Übel brach bei dieser Gewaltaktion auch noch die Versorgung der 3. G.D. zusammen. Es kamen keine Munition, keine Verpflegung und vor allen Dingen keine Panzerbekämpfungsmittel mehr zur Truppe durch. Der letzte LKW mit Verpflegung brachte zwei Tonnen Zartbitterschokolade und fünfhundert Eiserne Kreuz zweiter Klasse. Eine dieser kuriosen Situationen, in denen sich der Landser ernsthaft fragte, was für organisatorische Koryphäen in den Verpflegungsämtern ihr Unwesen trieben. So ernährten sich die Jäger tagelang von jeweils einer halben Tafel Zartbitterschokolade und Schiffszwieback. Diese ballaststoffreiche Kombination bescherte vielen eine üble Hartleibigkeit, mal eine nette Abwechslung zu den sonst üblichen Durchfällen.

So brachte der zweitägige Gewaltmarsch nicht die erhoffte Entlastung. Es gelang den Russen, ihre Angriffsspitzen am Gegner zu halten und auch ihre Hauptkräfte ohne Abriß nachzuführen. Der Rückzug der Division geriet dadurch erneut zu einem Dauergefecht ohne eigentliche Frontlinie. Die Sowjets waren wieder überall. Es bildeten sich einzelne deutsche Widerstandsinseln, die auf sich allein gestellt kämpfen mußten und immer wieder versuchten, sich zu größeren Kampfgruppen zu vereinen.

Die russische Infanterie trat jetzt mit einer neuen Waffe auf. Es waren gepanzerte Halbkettenfahrzeuge zum Mannschaftstransport. Mit diesen konnten sie ihre Infanteristen bis unmittelbar in die Kampfzone fahren, um sie direkt ins Gefecht zu entlassen. Dieser Gefahr war nur mit Panzerabwehrwaffen beizukommen. Doch die Jäger hatten mit Ausnahme von Handgranten nicht mal mehr einfachste Abwehrmittel. So traf sie die volle Wucht der verstärkten russischen Angriffe.

Mit drohendem Motorenbrummen und rasselnden Ketten fuhren die Halbkettenfahrzeuge auf die Stellungen der Landser zu. Fieberhaft kreisten ihre Gedanken, wie der neuen Gefahr zu begegnen sei, da die unmittelbar ausbootende Besatzung die ohnehin schon sehr riskante Panzerbekämpfung mit Handgranaten in ihrem Erfolg defacto unkalkulierbar machte. Franz beobachtet die anrollenden Fahrzeuge durch sein Fernglas auf der kaum aussichtsreichen Suche nach einer möglichen Schwachstelle. Da, im Führerhaus hinter der gepanzerten Frontplatte eine Bewegung im offenen Sehschlitz, der Fahrer. Ein Spalt von zehn mal dreißig Zentimeter Größe und noch achtzig Meter entfernt. Die Chance auf einen Treffer war gering, aber wohl die einzige Möglichkeit ein solches Fahrzeug mit einem schlichten Gewehrschuß zu stoppen. Franz achtete sorgfältig auf das Vorgelände des im Schrittempo fahrenden Fahrzeuges, um plötzliche Lageveränderungen zu kalkulieren. Er lud eine Patrone mit Explosivgeschoß und rollte sich eine Zeltbahn zu einer optimalen Gewehrauflage zusammen. Er schlug die Waffe an und folgte dem Ziel. Wie hunderte Male geübt, atmete er trotz seiner immensen inneren Anspannung gleichmäßig und ruhig durch. Das Ziel war anvisiert, der rechte Zeigefinger nahm den Druckpunkt des Abzuges, die Sinne in höchster Anspannung, doch er handelte mit sicherer Routine. Das Halbkettenfahrzeug war noch gut sechzig Meter entfernt als für einen kurzen Augenblick die Augenpartie des Fahrers im Sehschlitz erschien, um sich einen Überblick zu verschaffen. Der Schuß brach nur Sekunden später - und traf tatsächlich. Schlagartig änderte das Fahrzeug seine Richtung in unwillkürliche Bewegung und rutschte schließlich seitlich in einen Granattrichter, wo es sich mit mahlenden Ketten festfuhr. Panisch sprangen die russischen Soldaten aus ihrem desolaten Gefährt und wurden sofort vom deutschen Infanteriefeuer erfaßt und am weiteren Vordringen gehindert. Augenscheinlich saß also nur ein Fahrer im Führerhaus und dieses schien zudem vom Kampfraum getrennt, so daß bei seinem Ausfall kein Ersatz ans Steuer konnte. Die Achillesferse war gefunden und kleine Hoffnung keimte auf, die Gefahr zu mildern. Franz setzte seine letzten zwanzig Explosivpatronen ein und es gelang ihm, sieben der zwölf angreifenden Halbkettenfahrzeuge durch Erschießen bzw. Verwunden des Fahrers auszuschalten. Zwar brachen die verbliebenen fünf durch die Stellung der Jäger und entluden ihre Kämpfer, doch es gelang im harten Nahkampf die Sowjets zu besiegen.

110

Der Angriff war hier zwar erfolgreich überstanden, doch die deutschen Stellungen wurden an vielen anderen Punkten der Nachbardivisionen durchbrochen. Wieder wurde ein Rückzug mit dem Ziel einer neuen geschlossenen Verteidigungslinie notwendig.

Erstaunlicherweise gelang es der Armeeführung zur Entlastung der schwer bedrängten Truppe rumänische Schlachtflieger und eine Abteilung Panzerjäger heranzuführen., die durch den Abschuß von vierundzwanzig russischen Panzern die nötige Luft gaben, um einen neuen Sperriegel aufzubauen.. Seit Monaten ohne Luftunterstützung kämpfend, erschienen die eigenen Flugzeuge den Landsern geradezu unwirklich.. Trotzdem blieb den Bodentruppen wieder die Hauptlast der Kämpfe und wieder gelang es der 3. G.D. ihren Abschnitt zu halten - um den Preis eines Drittels ihres Personalbestandes. Hier gescheitert, verlagerten die Sowjets ihren Angriffschwerpunkt an eine deutlich schwächere Stelle der deutschen Linien. Während wenige Kilometer weiter ein frisch an die Front geworfener Verband von der Russischen Attacke zerrieben wurde und hunderte von jungen Burschen schreiend starben, fanden die Jäger der 144-ziger in der plötzlichen Ruhe in ihrem Abschnitt sogar ein paar Stunden dringend notwendigen Schlaf.

9. Kapitel

Der russische Durchbruch gelang am 2.4.44 mit starken Panzerkräften und schloß die 3. G.D. ein. Der sofortige Ausbruch aus der tödlichen Umklammerung wurde nötig. Ein äußerst riskantes Unternehmen, da die Truppe nur noch mit Handfeuerwaffen und Handgranten bewaffnet war. Doch plötzlich einsetzendes sehr unwirtliches Wetter wurde zum willkommenen Verbündeten. Zum Abend dieses Tages setzte zudem ein heftiger Schneesturm ein. Die Sicht lag unter fünfzig Meter. Die wenigen hundert Überlebenden der Division verließen ihre Stellungen und schlossen sich zu langen Reihen zusammen, die Würmern gleich in der Unendlichkeit des Schneesturmes verschwanden. Wie immer bei solchen, der Not gehorchenden Absetzbewegungen waren die Verwundeten die ärmsten Schweine. Jeder der noch einigermaßen mobil war, schleppte sich mit der Hilfe seiner Kameraden vorwärts, die letzten Reserven mobilisierend, durch die Furcht vor einem Tod durch russische Mißhandlungen. Viele aber waren nicht mehr transportfähig und mußten zurückbleiben. Sie taten dies in der Gewißheit ihres baldigen gewaltsamen Todes. Viele baten um eine Pistole, um diesen Augenblick selbst zu bestimmen.

In stummem Abschiedsschmerz blickten sich manche Kameraden harter Schlachten ein letztes Mal in die Augen, von einer unendlichen Tiefe und Traurigkeit, versprachen sich ein Wort an die Angehörigen oder übergaben liebgewordene Andenken zur Heimführung, als letzten Gruß aus schwerer russischer Erde. Viele dieser Bilder und Amulette und anderer unspektakulärer doch menschlich so bedeutender Dinge endeten wenige Tage später von der Wucht einer Explosion getrieben oder von Strömen von Blut zur Unkenntlichkeit verschmiert im Dreck des kriegerischen Alltags, ihre Empfänger nie mehr erreichend.

Ein letzter Händedruck des gegenseitigen Verstehens, dann verschlang der Schneesturm die Schicksale der Zurückgelassenen. Schon wenige Minuten nachdem die Jäger ihre Stellungen und verwundeten Kameraden verlassen hatten, schlugen dumpf die ersten Schüsse der irdischen Erlösung durch die Dunkelheit. Mancher Jäger zuckte unmerklich zusammen, doch der Schmerz blieb, vergraben tief im Innern unter dem dicken Panzer äußerer Abgestumpftheit.

Franz hatte sich das ZF-Gewehr wie üblich mit einer Zeltbahn umwickelt über den Rücken gehängt und trug griffbereit eine MP 40 vor der Brust. Er sicherte mit einigen Kameraden die Flanke seiner Marschgruppe. Sie waren ungefähr eine Stunde unterwegs, als er wenige Meter neben sich Wortfetzen und Marschgeräusche hörte. Spontan stieg ein Gefühl der Sicherheit in ihm auf, Kameraden im Absetzen, die noch zwischen ihm und dem Gegner standen. Doch Minuten später durchzuckte es ihn wie ein Stromstoß, russische Worte, jetzt deutlich zu hören und Schatten, keine zehn Meter entfernt.. Jetzt die Gewißheit, sie marschierten parallel zu einer russischen Kolonne. Jetzt nur nicht die Nerven verlieren. Jede Kampfhandlung wäre das eigene Ende, plötzliche Flucht vernichtend. Franz stieß seine Kameraden an und ein Blick der Verständigung genügte. Ein Handzeichen ging durch die Reihen der Jäger, jeder verstand sofort. Kein Wort wurde mehr gewechselt und ganz langsam trennte man sich von der russischen Truppe.

Doch schon in den frühen Morgenstunden, es war noch dunkel, stießen sie auf eine quer zu ihrer Marschroute verlaufende russische Aufmarschstraße mit einem nicht abreißen wollenden Zug von Menschen und Material. Nach einer Stunde zermürbenden Wartens fiel der Entschluß, den Übergang kämpfend zu erzwingen. Eine Transportkolonne abwartend, stürzten die Jäger aus dem Gebüsch des Straßenrandes auf die Straße und erzwangen in einem kurzen aber heftigen Feuergefecht den Übergang. Franz bildete mit fünf Kameraden die Spitze. Eine etwa vierzig Meter breite Lücke zwischen zwei Fahrzeugen nutzend, sprangen sie wenige Meter vor dem anrollenden Lastwagen aus dem Gebüsch. Während drei Jäger die Magazine ihrer MP 40 in das Führerhaus jagten warfen Franz und ein Kamerad jeweils zwei Handgranaten von hinten auf die Ladefläche. Die Fronträder des LKW schlugen ein und unter dem dumpfen Krachen der Handgranaten fuhr er in den Straßengraben. Die Fahrertür öffnete sich, im fahlen Schein der brennenden Ladefläche stand für einen Augenblick blutüberströmt und mit fratzenhaft verzerrtem Gesicht der Fahrer. Gurgelnd schoß ihm ein großer Schwall Blut aus dem Mund, dann kippte er wie ein gefällter Baum stumpf nach vorn und schlug mit schmatzendem Geräusch in den aufgeweichten Boden. Während die fünf Jäger schon auf den nächsten heranrollenden LKW feuerten hasteten die Kompanien des Regiment über die Rollbahn. In wenigen Minuten war der Spuk vorbei und die Dunkelheit hatte die Jäger, Geistern gleich ohne Verluste verschluckt.

Es gelang der Division zwar sich wieder notdürftig zu formieren, doch ihre Absetzbewegung geriet deutlich zu kurz. Sie endete fünfundzwanzig Kilometer vor der Mündung des Kutschurgan als natürlichem Hindernis, nahe der Stadt

Bakalowo. Im schnellen und beherzten Vorstoß hatten russische Panzerverbände aber die Stadt bereits genommen und damit einen Kessel um fünf deutsche Divisionen gebildet. Die 3. G.D. war eine von ihnen. Alle Verbände waren in einem völlig desolaten Zustand. Bataillone hatten nur noch halbe Kompaniestärke, die Bewaffnung bestand nur noch aus leichten Infanteriewaffen und Handgranaten. Die Landser waren total ausgehungert und am Ende ihrer physischen Kräfte. Aber die Angst in die Hände der Russen zu fallen und ihnen ausgeliefert zu sein, verdrängte jeden Gedanken an Aufgabe. Der Kommandeur der 3. G.D., General Wittmann, übernahm als höchster Offizier das Kommando. Das alles entscheidende Ziel war die Sprengung der tödlichen Umklammerung und der Anschluß an die deutschen Stellungen am Westufer des Kutschurgan. Fünfundzwanzig Kilometer waren kämpfend zu überbrücken.

Einzige Lösung für diese strategisch höchst brisante Lage war ein energisch geführter und sofortiger Ausbruchsversuch unter Bündelung aller noch vorhandenen Kräfte. Da neben der Logistik auch das gesamte Kommunikationsnetz zusammengebrochen war, mußte eine Verständigung über Melder organisiert werden. So vergingen wertvolle Stunden der operativen Planung ungenutzt. Als das Konzept endlich stand, war es bereits später Nachmittag des 5.4.1944.

Um siebzehn Uhr trat die 3. G.D. als Vorausabteilung zum Angriff an. Die Russen waren sichtlich überrascht vom Kampfeswillen dieser eigentlich maroden Truppen und setzten nur wenig Widerstand entgegen. So war schon um einundzwanzig Uhr Bakalowo genommen. Das Regiment 144 lag zwei Kilometer vom Ort entfernt in einem kleinen Dorf.

Neben den fünf Divisionen unter General Wittmann stellte sich heraus, daß auch das vierundvierzigste Armeekorps in einem Nachbarkessel einschlossen worden war. Um der Operation möglichst viel Gewicht zu geben, verabredete man einen gleichzeitigen Ausbruch beider Kessel. Doch gelang die Harmonisierung der Angriffe durch die gestörte Kommunikation nicht. Der Kontakt brach schließlich komplett zusammen. General Wittmann befürchtete zurecht, daß der Ausbruch des Korps zu langsam vorankam und festzulaufen drohte. Um dem Armeekorps den lebensnotwendigen Anschluß zu ermöglichen unterbrach er deshalb riskanterweise die eigenen Operationen und ließ seine Einheiten um Bakalowo igeln. Zum Nutzen des Nachbarkessels zog er damit einen zunehmend stärkeren und koordinierteren russischen Angriff auf die eigene Truppe, von denen insbesondere Franz Regiment 144 getroffen wurde.

114

Noch liegt das von den Jägern besetzte Dorf in friedlicher Stille. Doch in der kommenden Nacht verwandelte es sich unter dem Ansturm russischer Kosaken in ein Inferno.

Die ganze Nacht durch griffen im Feuerschein der brennenden Häuser des besetzten Dorfes Kosaken mit Kavallerieattacken an.

Franz und zehn seiner Kameraden hatten sich in den Ruinen eines zerstörten Gehöftes eingenistet. Mit gewohnter Routine bereitete er sich vier Stellungen mit guter Deckung und Schußfeld vor. Besonderes Augenmerk richtete er dabei auf die Möglichkeit zum schnellen und geschützten Wechsel.

Es hatte eine gespenstische Ästhetik, als um halb zehn die erste Kosaken-Kompanie im gestreckten Galopp aus dem Zwielicht der rotglühenden Brände auftauchte. Auf ihren Pferden waren die Reiter hochmobil und im Handumdrehen in der deutschen Stellung. Es war fast unmöglich im flackernden Licht auf die Soldaten zu schießen. Die letztlich unschuldige Kreatur der Pferde wurde damit zum Ziel der todbringenden Projektile. Von zurückliegenden, gelegentlichen Schüssen auf russische Transportpferde kannte Franz bereits die neuralgischen Trefferzonen der Tiere. Traf die Kugel von vorne auf den Stich (das Brustbein) brach das Pferd

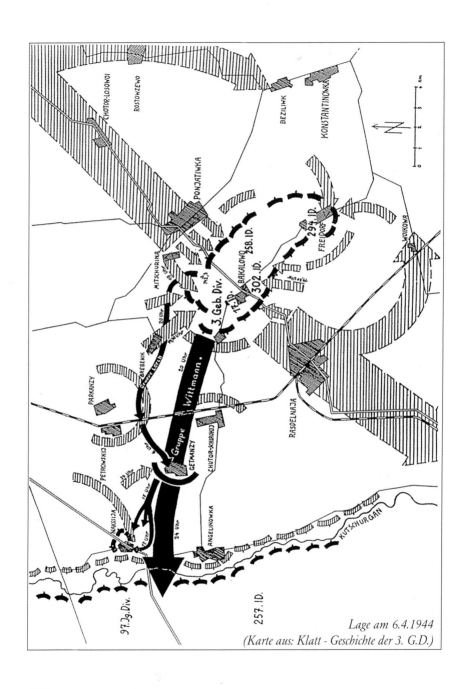

Lage am 6.4.1944
(Karte aus: Klatt - Geschichte der 3. G.D.)

sofort zusammen, überschlug sich und begrub oft den Reiter unter sich. Lag der Treffer im Darm-/Nierenbereich fing das Tier heftig an zu bocken, wurde unkontrollierbar und brach schließlich zusammen um langsam unter heftigem konvulsivischem Schlagen der Beine zu verenden. Abhängig von der Entfernung zur deutschen Stellung schoß Franz also den vorderen Tieren auf den Stich, den entfernteren in die Weichteile. Seine Kameraden nahmen anschließend die desorientierten Reiter unter Feuer. So gelang es ihnen, einige Attacken abzuwehren. Nach einer Stunde war das Vorfeld angefüllt mit sterbenden Tieren, unschuldigen Wesen, geopfert dem Exzeß menschlicher Gewaltanwendung. In Franz stieg ein zunehmender Widerwille auf, unter dem nicht abreißenden Zwang auf die Tiere schießen zu müssen. Der Kampf eskalierte zu einem wilden Feuergefecht. Ein Kosake war plötzlich bis auf fünfzig Meter an die Stellung heran. Franz riß sein Gewehr herum und feuerte auf die Brust des Pferdes. Im Knall des Schusses setzte es zum Sprung über einen Kadaver an. Das Geschoß fetzte ihm dadurch über die Bauchdecke und riß sie auf halber Länge des Rumpfes auf. Schmatzend rutschten die Gedärme heraus. Schlagartig blieb das Tier stehen, suchte festen Halt mit den Füßen, trat sich dabei auf die Därme und riß sie noch weiter heraus. Stumm vor Todesangst, die ihm aus den Spiegelei groß aufgerissenen Augen stach, stand es mit bebenden Flanken da, der Reiter paralysiert auf dem Rücken erstarrt. Es schien Franz, daß das Tier ihn minutenlang anstarrte, mit einem Blick voll unsagbarer Tiefe und Traurigkeit, fragend nach dem Sinn des nahenden unsinnigen Todes. Doch es waren nur Sekunden bis Franz das am ganzen Leib im Schock zitternde Tier mit einem Kopfschuß erlöste und sich der Blick des Pferdes in der Unendlichkeit des Todes verlor. Im Zusammenbrechen zerfetzte eine MG-Garbe die Brust des noch immer aufsitzenden Kosaken. Doch schon der nächsten Reiterwelle gelang der Einbruch und es entwickelten sich heftige Nahkämpfe. Franz hatte sein Zielfernrohrgewehr wieder versteckt und kämpfte mit der MP 40. Mit einem Häufchen von nur noch sieben Mann igelten sie sich in den Trümmern der Bauernkate ein. Ihre Lage schien von Minute zu Minute aussichtsloser. Plötzlich das heulende Abschußgeräusch von Stalinorgeln. Es blieben ihnen nur Sekunden um sich unter den Trümmern in trügerische Sicherheit zu drücken. Mitten zwischen die kämpfenden Kosaken und Jäger schlug das tosende Inferno. Am schlimmsten traf es die russischen Reiter. Teile zerrissener Pferde und Menschen mischten sich mit Erdklumpen und Trümmern. Explosionen und Todesgeschrei eskalierten zu einer endzeitlichen Geräuschkulisse - in die sich auch noch deutsche Artillerie mischte.

Jede Seite meinte es sichtlich gut mit ihrem Unterstützungsfeuer, allerdings bei geringfügiger Unkenntnis der Kampflage und Stellung ihrer eigenen Truppen.

Nur wenige Minuten dauerte der Feuerschlag. Er vernichtete ein Kosaken-Bataillon und etliche Jäger und brachte eine kurze Kampfpause von eigenartiger Stille, bis die nächsten Wellen der Gegner heranstürmten.

Die provisorischen Stellungen des Regiments, seine unzureichende Bewaffnung und Ausstattung schmolzen weiter dahin. In den wenigen Stunden der Abwehrkämpfe hatten die 144-ziger Ausfälle von fast dreihundert Mann, davon einhundertachtundsechzig Verwundete. Alle Verbindungen zur Division waren unterbrochen. Stoßtrupps scheiterten an den inzwischen eingezogenen und festgefügten russischen Linien. Die Existenz des Regiments stand jetzt akut auf dem Spiel. In dieser äußerst prekären Lage entschloß sich der Kommandeur, Oberst Lorch, zur einzig richtigen Initiative. Nur ein sofortiger Ausbruchsangriff bot die schmale Aussicht den Anschluß an die Division wieder zu gewinnen.

Und was sich in den Heeresberichten und Divisionsgeschichten so schlicht als kleine lokale Aktion liest, bedeutete wieder hundertfaches Elend für die Verwundeten, die man zurücklassen mußte. Denn die Sanitätslogistik brach immer noch vor dem allgemeinen Nachschub zusammen. Denn der Weg vom Kampfschauplatz zum Hauptverbandsplatz war durch Verluste an Fahrzeugen, Treibstoff und Personal viel eher gestört als der vom Hinterland zur Front, dies insbesondere, wenn sich die Kampflage so diffus und aufgelöst zeigte, wie sie bei Rückzugskämpfen immanent ist.

Über Melder wurden die Kompanien instruiert. Die wenigen Ärzte und Sanitäter sortierten die Verwundeten und wieder blieben auf besonderen Wunsch Pistolen zurück. Die Vorbereitungen liefen schnell und ohne Platz für Sentimentalität. Die Unerbittlichkeit des Krieges zwang alle unter ihr gnadenloses Gesetz: Den Tod zu bringen und ihn genau so selbstverständlich entgegen zu nehmen.

Mit dem ersten Morgengrauen begann der entschlossene Angriff. Im Wissen um den Ernst der Lage warfen sich die Jäger unter Mobilisierung ihrer letzten Reserven in den Kampf und schafften es tatsächlich, sich aus der tödlichen Umklammerung zu befreien.

Die anschließenden offiziellen Berichte sprachen von einer heroischen und minutiös geplanten Tat. Doch die Realität war ein chaotisches Durcheinander, dessen Gelingen auch sehr viel mit Glück zu tun hatte. Denn viele Soldaten verloren die Nerven. Ihr Kampf wurde zur Flucht, die Flucht zur Panik. Kurz vor dem entscheidenden Angriff, Franz stand mit einer Gruppe von Kameraden an einer der letzten Gulaschkanonen und befüllte seine Feldflasche mit heißem Tee, als plötzlich dumpfes Motorengebrumm und Kettenrasseln aus dem Morgendunst zu den Jägern herüberwehte. Im Nu waren sie wie elektrisiert. Alle Sinne gespannt sicherten sie in die Richtung der Geräusche. Es war noch Nichts zu sehen, als plötzlich der hysterische Ruf: „Der Iwan ist durch, Paaanzerrr!" erscholl. Kopflos spritzen die Jäger auseinander. Der Küchenbulle sprang auf seine bespannte Gulaschkanone, peitschte auf seine Pferde ein und verschwand, den Tee aus den noch offenen Behältern in Schwallen herausschwappend, im Frühnebel. Hektisch schreiend versuchten die wenigen erfahrenen, alten Füchse unter den Führern die Auflösung zu verhindern. Zum Teil brachten sie die Landser mit Fußtritten und Ohrfeigen zur Besinnung. Doch fast die Hälfte der Männer war nach wenigen Minuten mit der Gulaschkanone verschwunden. Die Verbliebenen bibberten den russischen Panzern entgegen, die Minuten später drohend aus dem Nebel auftauchten - und sich als deutsche Sturmgeschütze entpuppten, die zur unangekündigten Unterstützung der Jäger heranrollten. Es dauerte gut eine halbe Stunde, bis die panisch Entwichenen wieder eingesammelt waren. Ohrfeigen und Arschtritte ersetzten auch jetzt aufwendige Disziplinarmaßnahmen. Es blieb sogar noch Raum für schale Scherze. Franz erkannte plötzlich den Unteroffizier wieder, inzwischen Feldwebel und mit ordensbekleckerter Brust, der ihn bei seinem ersten Abschuß getröstet und ihm einen Schnaps angeboten hatte. Es war der Wikinger mit dem riesigen rotblonden Schnäuzer, die alte Frontsau. Er hatte die ganze Aktion mit stoischer Ruhe absolviert und seine Mannen unerbittlich bei der Stange gehalten. Wie sich jetzt die Anderen wieder formierten, bemerkte er in seiner furztrockenen Art: „Jungs, wußtet ihr, daß es ab jetzt keinen Wehrsold mehr gibt?" Verständnislose Stille in seiner Umgebung. „Zukünftig gibt es nur noch Fersengeld!" Dabei schüttelte er sich vor Lachen. Ein Typ, an den sich Franz immer wieder erinnern sollte.

Um die Mittagszeit stieß das Feld-Ersatz-Btl. des Regiments nordwestlich Bakalowo auf Widerstand der besonderen Art. Aus einem Waldstück schlug den Jägern ein außergewöhnlich präzises Gewehrfeuer entgegen. Innerhalb weniger Minuten fielen elf Landser durch Kopf- und Brusttreffer. Der Schreckensruf: „Scharfschützen" eilte in Windeseile durch die Reihen und jeder drückte sich in Deckung so gut es ging. Zwei Kompanieführer, die sich zur Beobachtung mit dem Fernglas leicht aus der Deckung erhoben bezahlten diesen Versuch mit ihrem Leben. Russische Explosivgeschosse zerfetzten ihnen die Köpfe. Die Vielzahl der Treffer ließ nur einen Schluß zu: vor ihnen lag eine ganze Scharfschützenkompanie. Die Jäger kannten soetwas bisher nur vom Hörensagen und hatten nur Erfahrungen mit einzelnen russischen Scharfschützen gemacht. Einem so geballten Auftreten standen sie ohne Artillerie oder schwere Granatwerfer ohnmächtig gegenüber. Das Feuer schlug ihnen aus dem undurchdringlichen Grün der Nadelbäume entgegen. MG-Garben als Antwort blieben ohne sichtbare Wirkung und wurden mit vernichtendem Feuer und tödlichen Konsequenzen für die Schützen beantwortet. So gut es ging, zogen sich die Jäger in geschützte Positionen zurück. Die zerschossenen Gebäude einer Kolchose gaben dabei Deckung. Ein Melder wurde zum Regiment geschickt um zu berichten. Das Bataillon hoffte auf Hilfe durch schwere Waffen um das Wäldchen zusammenzuschießen. Die äußerst angespannte Kampflage und der Mangel an Artillerie machten aber eine konventionelle Reaktion auf das Problem unmöglich.

Franz hatte sich im Regiment schon einen Namen als sehr besonnener und erfolgreicher Scharfschütze gemacht, der auch dem Regimentskommandeur bekannt war. Doch Oberst Lorch empfand es wohl eher als dünnes Trostpflaster mit völlig ungewissem Ausgang, wie er dem Melder des F.E.B. eine schriftliche Weisung geben ließ, mit der er zum Gefechtsstand des 2. Btl. gehen sollte. Sie befahl dem Scharfschützen Karner eine russische Scharfschützenkompanie zu bekämpfen. Drei Stunden später wurde Franz in der Kolchosenruine in die Lage eingewiesen.

Die Entfernung zum Wäldchen betrug von dieser Position aus etwa dreihundert Meter. Um im dichten Gehölz etwas zu erkennen mußte er näher heran und die Russen zur Schußabgabe veranlassen. Dazu war die Präsentation eines Zieles notwendig. Franz ließ fünf Handgranatenbeutel mit Gras ausstopfen und jeweils einen Helm draufsetzen. Mit einem verkohlten Holzstück wurden Auge, Nase und Mund angedeutet. Er hatte immer das stofflose Gestell eines Schirmes mit abgebrochenem Griff im Gepäck. Diesen bestückte er jetzt mit Gras und Ästen, nur im Zentrum ließ er ein kleines Loch zur Durchsicht frei. Hundert Meter rechts neben den Gebäuden lag eine kleine Senke, deren Rand mit Büschen bestanden war, eine ideale Position zur Beobachtung. Auch konnte er diese, ohne vom Gegner gesehen zu werden, kriechend erreichen. Er vereinbarte ein Handzeichen, auf das hin an verschiedenen Stellen der Ruine die Zielköpfe vorsichtig erscheinen sollten. Nach zwanzig Minuten hatte Franz seinen Beobachtungsposten erreicht und positionierte vorsichtig seinen Tarnschirm, so daß seine Bewegung und die Veränderung durch den Schirm nicht auffiel. Aufmerksam streifte er mit seinem Fernglas die russische Stellung nach möglichen Positionen für die Schützen ab. Durch die Analyse der bisherigen Treffer schienen die Sowjets gute Einsicht in die deutschen Stellungen zu haben. Es blieben also nur erhöhte Plätze, in diesem Fall die dichten Baumkronen. Franz konnte sich aber kaum vorstellen, das erfahrene Scharfschützen einen solchen Kardinalfehler machen und aus einem Baum heraus schießen, ohne Rückzugsmöglichkeit oder Deckung. Er gab das verabredete Zeichen und seine Kameraden zeigten vorsichtig die Kunstköpfe. Schlagartig peitschten mehrere Schüsse von der russischen Seite herüber und er konnte gut die Bewegungen der Äste unter dem Druck des Mündungsfeuers sehen. Er machte sich sofort auf den Rückweg in die Ruine und eine halbe Stunde später besprach er das Vorgehen mit dem Feldwebel, der nach dem Tod der beiden Offiziere die Kompanien führte. Franz ließ fünf MGs an Stellungen mit gutem Schußfeld auf das Wäldchen und ausreichender eigener Deckung postieren, dazu, seitlich versetzt jeweils einen Soldaten mit einem der Kunstköpfe. Etwas abseits neben diesen Stellungen suchte er sich jeweils eine gut getarnte Position. Er ließ dann den Kunstkopf der einzelnen Stellung vorsichtig über die Deckung heben, während er die russische Linie beobachtete. Wurde der Kopf beschossen, konnte er die Position der Schützen ausmachen. Das MG eröffnete dann das Feuer in die Baumwipfel und in das MG-Feuer hinein setzte Franz seine gezielten Schüsse. So konnte er sein Feuer möglichst lange tarnen und die Existenz eines deutschen Scharfschützen gegenüber den Russen verbergen. Nicht nur die Tatsache der Baumstellungen seiner Gegner sondern auch der Umstand, daß sie schon fünfmal auf die Kopfattrappen geschossen hatten, zeigte Franz, das ihm zwar gute Schützen, aber taktisch völlig unerfahrene Scharfschützen gegenüberstanden. Dies nahm ihm ein wenig seiner Angst vor dem kommenden Duell mit einer Überzahl von Gegnern.

Sein Plan ging in geradezu beängstigender Weise auf. Wenn der Kopf erschien, schossen wie auf Bestellung ein, zwei, manchmal auch drei Russen gleichzeitig. Franz sah die Bewegungen der Äste, nahm seinen Zielpunkt, wartete dann auf das MG-Feuer schoß und traf. Wie Säcke fielen die getroffenen Russen aus den Bäumen. Schneller Stellungswechsel und das Spiel begann von vorne. Innerhalb einer Stunde hatte er auf diese Weise achtzehn Gegner unschädlich gemacht. Doch plötzlich blieb das Feuer auf die Kopfattrappen aus. Es war schon fünf Uhr am Nachmittag, und seit fast einer Stunde fiel kein Schuß mehr aus dem Wäldchen, als sich der Feldwebel zu einem Vorstoß auf das Gehölz entschloß. Franz und zwei MG boten dabei Feuerschutz. Ohne gegnerisches Feuer erreichen sie den augenscheinlich vom Feind geräumten Wald. Mit Erstaunen blickten sie auf ihre toten Gegner und winkten wild gestikulierend Franz und die Anderen zu sich heran. Mit Vorsicht, dem trügerischen Frieden mißtrauend, näherte er sich dem Wäldchen und sah vor sich im Gras junge Frauen liegen.

Eine der toten russischen Scharfschützinen.

Dieses massive Auftreten von Scharfschützen war eine spezielle russische Taktik, die erstaunlicherweise auf deutschen Einfluß zurückging.

In den zwanziger Jahren fanden sich die beiden ehemaligen Gegner und Verlierer des Ersten Weltkrieges zu einer Zweckgemeinschaft zusammen. Rußland lag durch die Revolutionswirren wirtschaftlich und technisch völlig am Boden, dem Deutschen Reich war durch den Versailler Vertrag jegliche militärtechnische Fortentwicklung, sowie Großgerät verboten. Obwohl von politisch unversöhnlichem Gegensatz, machten die Kontrahenten aus der Not eine Tugend. Das Deutsche Reich lieferte technisches Know-how und Industrieausrüstungen und durfte dafür unter dem russischen Deckmantel wehrtechnisches Großgerät entwickeln und erproben. Speziell in der Kampfwagen- und Luftfahrttechnik kam es zu enger Zusammenarbeit. Von den Deutschen eher als unbedeutende Randerscheinung gewertet, lieferten sie sowohl die Technik als auch ihre taktischen Erfahrungen aus dem vergangenen Ersten Weltkrieg für den Bau eines leistungsfähigen Gewehrzielfernrohres und den Aufbau eines russischen Scharfschützenwesens. Denn der Einsatz von Zielfernrohrgewehren war in den russischen Streitkräften bis zu diesem Zeitpunkt noch nicht betrieben worden.

Während sich das deutsche Militär auf den hochmobilen und kampfwagengestützten Bewegungskrieg kaprizierte und dabei eine angemessene Weiterentwicklung der Infanteriebewaffnung und -taktik vernachlässigte, tat dies, wohl auch durch die beschränkten Mittel bedingt, die junge Sowjetarmee. Als Stichpunkte ihrer innovativen Entwicklungen seien z.b. Selbstladegewehr, Panzerbüchse und Salvengeschütz genannt.

Während in der deutschen Armee bis 1940 fast der gesamte Reichswehrbestand an Zielfernrohrgewehren verwertet und nicht durch Neubeschaffung ergänzt worden war, hatte die Sowjetarmee ein umfassendes Scharfschützenwesen mit neuen Waffen etabliert. Sie hatten Einzelschützen, Teams aus Schütze und Beobachter oder Doppelschützen und ganze Scharfschützengruppen von bis zu sechzig Personen.

Von Beginn des Rußlandfeldzuges an, fügten die sowjetische Armee der vorrückenden Wehrmacht durch ihre Scharfschützen empfindliche Verluste speziell an Führungspersonal zu. Nicht selten schafften sie es, den infanteristischen Vormarsch an Frontabschnitten ohne schwere Waffen für Tage zu stoppen. In der

Russische Scharfschützen mit G 91/30 mit montiertem Zielfernrohr PE auf langer Seitenmontage.

Der Karabiner 98 k mit Zielfernrohr Mod. 41. Eine Zielhilfe, die für den Scharfschützeneinsatz unbrauchbar war.

Euphorie der Siege in den ersten Kriegsmonaten qualifizierte man die Scharfschützen des Gegners irriger- und leichtsinnigerweise als heimtückische Heckenschützen ab und ignorierte die latente Gefährdung. Erst 1942, unter dem Eindruck von beginnendem Stellungskrieg und Defensive wurde das Problem offensichtlich und besonders drängend. Der Mangel an Zielfernrohrgewehren im deutschen Heer war jetzt aber dramatisch. Die Einführung einer auf dem Visier zu montierenden Zielhilfe mit eineinhalbfacher Vergrößerung im Jahre 1941/42 zeigte sich für den präzisen Schuß auf weite Entfernungen als völlig unzureichend.

Bis eine regelmäßige Produktion von Zielfernrohrgewehren mit leistungsfähigen Optiken anlief und in die langen Nachschubwege integriert werden konnte, mußte daher improvisiert werden. Man griff dazu auf Beutewaffen zurück und sammelte in der Heimat Jagdwaffen mit Zielfernrohr vom Typ 98 ein, um sie an die Front zu schicken. Die in den Heimatkasernen und bei der Polizei bereits vorhan-

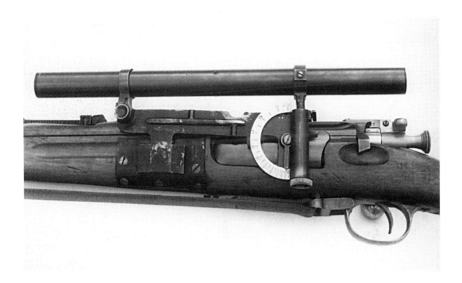

Ein norwegischer Ingenieur-Karabiner Modell Krag-Jörgensen mit Voigtländer Zielfernrohr umgebaut für die Wehrmacht, um den gravierenden Mangel an Scharfschützengewehren auszugleichen.

denen, wenigen Zielfernrohrgewehre wurden zusammengesucht und dienten mit als Erstausstattung.

Erst Ende 1942 gab es dann erste Merkblätter über Zielfernrohrgewehre und den Einsatz von Scharfschützen. Die erste ernsthafte Vorschrift war nicht vor Mai 1943 verfügbar.

Auch Franz, der Protagonist dieser Darstellung war, wie bereits geschildert mit einem russischen Zielfernrohrgewehr aus Beutebeständen ausgerüstet.

Während seine Kameraden die Waffen und Munition der aus den Bäumen geschossenen Frauen einsammelten, peitschten plötzlich Schüsse.

Eine junge Frau, noch keine zwanzig Jahre alt, lag bäuchlings auf ihrer Waffe. Einer der Jäger drehte den leblosen Körper zur Seite um an ihr Gewehr zur kommen. Ihre rechte Hand steckte in der mit Blut vollgesogenen Uniformjacke, in der mitten auf der Brust das Einschußloch klaffte. Blutiger Schaum stand ihr auf den Lippen. Als der Jäger sich nach ihrer Waffe bückte, zog sie plötzlich eine Tokarevpistole aus der Jacke, schaumig gurgelnd stöhnte sie aus blutvollem Mund: „smert faschistam" (Tod den Faschisten) und drückte mit letzter Kraft ab. Geistesgegenwärtig sprang der Jäger zur Seite, so daß der Schuß ihn nur am Hintern streifte und einen blutigen Riß in der Hose hinterließ. In der Bewegung riß der Landser dabei seine MP 40 hoch und drückt ab. Dumpf klatschend schlugen die Geschosse in den Oberkörper der sterbenden Russin. Wie unter Stromschlägen bäumte sie sich ein letztes Mal auf, dann hatte ihr Blick die leblose Starre des Todes.

Es war das erste Mal, daß die anwesenden Jäger bewußt gegen Frauen gekämpft hatten. Erst jetzt, wo sie vor ihren toten Körpern standen und in die zum Teil sehr jungen gebrochenen Gesichter sahen, beschlich alle ein eigenartiges Gefühl des Widerwillens und der Scham, obwohl sie wußten, daß es letztlich keine Möglichkeit gab, sich dem Gesetz des Krieges von Töten und getötet zu werden zu entziehen. Hätten sie vorher um ihre Gegner gewußt, hätten sie wohl mit deutlich weniger Vehemenz gekämpft und wären dadurch vielleicht ein Opfer ihrer Hemmungen geworden.

Bei Anbruch der Dunkelheit waren die russischen Linien zwar durchbrochen und die Division wieder in geschlossener Führung, doch dauerte es noch Stunden, in denen sich noch einzelne Kampfverbände und Versprengtengruppen zum Hauptverband durchgeschlagen hatten. Dazu gehörte auch Franz Bataillon, das auf einen kläglichen Rest von sechzig Mann zusammengeschmolzen war. Wie immer bei solchen Rückzügen, versuchte man dem Gegner nur verbrannte Erde und eine zerstörte Infrastruktur zu hinterlassen. Dazu sollte auch ein Eisenbahntunnel gesprengt werden, der aber zugleich eine wichtige Passage für die zurückströmenden deutschen Soldaten war. Als das Bataillon als eine der letzten Gruppen den Tunnel durchquerte, trafen Pioniere bereits die letzten Vorbereitungen zur Sprengung. Der Kommandeur Klos wies den Führer der Pioniere darauf hin, daß noch ein eigener Pioniertrupp als Nachhut folge und sie solange mit der Sprengung warten sollten, bis auch dieser die Unterführung durchquert hätte. Doch die Nerven des Sprengkommandos lagen bloß und so rummsten schon nach kaum zehn Minuten die Detonationen. Noch einmal zehn Minuten später erreichten zwei völlig verdreckte und aufgelöste Pioniere der Nachhut die Gruppe und berichteten, daß der Tunnel genau in dem Augenblick hoch gegangen sei, als sie ihn passierten. Sie hätten die Explosion nur deshalb überlebt, weil sie als Vorhut vorangegangen seien. Wut und Verärgerung machten sich breit. Und in vielen Köpfen gingen Gedanken über die Sinnlosigkeit und den zunehmenden Wahnsinn dieses Krieges um. Aber was konnte der Einzelne schon dagegen tun, Überleben war wichtig. Sie setzten ihren Weg fort und trafen eine knappe Stunde später auf den vereinbarten Sammlungsraum der Truppen. Ein Sicherungsposten rief sie plötzlich an: „Halt stehen bleiben, Parole !" Was für eine Parole , Du Arsch", rief ein Jäger aus der Vorhut zurück. „Wo sollen wir die denn jetzt wohl herhaben. Schieb Dir Deine Parole unter die Vorhaut." Damit setzte er seinen Weg fort. Die folgenden Landser erstarrten ungläubig, als unmittelbar darauf ein MG aufbellte und die Garbe den Oberkörper des Landser blutspritzend zerfurchte. Sekundenschnell lagen alle in Deckung. Jetzt robbte sich der Kommandeur nach vorne und rief: „Stellen Sie das Feuer ein, Sie Arschloch. Vor Ihnen liegt das Bataillon Klos. Holen Sie sofort ihren Vorgesetzten." Wenige Minuten später meldete sich ein Oberleutnant und stellte einige Fragen, die Klos mißmutig beantwortete. Schließlich erhielt er die Aufforderung allein herüberzukommen. Klos erhob sich vorsichtig und ging mit vorgehaltener Pistole auf die Stellung zu. Er bebte nach den vorangegangenen Erlebnissen und dem Verlust seiner Pioniere innerlich vor Zorn. Jetzt erhob sich auch der Oberleutnant, auf den er zuging. Zu dessen Füßen sah der Kommandeur den unglücklichen Schützen hinter einem MG liegen. Es war ein vor Angst schlotterndes Bürschen, das er jetzt mit sich überschlagender Stimme anschrie: „Sie fickriger Drecksack haben einen Kameraden erschossen, ich mach Sie fertig, Sie Sau, ich knall sie ab." Immer mehr steigerte er sich in eine hysterische Rage und verlor schließlich die Kontrolle über sich. Mit einem langgezogenen Schrei leerte er plötzlich das ganze Magazin seiner Waffe in das arme Würstchen vor ihm, das seinen ebenso sinnlosen und willkürlichen Tod durch einen deutschen Offizier stumm, mit panisch geweiteten Augen ohne Gegenwehr ertrug. Die nächststehenden Landser warfen sich auf ihren Chef, zwangen ihn zu Boden, schlugen ihm mit der flachen Hand ins Gesicht und zwangen ihn, sich zu beruhigen. Es gab außer den Leuten seiner Truppe und dem Oberleutnant, der als Kampfoffizier Verständnis für diesen Nervenzusammenbruch zeigte keine weiteren Zeugen für diesen Vorfall und so verschwand er ohne Konsequenzen im stetig steigenden Morast kriegerischer Willkür und Unabänderlichkeiten. Doch der Standardsatz an die Angehörigen der beiden gestorbenen Soldaten: ,Gefallen für Großdeutschland' hatte hier einen mehr als bitteren Beigeschmack.

Das Regiment bekam jetzt endlich Funkkontakt zum Gefechtsstand der Kampfgruppe Wittmann. Der Angriff der fünf Divisionen war nun im weiteren Vorgehen koordinierbar. Mit der Dämmerung des neuen Tages gelang es den letzten Ring der tödlichen Umklammerung zu sprengen. Doch war die deutsche Front insgesamt immer noch in besorgniserregender Unordnung. Die Kampfgruppe Wittmann stand völlig allein, ohne eine Anbindung. Spähtrupps stießen ringsherum auf feindliche Bewegungen. Im Zuge der Aufklärungstätigkeit brachten immer wieder die Scharfschützen unersetzliche Informationen von ihren Erkundungsgängen zurück.

Die Scharfschützen unterstanden unmittelbar den Kp-Chefs und waren vom regulären Dienst entbunden. Sie erhielten gesonderte Kampf- oder Erkundungsaufträge. Da ihr Überleben in einem entscheidenden Maße davon abhing, vom Gegner möglichst unerkannt zu bleiben, hatten die erfahrenen unter ihnen ein besonderes Gespür entwickelt, sich unauffällig im Gelände zu bewegen. Dabei spielte eine Volltarnung, wie sie in den späten Ausbildungsvorschriften oder in propagandistischem Druck- und Filmmaterial vermittelt wurde kaum eine Rolle. Eine vollständige Tarnung war sehr zeit- und materialaufwendig und machte den Soldaten dazu unbeweglich. In dem extrem beweglichen und von den Frontlinien oftmals völlig unsteten Kampfszenario der Ostfront blieb daher für solche Einlagen kaum der Spielraum. Jeder Scharfschütze, sofern er die ersten Wochen in dieser Funktion überlebte, schaffte sich aber einige improvisierte Tarnhilfsmittel die schnell einsatzfähig, gut zu transportieren waren und seine Bewegungsfähigkeit möglichst wenig beeinflußten.

So hatte sich Franz, wie schon erwähnt, einen Regenschirm besorgt, von dem er die Krücke einkürzte und den Bezug entfernte, um in die offen liegenden Drahtarme je nach Bedarf Zweige oder Gras zu flechten. Nicht im Einsatz, war dieser Tarnschirm klein zusammenlegbar und ohne Probleme im Kampfgepäck mitzuführen.

Am Abend des 6.4.44 klappte endlich auch Funkkontakt mit Nachbarverbänden der Kampfgruppe Wittmann. Es zeigt sich ein düsteres Bild der Auflösung. Alle waren in vergleichbare isolierte Kampfhandlungen verwickelt. Eine Rücknahme und Neuformierung der deutschen Front wurde zur vordringlichen Aufgabe. Die NS-Propaganda kreierte dazu den gelungenen Begriff der ,elastischen Kriegführung'.

Gegen zweiundzwanzig Uhr fing der Gefechtsstand von General Wittmann einen immer wiederkehrenden Funkspruch der 97. Jg.Div. auf. Alle Verbände der Region wurden aufgefordert, sich unmittelbar auf eine neue Frontlinie jenseits des Flusses Kutschurgan zurückzuziehen. Die 97. Jg.Div. hatte dazu Übergänge vorbereitet und konnte sie auch mit Unterstützung der 257. I.D. vorläufig absichern. Es wurde allerhöchste Zeit, denn die russischen Verfolger schlossen energisch auf und belegten die Truppe mit einem immer dichter werden Hagel von Granaten. Die letzten Geschütze der Kampfgruppe wurden darum zusammengezogen und führten einen Feuerschlag auf den neuen feindlichen Riegel. In die Überraschung des Gegners stießen die infanteristischen Verbände nach. Doch der Russe reagierte prompt, führte einen Teil seiner Kräfte an die Ausbruchsstelle nach und nahm die Jäger unter ein vernichtendes Feuer. Die Situation drohte sich in unübersichtlicher Panik zu entladen. Doch kampferfahrene Soldaten und Unteroffiziere trieben die Jäger zu einem berserkerhaften Angriff. Raubkatzen gleich warfen sie sich in den Kampf, im kühnen Sprung von Deckung zu Deckung, MGs im Laufen aus dem Hüftanschlag schießend stürzten sie sich auf den Gegner. Die Scharfschützen blieben etwas zurück und schossen zwischen ihren Kameraden hindurch. Soweit es ging konzentrierten sie sich auf russische MG-Schützen und Werferstellungen. Eine Stunde wogte der Kampf, dann gab der Riegel des Gegners nach und so schnell es ging strömte das Gros der Kampfgruppe Wittmann durch die geschlagene Bresche. Eine mondlose Nacht kam zuhilfe und schütze vor der weiteren russischen Nachstellung. Kleinere Angriffe feindlicher Aufklärungsabteilungen konnten abgewiesen werden. Um neun Uhr am Morgen des 7.4.44 erreichten die Verbände dann den Kutschurgan und setzten direkt über. Die fünf Divisionen der Kampfgruppe Wittmann bestanden nur noch aus gut viereinhalbtausend Soldaten, die 3. G.D. war auf unter tausend zusammengeschmolzen. Ohne Halt ging es weiter zum Dnjestr, den sie drei Tage später überschritten.

Es war ein schicksalhafter Übergang, denn sie verließen jetzt nach damaligem Grenzverlauf das russische Territorium und betraten mit der Region Bessarabien rumänischen Boden. Nach drei Jahren härtester Kämpfe und horrender Verluste war der Rußlandfeldzug endgültig gescheitert. Den Jägern wurde unerbittlich klar, daß der Krieg der Heimat immer näher rückte. Es ging nicht mehr um Eroberung, die unerbittliche Vergeltung des Gegners hieß es jetzt hinauszuzögern, ein winziges Fünkchen der Hoffnung blieb dennoch, sie vielleicht zu verhindern.

10. Kapitel

Die deutschen Truppen formierten sich neu unter Integration frischer rumänischer Verbände. Allerdings war die Kampfkraft der Verbündeten durch schlechte Ausrüstung und fehlende Einsatzerfahrung so gering, daß sie keine nachhaltige Entlastung brachten. Die 3. G.D. war wieder einmal personell und ausrüstungsmäßig schwer angeschlagen. Nur unzureichend gelang es durch Integration versprengter Truppenteile zerschlagener Divisionen und ihrer Ausrüstung, den herrschenden Mangel zu beheben. Zudem wurde über ein Drittel der 3. G.D. nach nur zehn Tagen, am 17.4.44 zur Unterstützung eines hochgefährdeten Frontabschnittes abgezogen und dem Befehl der dort zuständigen Division unterstellt.

Franz hatte das Glück bei den Zurückgebliebenen zu sein, denn die abgeordnete ,Kampfgruppe Rohde' (Kdr. G.J.R.138), mit dem gesamten G.J.R.138 als Hauptverband, sollte in diesem Einsatz fürchterliche Verluste von über achthundert Mann erleiden.

Das Schicksal meinte es für wenige Wochen gut mit dem Rest der Division. Der Mai zeigte sich witterungsmäßig von seiner besten Seite und im Frontgebiet der Truppe, am Ufer des Dnjestr, schien der Krieg nach den zurückliegenden Ereignissen eine Pause zu machen. Die Kontrahenten lagen sich auf Schußweite gegenüber und beschränkten sich auf einen ,lockeren' Stellungskampf. D.h. man tauschte Werfergranaten gegen wütendes MG-Feuer und gönnte sich gegen drohende Langeweile auch schon mal ein kleines Stoßtruppunternehmen. Durch den zwischen den Kontrahenten liegenden, mit wohl drei- bis vierhundert Metern sehr breiten Fluß war es den Scharfschützen nicht möglich, sich an und zwischen die feindlichen Linien zu schleichen um zu erkunden oder eine besonders gute Schußposition zu finden. So ging Franz täglich die Stellungen seiner Einheit ab und beschränkte sich auf das Beschießen eingewiesener Ziele durch seine Kameraden. Bei Entfernungen bis zu vierhundert Metern war es zum Beispiel bei Kopfzielen mehr ein Kunstschießen, denn ein kalkulierbares Wirkungsfeuer. Folgerichtig kalkulierte er auf die moralische Wirkung, wenn die, sich in sicherer Entfernung wähnenden Gegner nur um Haaresbreite seinem Projektil entgingen.

Die Bedrohlichkeit des Alltages zeigte sich für den Soldaten eher diffus. In der Regel konnte er das Feuer des Gegners nicht in eine direkte und persönliche Wechselwirkung bringen. Nur wenn er in den Beschuß einer einzelnen Waffe oder den Nahkampf Mann gegen Mann geriet entstand in ihm wieder das Gefühl der ganz individuellen Bedrohung, das ‚...man hat es auf mich persönlich abgesehen'. Der selektive Beschuß durch unsichtbare Scharfschützen schaffte es, selbst erfahrene und abgestumpfte Soldaten wieder ängstlich werden zu lassen.

Der Scharfschütze symbolisiert die individualisierte Lebensbedrohung in einer herausragenden Art und Weise. Dies erklärt die oft frappierende Wirkung dieser Soldaten, wenn z.b. ein einzelner Scharfschütze eine ganze Kompanie für Stunden in die Deckung trieb. Es ist eine Art psychischer Lähmung, die seine Gegner befiel, denn jeder einzelne fühlte sich ganz individuell bedroht und fürchtete bei der leisesten Bewegung der nächste Getroffene zu sein.

Generell stellt sich für den Soldaten das Problem mit der ständigen Gegenwart der eigenen Verletzlichkeit und des Todes zu leben. Viele scheitern an dieser psychischen Belastung und geraten im Kampf schnell in Panik. Sie äußert sich unmittelbar in wildem, ungezielten Umsichschießen und latenter Fluchtbereitschaft, die sich in unkontrollierter und unsystematischer Form Bahn bricht, sobald sich der Kampfverlauf durch schrumpfende Distanz oder Vereinzelung verdichtet. So entscheidet die Stressresistenz viel stärker über die Qualität eines Soldaten, als seine Schieß- oder sonstigen technischen Leistungen außerhalb lebensbedrohlicher Umstände. Unter diesen Aspekten ist ein guter Scharfschütze unter Friedensbedingungen nur sehr schwierig herauszufiltern. Insbesondere die Auswahl und Ausbildung von zukünftigen Scharfschützen nur unter dem Blickwinkel der Schießfähigkeiten muß als gravierender Fehler bezeichnet werden. Denn vor allen anderen Dingen müssen diese Soldaten ein hohes Maß an Selbstbeherrschung und Nervenstärke haben. Das Schießen läßt sich lernen, zumal der Anspruch an die Schießfertigkeiten der Scharfschützen im militärischen Rahmen ohnehin zumeist überbewertet werden. Die Einsatzrealität liefert Kampfentfernungen für Handfeuerwaffen bis maximal vierhundert Meter, die Regel liegt sogar unter zweihundert Metern und gezielt wird so, daß der Treffer höchstwahrscheinlich wird, also immer mitten rein und auf die größte Zielfläche. Absolute Verläßlichkeit, Routine als Kämpfer und sichere Wirkungstreffer machen einen Scharfschützen aus, nicht Kunstschüsse auf hunderte von Metern Entfernung. Diese sind höchstens die Sahnehaube, wenn sie denn dann unter Streß überhaupt gelingen.

Franz drehte seine gewohnte Runde durch die Stellungen. Seit Tagen hatte es nur unbedeutendes Geplänkel mit den Russen gegeben, denn sie trauten sich nicht mehr aus ihren Stellungen, seit ihnen klar wurde, daß auf deutscher Seite ein Könner unter den Scharfschützen wirkte. Den ganzen Vormittag hatte er bei verschiedenen MG-Posten verbracht und die feindlichen Linien beobachtet, ohne ein Ziel zu finden. Am Nachmittag entschloß er sich, die nördlichen Stellungen des Bataillons zu besuchen, obwohl diese für ihn überflüssig waren. Sie lagen in einer sehr breiten Flußschleife und die russischen Stellungen waren mehr als einen Kilometer entfernt. Hier fanden bis auf gelegentliches und ungezieltes MG-Feuer keine Kampfhandlungen statt und für Gewehrschüsse war die Distanz viel zu groß.

Bei seinen Kameraden herrschte eine Stimmung wie im Ferienlager. Sie genossen den sehr warmen Maitag, räkelten sich in ihren Stellungen mit freiem Oberkörper in der Sonne, knackten gemütlich Läuse, der eine und andere nahm ein Vollbad im Deckel seines Kochgeschirres. Ästheten versuchten gar, die Bremsspuren oder vom Durchfall eingetrocknete Kacke aus ihren seit Wochen ungewaschenen Unterhosen zu kratzen, während über der ganzen Idylle der schwere, würzige Geruch von vergammeltem Käse waberte, der den liebevoll zum Lüften ausgelegten Fußlappen entströmte. Die Stimmung war so aufgeräumt, das Franz spontan zu einem köstlichen Imbiß aus Panzerplatten mit Heldenfett und Muckefuck eingeladen wurde.(Hartkekse mit Kunstmarmelade aus der Dose und Kaffeesurrogat aus Roggen) Diese Dinge hatte das Organisationsgenie der Kompanie am Tage zuvor in einem kühnen Handstreich aus dem Kübelwagen von zwei Artillerieoffizieren erbeutet, die sich zu einem kurzen Erkundungsbesuch aufhielten. Beim lockeren Schwätzchen erzählte ein dazukommender, in seiner Stellung abgelöster MG-Posten von eigentümlichen Geräuschen, die der Wind von der russischer Flußseite zu ihm herübergetragen hatte. Er beschrieb sie wie die Kulisse einer Badeanstalt. Dies weckte Franz Neugier und er beschloß ihnen soweit möglich auf den Grund zu gehen. Bis zur Nachbarkompanie gab es ein Stück unbesetzten Geländes, von dem aus er sich einen möglicherweise neuen Blickwinkel auf die russischen Stellungen erhoffte. Nach gut fünfhundert Metern bot ihm ein mit niedrigem Buschwerk bestandener Hügel ausreichende Deckung zur Beobachtung.

Vorsichtig schob er sich auf der Kuppe zwischen zwei Sträuchern durch das hohe Gras. Vor ihm bot sich ein erstaunliches Bild dar. Von den deutschen Stellungen nicht einsehbar tat sich am russischen Flußufer eine kleine Bucht auf, in der reger Badebetrieb herrschte. Scheinbar völlig sicher fühlten sich die Kameraden von der anderen Feldpostnummer. Denn niemand hielt aufmerksame Wacht oder sicherte das Treiben seiner Kameraden. Franz schätzte die Entfernung auf gut sechshundert Meter. Es war windstill und die Luft trocken. In einer Mischung aus Mißgunst auf die zur Schau getragene Unbekümmertheit, dem Reiz persönlichen Ehrgeizes auf diese Entfernung noch einen Wirkungstreffer hinzulegen und der Einsicht in die Notwendigkeit, dem Gegner bei jeder Gelegenheit unmißverständlich die eigene Entschlossenheit zu zeigen, reifte die Entscheidung zu einem Schuß über diese riesige Distanz. Franz wählte ein möglichst statisches und großes Ziel. An der Böschung des gegenüberliegenden Ufers lagen einige Russen dicht beieinander im Sand und nahmen ein Sonnenbad. Da Franz in einer erhöhten Schußposition lag, hatten die anvisierten Soldaten im Schußwinkel eine fast aufrechte Stellung. Mit dem Bajonett stach er zügig einige Grasplaggen aus dem Boden und stapelte sie zu einer festen und soliden Gewehrauflage. Mit der Spitze seines Zielstachels hielt er deutlich über dem Kopf seines Opfers an. Er atmete einige Male ruhig und gleichmäßig ein und aus. Nach einem letzten tiefen Ein- und Ausatemzug nahm er am Abzug den Druckpunkt, hielt die Luft an, konzentrierte sich auf sein Ziel, korrigierte den Zielstachel ein letztes Mal und zog ab. Mit peitschendem Knall zerriß das Projektil die Stille auf seinem rasanten Flug ins Ziel. Nach kurzem Rückschlag der Waffe hatte er sein Ziel Sekundenbruchteile später schon wieder im Visier und sah, wie das Geschoß dem ahnungslosen Russen kurz über dem Nabel in den Bauch schlug. Wie ein Klappmesser zuckte der Getroffene zusammen. Sein Schmerzensschrei und die panischen Stimmen seiner Kameraden wehten zu Franz herüber. Der tödlich Verletzte wälzte sich zur Seite und gab im Rücken den Blick auf eine riesige Blutlache im Sand frei. Die anderen Russen stoben auseinander, wie die Hühner, zwischen die der Habicht gestoßen war und keiner wagte, dem sterbenden Kameraden zuhilfe zu kommen. Nach wenigen Minuten schien sein Leiden beendet, denn er erstarrte in seinen Bewegungen. Währenddessen sah Franz inzwischen durch sein Fernglas oberhalb des Flußufers geschäftige Betriebsamkeit uniformierter Russen. Augenblicke später hörte er den wummernden Abschuß einer Werfergranate, die Sekunden später dumpf am Flußufer unter ihm detonierte. Jetzt wurde es ernst und höchste Zeit Land zu gewinnen. Wieselgleich machte er sich davon und rannte im Schutz des Hügels zurück zur Stellung der Jäger, während hinter ihm in dumpfer Wut Werfergranaten seine Stellung wirkungslos zerwühlten.

Mit einer gewissen Gehässigkeit in der Stimme empfing ihn der Gastgeber des zurückliegenden Kaffeestündchens, der sich nach dem einzelnen Gewehrschuß in die Stille des Nachmittags sofort seinen Reim auf die Situation machen konnte. „Scheiße, mußte das jetzt sein, die ganze Gemütlich schon wieder im

Arsch. Jungs, jetzt aber fix in die Klamotten, gleich gibt uns der Iwan Zunder. Unser Herr Kunstschütze konnte es mal wieder nicht lassen uns die Idylle zu vermiesen." Kaum hatte er es ausgesprochen, als auch schon die ersten MG-Salven über die Stellungen sirrten, gefolgt von einem kurzen Werferschlag, der aber glücklicherweise hinter den Gräben landete, ohne Schaden anzurichten.

Franz hatte die allgemeine Hektik im Abschnitt genutzt, um sich elegant zu verpissen und sich keinen weiteren Schmähungen auszusetzen.

Schon am Tage darauf schlugen auch in den Stellungen des Bataillon einzelne gefährlich präzise Gewehrschüsse ein. Das eindeutige Zeichen dafür, daß sich auf russischer Seite ein Spezialist des Problems Franz Karner annehmen wollte. Doch dieser blieb darüber recht gelassen, da über den Fluß hinweg ein Duell gar nicht möglich war. Aber er war jetzt natürlich doppelt vorsichtig und aufmerksam.

Es war erstaunlich, wie schnell sich Soldaten in einer Stellung häuslich einrichteten und es sich heimelig machten. Die wenigen Wochen am Ort führten in den einzelnen Stellungen fast zu dörflichen Organisationen. Wie aus dem Nichts wurden aus allen möglichen Utensilien Annehmlichkeiten für den Alltag geschaffen. Es entstanden Wasch- und Frisiersalons und Duschen. Es wurde gekocht und gebrutzelt und organisiert was das Zeug hielt. Selbst Hühner tauchten auf und wurden als schmackhafter Braten und Lieferant von Eiern von ihren Besitzern natürlich gehütet wie die Augäpfel. Schlimmer als die Füchse lauerten aber die Nachbarn mit begehrlichem Blick auf die Köstlichkeiten. Erfolgreiche Hühnerdiebe genossen daher im Kreise ihrer unmittelbaren Kameraden schier göttliche Verehrung.

Für die Btl.-Melder, bei denen auch Franz angeschlossen war, gab es kaum eine Gelegenheit Lagerleben zu kultivieren. Sie waren daher in ihrem Bemühen nach abwechslungsreicher Mischkost auf rücksichtslosen Mundraub angewiesen und standen unter entsprechend mißtrauischer Beobachtung ihrer anderen Kameraden. Es war aber klar und nur eine Frage von Tagen bis zur Tat geschritten wurde.

Da sich Franz im Bereich des Bataillons frei bewegen konnte, war er es, der ein potentielles Opfer aufspürte. Der Spieß der Nachbarkompanie hegte ein wahres Prachtexemplar an Huhn, von ihm liebevoll Josefine genannt, das ihn ob der guten Pflege täglich mit einem Ei versorgte, das er selbst verspeiste oder als vorzügliches

Tauschmaterial für andere Genüsse nutzte. Ein einzelnes Huhn war ideal, da bei geschicktem Vorgehen die Gefahr verräterischer Schreierei, wie bei einer ganzen Hühnerschar, deutlich geringer ausfiel. Jetzt wurde Franz sein Spezialistentum als Scharfschütze zum Verhängnis, denn er wurde einstimmig zum Attentäter auserwählt. „Franz, das ist eindeutig eine Aufgabe für den Scharfschützen, gerade Du mit Deinem Indianerinstinkt und Deiner katzengleichen Geschmeidigkeit bist perfekt geeignet".

Es war Neumond und der Himmel wolkenverhangen, ideale Voraussetzungen für ein Kommandounternehmen dieser delikaten Art. Während seine Kameraden schon das Feuerchen schürten und alle Vorbereitungen für eine blitzschnelle und reibungslose Zubereitung trafen, legte Franz das erste und einzige Mal Volltarnung an. Er schwärzte sich das Gesicht und die Hände mit Holzkohle und band sich belaubte Zweige an seine Mütze und die Uniform. Leicht im Winde raschelnd verschwand er in der Dunkelheit, nicht ohne vorher von einem Kameraden, der Landwirt war, minutiös in das sekundenschnelle Füsilieren von Hühnern mit bloßer Hand eingewiesen worden zu sein.

Wie ein Panther schlich er sich vorsichtig und geräuschlos an den Kp-Gefechtsstand der Nachbarkompanie heran. Ahnungslos döste das Huhn in seinem Unterschlupf, liebevoll gebastelt aus Weidenkörben für Artilleriemunition. Der Posten stand circa zwanzig Meter abseits und teilte sich mit einem Kameraden eine Zigarette, an der sie abwechselnd hinter einem vorgehaltenen Stahlhelm zogen, um sich nicht durch die Glut zu verraten. Franz Nerven waren zum Zerreißen gespannt, er wußte, daß er mit schlimmsten Mißhandlungen zu rechnen hatte, sollte er erwischt werden. Jetzt war er am Weidenkorb. Er wagte kaum zu atmen und das Herz drohte ihm zu zerspringen, als er milimeterweise den Verschluß des Korbes aufzog. Da , das Huhn auf Armeslänge, den Kopf im Tiefschlaf unter dem Flügel. Jetzt kam es drauf an, bloß kein Fehlgriff. Er lehnte den Deckel des Verschlages an seine Stirn, um beide Hände frei zu haben. Seine Hände näherten sich dem Huhn, noch wenige Zentimeter, dann ein beherzter Griff zum Hals mit der Linken. Gleichzeitig gelang es ihm, den sich aufstellenden Kopf des Huhnes mit der Rechten zu fassen, und bevor es wußte, wie ihm geschah, beendete eine kurze, energische Drehung der Hände mit einem leisen Knacken Josefines Leben. Franz verharrte kurz, um den Posten zu beobachten, aber dieser tuschelte leise mit seinem Kameraden und hatte offensichtlich nichts bemerkt. Schnell verstaute er das Huhn in seiner Tarnjacke und verschwand so lautlos wie er gekommen war.

Die Gebirgsjäger in den Karpaten, auf dem Weg zum Aurel-Paß.

Bereits eine viertel Stunde später wurde das Huhn gerupft und ausgenommen, dabei alle verräterischen Spuren sorgfältigst an entlegener Stelle vergraben. Nach einer weiteren Stunde war es, auf vier Kochgeschirre verteilt geschmort und für Franz und seine Kameraden fand ein Festmahl statt. Zur Feier des Tages wurde mit einer geteilten Flasche Korn nachgespült. Satt und angesoffen fielen sie selig in einen wohlverdienten und erholsamen Schlaf, - aus dem sie am folgenden Morgen schlagartig das Gebrüll des beklauten Spießes riß. „Welche Drecksau hat mein Huhn geklaut, es kann nur einer aus eurer Kompanie gewesen sein, die Schleifspuren des Attentäters weisen eindeutig in eure Richtung. Von meinen Männern hätte es keiner gewagt, Hand an Josefine zu legen, ich hätte ihn persönlich erschossen." Franz und seine Kameraden bemühten sich nach Kräften einen Gesichtsausdruck ernster Betroffenheit in ihre vor Sattheit strahlenden Mienen zu bringen. Anscheinend recht überzeugend, denn der Spieß verzog sich grollend, obwohl er deutlich zu verstehen gab, daß er einen eindeutigen Verdacht hegte, aber leider keine Beweise hatte. Er versprach aber am Ball zu bleiben und sollte er noch Gewißheit bekommen, so drohte er mit Kriegsgericht und standrechtlicher Erschießung wegen Plünderei.

Jede Chance wurde genutzt, die Stellungen möglichst wohnlich zu gestalten.

Doch zwischen dem 25.5. und 28.5.44 endete, allerdings nur kurzzeitig, die Beschaulichkeit. Die Reste des Regiments 138 kamen zurück und die 3. G.D. wurde an den Aurelpaß in den Karpaten verlegt. Ihre Stellungen folgten jetzt dem Verlauf der Moldau, die nun zwischen ihr und der russischen Front lag. Neben diesem wässrigen Hindernis bot das bewaldete Vorgelände des langsam aufsteigenden Gebirges für die Jäger zusätzlich gute Deckungsmöglichkeiten. Das vor ihnen liegende Terrain auf der anderen Seite des Flusses bot sich dagegen sehr offen und flach und damit gut einsehbar. Das Schicksal blieb der Division weiterhin gewogen, indem sich der russische Angriffschwerpunkt weit nördlich ihrer Stellungen verlagert hatte und man sich mit dem Gegner hier weiterhin nur unbedeutende Plänkeleien leistete.

Eine unerwartete Ruhe und Beschaulichkeit wurde den erschöpften Jägern zuteil. Bei wirklich schönem Sommerwetter bot sich die weitere Gelegenheit zu bescheidener Erholung. Schnell etablierte sich erneut das Stellungsleben. Es entstanden wohnliche Erdbunker und es wurde wieder auf Teufel komm raus organisiert, um sich das bißchen Leben so angenehm wie möglich zu machen.

Die Landser waren wie elektrisiert, als sich die Latrinenparole verbreitete, daß ein Wehrmachtspuff von der sicheren Etappe für zwei Wochen an ihren ruhigen Frontabschnitt verlegt werden sollte, zur Erbauung und auch aus psychohygienischen Gründen. Denn der Krieg reduzierte das Leben der Soldaten auf die absolut wesentlichen Dinge: Überleben, Fressen, Saufen und wenn möglich Ficken. Letzteres war natürlich, mit Ausnahme von Vergewaltigungen, die beileibe nicht jedermanns Sache waren und oft auch disziplinar scharf geahndet wurden, nur möglich, wenn die Truppe in relativer Ruhe lag und mit der eingeborenen Bevölkerung fraternisieren konnte, - oder ein Puff in der Nähe war. Kam die Truppe zur Ruhe, entlud sich die ständige Anspannung des ununterbrochenen Kampfes sehr oft in übermächtigen sexuellen Bedürfnissen. Einer geordneten Triebabfuhr kam daher generell große Bedeutung zu, schon um die absolut notwendige Disziplin aufrecht zu erhalten. Während Offiziere und nach ihnen die Feldwebel sich sexuell aus dem weiblichen Troß der Marketenderinnen, Hilfswilligen und Wehrmachtshelferinnen, im Landserjargon ,Offiziersmatratzen', auch sonst bedienten, machte der Landser die lange Nase und fand in der Regel aufgrund seines unzureichenden militärischens Ranges auch gar kein Gehör bei den verfügbaren Frauen. Ihm blieb nur die Notzucht oder eben der Puff.

Entsprechende Etablissements wurden bei sich bietender Gelegenheit denn auch schier überrannt vom Ansturm der libidinös ausgehungerten Soldaten. Doch der Besuch hatte einen kleinen Haken. Er erfolgte unter strenger Aufsicht von Sanitätspersonal und endete in jedem Fall mit einer, eher harmlos umschriebenen, Desinfektion der Trieblinge, um venerischen, sprich Geschlechtskrankheiten vorzubeugen. Denn nicht wenige Soldaten infizierten sich auch vorsätzlich mit Geschlechtskrankheiten, um sich der Front zu entziehen. Zu ihrer Behandlung wurden schließlich spezielle Lazarette eingerichtet, unter Landsern ‚Ritterburg‘ genannt. Mit zum Teil äußerst rabiaten Behandlungsmethoden wurde hier dem Syph im Rohr zuleibe gerückt. In der Regel reichte ein Kuraufenthalt in der Ritterburg um sich zukünftig äußerste sexuelle Disziplin aufzuerlegen. Kenner der Materie werden sich mit spätem Verzücken zum Beispiel an den ‚Dittelstab‘ erinnern. Dabei handelte es sich um eine Art Rundfeile, mit der mechanisch verkapselte Krankheitsherde in der Harnröhre geöffnet wurden, um sie einer anschließenden Desinfektion zuzuführen. Diese Maßnahmen verstanden sich natürlich ohne jegliche Anesthesie. Darüber hinaus ethablierte sich schon in den ersten Kriegsjahren für Mehrfachinfizierte eine militärdisziplinäre Bestrafung nach dem Grundsatz der Selbstverstümmelung.

Frauen, noch dazu verfügbar. Die Landser waren wie elektrisiert.

ALBRECHT WACKER

Die strikte Harnröhrendesinfektion von Puffbesuchern sollte diesen Gefahren und Problemen vorbeugen. Mit gewerblichen Liebesdiensten erfahrene Landser wußten um die Details dieses Procedere und machten sich oft einen Spaß daraus, unerfahrenen Kameraden zu einem, im doppelten Sinne einschneidenden Erlebnis zu verhelfen. Doch unser Protagonist ahnte in der Unschuld seiner Jahre nichts von alledem.

In den Tagen der Ruhe traf Franz auch wieder auf seinen Scharfschützenkameraden Josef Roth. In den gemeinsam verbrachten Stunden wurden nicht nur Erfahrungen unter Scharfschützen ausgetauscht, sondern auch gesoffen und geschweinigelt. In ihrer Jugend fehlte beiden die tiefere Erfahrung mit dem anderen Geschlecht. Aber in der Blüte ihrer Männlichkeit und Virilität stehend, drängte es sie natürlich auch zu schwülen Taten. Sie führten im Angesicht der unmittelbaren Versuchung erhitzte Debatten über das Für und Wider eines Puffbesuches, um die fehlenden Erfahrungen zu sammeln und überhaupt, wer wußte denn, ob es nicht die letzte Gelegenheit für diese Dinge im Leben war. Sie kamen schließlich zu dem Ergebnis: jetzt oder nie und bevor es zu spät ist. Kamerad Roth stilisierte die delikate Angelegenheit schließlich zur Schicksalsfrage hoch. „Denk dran, es ist vielleicht die letzte Gelegenheit einen wegzustecken. Morgen kriegste einen verpaßt und kneifst die Arschbacken zusammen ohne gefickt zu haben. Entsetzlich eine solche Vorstellung."

Während sie sich unterhielten fiel Franz Blick immer wieder auf einen Feldwebel vom Troß, der Munition gebracht hatte und nun auf dem Trittbrett eines Opel Blitz saß und auf weitere Befehle bzw. Fracht für die Rückfahrt wartete. Der Mann kam ihm irgendwie bekannt vor. Jetzt fiel es ihm wieder ein. Es war der Wikinger mit dem riesigen rotblonden Schnäuzer, den er zum ersten Mal bei seinem Gesellenstück als Scharfschütze gesehen hatte. Dieser fing seinen Blick auf und hatte offensichtlich wohl das Gespräch der beiden mitgehört. „Na, ihr geilen Säcke, beim Gedanken an die prallen Ärsche kriegt ihr wohl schon einen strammen Max, obwohl ihr keinen bestellt habt. Haahaaahhhaa." Doch nachdem er sich gefaßt hatte und die verdatterten Gesichter der beiden sah: „Aber im Ernst Jungs, laßt es sein und profitiert von den Lebenserfahrungen eines alten Feldwebels. Die fünf Minuten Späßchen wiegen die anschließenden Schmerzen nicht auf." Es folgte ein vielsagendes Schweigen, das Roth leicht angesoffen unterbrach. „Vielleicht verräts Du Schlaumeier uns auch Dein dolles Geheimnis!" „Also gut," fuhr er fort. „Als angehender Akademiker werde ich euch an meiner tiefen Lebenserfahrung teilhaben lassen. Und wenn ihr schön lieb seit und auf den Onkel hört, könnt ihr euch eine Menge ersparen." „Jetzt schieb mal nicht so eine Welle, sondern schieß endlich los," motzte Roth. „Ist ja schon gut, ein kleiner Zynismus muß gestattet sein," lenkte der Feldwebel ein. „Gib mir erst mal einen Schluck von eurem Fusel." Nach einem tiefen Zug und einem wohligen Seufzer fing er dann an zu erzählen.

„Also, es ist jetzt fast drei Wochen her. Da mußte ich zum Korps-Depot. Mein Beifahrer war ein Oberjäger (Unteroffizier), ein ganz abgelederter Fuchs sage ich euch. Die ganze Fahrt über hatte der nur Thema Eins auf der Pfanne, dann Fressen und Organisieren. Er protze total rum, was er schon alles gefingert hatte und wo er überall schön rumgevögelt hat. Am Depot angekommen, hatte er natürlich auch sofort raus, wo man es sich besorgen lassen konnte. Also was soll ich euch sagen, er hat mich schnurstracks in den nächsten Wehrmachtspuff geschleppt. Ich wollt natürlich auch nicht kneifen, um nicht als Memme dazustehen. Erst haben wir uns noch einen angesoffen und dann gings ran an den Speck. Der Puff war in einer ehemaligen Schule untergebracht. Kaum hatten wir die Tür aufgemacht, hatte uns Lüstlinge direkt ein Sanitätsfeldwebel am Wickel. Ich kann euch sagen, daß war vielleicht eine Kante, Typ Kleiderschrank mit Stiernacken. Furzte der uns gleich an: „Wo ist die Lümmeltüte?" Verdutzt glotzte ich den Uffz an, der nur vielsagend grinste und in seiner Hosentasche rumkramte. „Der Präser, ihr Heimchen. Mit blanker Waffe wird hier nicht gefochten," setzte der Sani noch einen drauf. An soetwas hatte ich natürlich nicht gedacht. Aber für die Marginalie von dreißig unmittelbar zu entrichtenden Reichspfennig wurde mir ein Wehrmachtspräservativ in neutraler Verpackung überreicht. „Und dann noch zweimal bumsen ohne Extras, macht 'nen Heiermann pro Nase." Meinen verständnislosen Blick aufnehmend, „Reichsmark fünf, Ihr Frettchen." Innerhalb Minutenfrist war ich fast bis zur Aufgabe meines Vorhabens desillusioniert. Aber was ein echter Gebirgsjäger ist, der gibt nicht auf im Angesicht widriger Umstände. Nachdem ich gezahlt hatte, drückte der Sani mir ein braunes Packpapiertütchen mit dem Präservativ in die Hand und gab uns einen letzten Hinweis.

„Da vorne im Klassenzimmer sitzen die Hühner", mit diesen Worten schob uns der Feldwebel durch die nächste Tür. Vor uns lümmelten fünf leicht bekleidete Rumäninnen auf verschlissenen Polstern und guckten gelangweilt auf, als wir den Raum schüchternen Schrittes betraten. Ruck zuck hatte sich der Uffz eine Madam gekrallt und verschwand mit ihr hämisch grinsend hinter einem Vorhang und schob wahrscheinlich schon eine Nummer, während ich noch da stand wie ein Schluck Wasser in der Kurve. Vor mir meine personifizierten erotischen Hoffnungen und ich kriegte die Kurve nicht. Jetzt, wo es ernst wurde, wäre ich am liebsten gleich wieder auf und davon. Mit einer knallroten Bombe stand ich da wie gelähmt. Derweil tuschelten die Frauen miteinander und machten wohl aus, wer sich dieses erotisch augenscheinlich völlig unbedarften Jünglings anzunehmen habe. Schließlich löste sich die verspannte Situation, als eine der Liebesdienerinnen aufstand, ohne weiteren Kommentar meine Hand nahm und mit mir ebenfalls hinter einem mit Wehrmachtswolldecken abgehängten Geviert verschwand. Ich hatte vor Aufregung keinen Blick mehr für die Schmucklosigkeit des Liebesnestes, als meine Begleiterin ohne große Umschweife und mit traumwandlerischer Routine in sekundenschnelle die Verschlüsse meines Beinkleides gelöst hatte und mir die Hose ringförmig auf den Knöcheln zusammensackte.

Wie elektrisiert durchfuhr es mich, als sie mit festem aber dennoch gefühlvollem Griff Hand an mich legte. Was jetzt kam muß ich einfach ausschmücken um euch Jungfrauen ein bißchen zu quälen." Mit theatralischer Geste warf sich der Wikinger in Pose. Und mit großen Rharbarberohren lauschten Franz und Roth der nun folgenden gekonnten und überaus detailreichen Erzählung ihres Kameraden. „Also Mädels aufgepaßt," fuhr er fort. „Die Kleine, die sich an mich ranmachte sah echt lecker aus und verstand ihr Handwerk, im wahresten Sinne des Wortes, hhaahha. „Psst, ruhig, trrau mirr", gurrte sie, griff zärtlich fest in meine Lenden und begann mich rythmisch mit beiden Händen zu streicheln. Schauder der Wollust ergriffen mich. Ich zog ihr Gesicht zu mir heran und bedeckte es mit Küssen, sie ließ es geschehen wohl im Wissen um meine jugendliche Ehrlichkeit und Unbedarftheit.

Gierig saugte ich den Duft ihres Körpers und ihres vollen Haares ein, meine Hände spielten und verloren sich schließlich in ihrem seidig schimmernden schwarzen Haar, das wie Seide über ihre Schultern floß. Gierig folgte ich mit den Händen den Konturen ihres wohlgeformten Körpers. Angst, Anspannung und Begehren der letzten Monate, ja meines Lebens konzentrierten sich jetzt auf diesen Augenblick. Im Rausch des Erlebens kitzelte ihr Atem schier unerträglich in meinem Ohr. Zärtlich folgte ihre Zunge der Kontur meines Halses, liebkoste nagend das Ohrläppchen, huschte mit flüchtiger Berührung über den Hals, streifte die Wangen und nahm meine Leidenschaft als Inspiration und Elexier, um ihre Hände zu schneller Bewegung zu formen. Wohlig schaudernd sank ich auf die am Boden ausgelegten Matratzen und überließ mich der Extase des Augenblicks.

Vermeintlich zärtliche Umarmung vermittelte das trügerische Gefühl kurzer Geborgenheit in der Kälte der Zeit. Sich fallen lassen, doch im Augenblick gefangen sein. Wie ein Käfer trippelte ihre Zunge über meinen Bauch, umkreiste meinen Bauchnabel, huschte über meine Scham und umschloß mein Allerheiligstes gekonnt. Die Glückseligkeit des Augenblicks sandte Schauer der Erregung und Wärme. Die Grausamkeit des Seins verblaßte für Minuten. Emotionen glichen dem Klang des aufsteigenden Morgens von undefinierbarer Vielstimmigkeit, Erstaunen im naturgegebenen Gleichklang vorgetäuschter Harmonie.

Mein Körper wandt und schmiegte sich auf der Suche nach Begegnung an das Fremde, doch so vertraute Wesen. Meine Hände fassten fest doch zärtlich, Finger fanden sich, um zu umschlingen und zu halten, für den flüchtigen Augenblick. Mein Blick der Zärtlichkeit suchte im Moment der Erfüllung doch ich schaute in Augen unergründlicher und leerer Traurigkeit, trennte mich und begab mich auf die Reise in die einsame Innerlichkeit. Schicksal oder Bestimmung? Glück und Schmerz sind wohl die ehernen Säulen des Schicksals. Begierig saugte ich den kurzen Augenblick des Glückes auf, bevor der Schmerz wieder die Realität bestimmte.

Gerade an ruhigeren Frontabschnitten suchten die Landser gerne auch mal Kontakt zur weiblichen Zivilbevölkerung und bescherten so den Sanis zusätzliche ‚Verwundungen'.

ALBRECHT WACKER

Franz und Roth saßen mit offenen Mündern da, sprachlos ob dieser fast schon lyrischen Einlage. „Man, bist du irgendwie Dichter oder soetwas?" nörgelte Roth. „Kannst du nicht direkt sagen, was da ablief?" „Ach, die Herren wollen es etwas schlichter, so für Proleten," sah sich der Erzähler aus seinem poetischen Schwung gerissen. „Also dann für die Herren zum Mitschreiben: Die Olle hat mir einen geblasen, daß mit fast die Eier geplatzt sind. Ist es so verständlicher? „Ist ja schon gut, Alter," beschwichtigte Franz. „Ich find die Geschichte gut. Erzähl schon weiter, wir halten die Klappe." Dabei stieß er Roth in die Seite.

„Also gut," fing der Wikinger wieder an.

Glasigen Auges, sichtlich erleichtert und mit einem neuen Selbstverständnis als Mann kam ich aus dem schäbigen Verschlag wieder hinaus in die Wirklichkeit. Leichten Schrittes federte ich auf den Ausgang zu, um unmittelbar davor durch die peitschende Stimme des Sanitätsfeldwebels wieder in die grausame Realität gerissen zu werden. „Mal nich so fix ihr Segerlinge, erst hier zu mir und die Plinten runter." Wieder scheiterte ich an der norddeutschen Mundart des Hygienikers, der aus Münster in Westfalen kam, wie er uns mit seiner Erklärung aus lähmender Ungewißheit befreite, sich deshalb aber nicht verständlicher ausdrückte. „En bißchen Pani uf de Flöte reicht nicht aus, um de Gonokokken zu verscheuchen. Da muß Vattern schon mit de Chemiekeule ran. Also mal nich so fickrig und kleinmädchenhaft chenant die Herrn und her mit der Nudel." Schon hatte er mich zu sich rangezogen und mit der Routine eines Fischschlächters mein Allerheiligstes ergriffen. Ruck zuck hatte er mir eine Spritze ohne Nadel in die Harnröhre geschoben und drückte circa einhundert Milliliter einer leicht grünlichen Flüssigkeit in mich hinein. Feurig glühend schoß es mir in den Unterleib, als sich die Desinfektionslösung ihren Weg in die Blase bahnte. Zähneknirschend und mit weißen Knöcheln auf den geballten Fäusten ertrug ich das Martyrium, unfähig zur Gegenwehr, da der eiserne Griff um mein Geschröt keinen Widerspruch duldete. „Dat zwiebelt schön, wa!" ergötzte sich der Repräsentant der militärischen Gesundheitsfürsorge an meiner schmerzhaften Verzweifelung. Wie weggeblasen war die sensitive Erfahrung der letzten halben Stunde. „Nudel zudrücken," franste mich der Sani an. „In fünf Minuten kannste abmiegen, aber keine Sekunde eher." Der Uffz, dieser alte Sack, hatte natürlich mit diesem Einlauf schon die totale Routine. Der steckte das Zeugs weg wie Nichts. Sein fettes, schadenfrohes Grinsen, während ich mich schmerzgepeinigt krümmte, habe ich immer noch vor Augen. Unter der rigorosen Aufsicht eines Sanitätsgefreiten bin ich dann vor der Pißrinne der ehemaligen Knabentoilette wie das Rumpelstielzchen hektisch hin und her gesprungen, das inzwischen beängstigend geschrumpfte Würstchen zwischen Daumen und Zeigefinger gekniffen. Ich hatten den schweren Verdacht, daß der Sani mit Blick auf meine Qualen schamlos die Zeit überzog bis das erlösende „jetzt könnt ihr" kam. Mit exstatisch verzücktem Gesicht entließ ich die Sulfonamidlösung in die mehr als verdiente Freiheit. Das Gefühl der Erleichterung war geradezu orgasmisch und fast schöner als die vorangegangene triebhafte Erfüllung. Der Uffz konnte sich inzwischen schon nicht mehr halten vor Lachen.

Nach einer letzten Inspektion des Genitalbereichs gab es dann endlich die Erlaubnis zum Verlassen der gastlichen Stätte. Ich taumelte hinaus in die Freiheit und schwor mir, unter diesen Umständen nie wieder."

Ob dieser drastischen Schilderung hatten die beiden triebhaften Aspiranten schon allein durch das Zuhören ein heftiges Brennen in der Hose. „Ich mach meine Erfahrungen ja eigentlich gerne selber," kommentierte Roth. „Aber in diesem Fall höre ich doch auf den guten Onkel. Franz, die Aktion ‚Rösselsprung' ist abgeblasen." Franz war heilfroh darüber, da er ohnehin noch nicht die richtige Entschlossenheit gehabt hatte. Bis zur Rückkehr in die Heimat widerstand er denn auch allen gleichgearteten Versuchungen.

Es geschahen sogar noch kleine Wunder, denn die Division wurde unerwarteter Weise personell und auch materiell wieder zur vollen Kriegsstärke aufgerüstet. Die Offiziere waren sich längst darüber im Klaren, das dies wohl auch das letzte Mal sein würde, denn der Krieg galt unter ihnen schon längst als verloren. Es trieb sie nur noch der Gedanke, die Vergeltung des Russen an ihrer Heimat so lange wie möglich hinauszuzögern. Denn er sammelte sich bereits wieder zu einem neuen gnadenlosen Schlag auf die wenigen deutschen und rumänischen Verbände. Die Ruhe vor dem Sturm sollte auch die letzte Gelegenheit sein, um den wenigen 'alten Hasen' in der Truppe, die die vergangenen mörderischen Kämpfe mehr oder minder unbeschadet überstanden hatten, die Möglichkeit zu geben, vielleicht ein letztes Mal ihre Familien zu sehen. Soweit möglich, wurde ihnen darum Urlaub gewährt. Franz, mit seinen neunzehneinhalb Jahren und gerade einem Jahr bei der Truppe, gehörte zwar zu den Langzeitüberlebenden, mußte aber gegen das Anrecht der Familienväter und noch Längergedienten zurückstehen. Zudem waren die wenigen routinierten Scharfschützen im Stellungskrieg unentbehrlich. Franz Chancen auf Heimaturlaub waren gleich null. Doch sein Btl. Kdr. Klos, der große Stücke auf ihn hielt, wußte einen kleinen Kunstgriff, um dennoch zum Ziel zu kommen.

11. Kapitel

Im letzten Quartal des Jahres 1943 begann man damit, auf großen Truppenübungsplätzen mit Geländeschießbahnen Ausbildungsstätten für Scharfschützen einzurichten. In vierwöchigen Kursen versuchte man ausgewählte Soldaten auf die besonderen Erfordernisse und Aufgaben des Einsatzes als Scharfschütze vorzubereiten. Die Lehrgangsteilnehmer rekrutierten sich dabei nicht nur aus frisch eingezogenen Soldaten, sondern auch aus alten Hasen, Soldaten mit ausgiebiger Fronterfahrung, die von ihren Kp.-Chefs als zukünftige Scharfschützen vorgesehen waren und auf diesen Lehrgängen, neben ihrem Zielfernrohrgewehr, noch Spezialkenntnisse bekommen sollten. Die Scharfschützenausbildung für die Gebirgsjäger fand in Österreich, nahe der Stadt Judenburg, auf dem Truppenübungsplatz mit Namen ‚Seetaleralpe‘ statt. Von hier war es nicht mehr weit zu Franz Heimatdorf. Also wurde er von seinem Kommandeur kurzerhand zum Gelegenheitsscharfschützen degradiert, der zum Feinschliff unbedingt noch einen Speziallehrgang auf der Seetaleralpe brauchte. Wo er denn dann schon mal fast zuhause war, konnte er sinnvollerweise auch gleich noch einen zehntägigen Heimaturlaub anschließen. Am 30.5.44 verließ Franz seine Kameraden mit zehn anderen Urlaubern auf der Pritsche eines Opel Blitz über den Nachschubweg der Division. Wenige Stunden vor dem Abschied übergab er sein russisches Zielfernrohrgewehr wieder an den Regiments-Waffenmeister, der es noch in seinem Beisein mit den Worten an einen anderen Jäger weitergab: „Siehst Du die vielen Kerben im Handschutz und auf dem Schaft ? Jede ist ein Russe weniger. Dieses Gewehr zu übernehmen ist Ehre und Verpflichtung. Tu Dein Bestes und zeig dem Franz bei seiner Rückkehr, daß Du ihn würdig vertreten hast". Der junge Landser guckte sparsam und verlegen bei diesen heroischen Worten und Franz legte ihm die Hand auf die Schulter mit den Worten: „Laß Dich nicht bekloppt machen, sei einfach auf der Hut und sieh zu, daß du deinen Arsch heil über die Runden kriegst." Er griff in seine Tasche und holte, sorgfältig in ein Taschentuch gewickelt, eine Handvoll russischer Patronen mit Explosivgeschoß heraus, seine Präziosen für besondere Fälle, und drückte sie seinem Kameraden in die Hände. „Die brauch ich jetzt wohl nicht mehr. Wenn Du mal einen richtigen Bumms in der Knarre nötig hast, im Ziel mal richtig spektakulär was erreichen willst, dann nehm eine von denen. Es sind Explosivgeschosse, da kannste richtig mit hinhalten. Geh aber sparsam mit um, sie sind selten. Stell Dich mit dem Waffenmeister gut, daß er sie Dir aus der erbeuteten Munition raussucht und zurücklegt. Ansonsten bleib sauber, Du mußt mir in sechs Wochen erzählen was alles passiert ist".

Der Motor des Lastwagens heulte auf, Franz sprang auf die Ladefläche und drückte dem Kameraden noch einmal die Hand. Dabei durchschoß ihn ein undefinierbares Gefühl von Todesahnung und er dachte plötzlich: Armer Hund, den wird es schnell erwischen. „Sind die Mädels dahinten bald mal fertig mit ihrem herzzerreißenden Abschied? Gleich kommen mir die Tränen ihr Rumbanüsse" raunzte der Fahrer des LKW dazwischen, trat auf das Gaspedal und in einer Wolke aus Abgas und Staub blieben seine Kameraden zurück. Würde er sie bei seiner Rückkehr in zwei Monaten noch wiedersehen ? Eine eigenartige Mischung aus Erleichterung darüber, der Hölle des Krieges vorrübergehend entfliehen zu können und einem schlechten Gewissen, seine Kameraden im Stich zu lassen bemächtigte sich seiner. Nach nur einem Jahr war sein früheres Leben durch den Krieg hinweggewischt und der tägliche Kampf ums Überleben zur alleinigen Wirklichkeit geworden. Eine Wirklichkeit, an deren brutale Faszination des Tötens und Getötetwerdens er sich inzwischen in einer Unentrinnbarkeit gefesselt fühlte. Doch seine Gedanken verloren sich schließlich im sonoren Gebrumm des LKW. Wohlige Schläfrigkeit überkam ihn.

Es dauerte fast zwei Tage, bis ihm bewußt wurde, daß er dem Krieg den Rücken kehrte. Geradezu anachronistisch wirkten die unzerstörten Landschaften, durch die er inzwischen mit der Eisenbahn fuhr. Hatte sein Weg an die Front vor einem Jahr noch über zehn Tage gedauert, so war er jetzt schon nach fünfen an seinem Ziel, Judenburg. Franz hatte Glück, denn ein Gefreiter, der für seinen Kp.-Chef ein Paket zum Zug gebracht hatte, nahm ihn in seinem Kübelwagen mit zum Truppenübungsplatz. Mit gemischten Gefühlen sah Franz dem Lehrgang entgegen, denn er erinnerte sich noch lebhaft an seine Grundausbildung, in der die Ausbilder ständig rumbrüllten und die Soldaten sich in stumpfsinnigem Drill bis zum Umfallen schleifen ließen. Er hatte der Abordnung zum Lehrgang letztlich auch nur deshalb zugestimmt, weil er sich die Gelegenheit auf einige Wochen ausreichender Ernährung, regelmäßigen Schlafes und der Aussicht auf einige angeschlossene Tage Heimaturlaub nicht entgehen lassen wollte.

Umso erstaunter war Franz, als er bei seiner Meldung im Geschäftszimmer vom Spieß der Scharfschützenschule geradezu kameradschaftlich begrüßt wurde.

148

Kein Strammgestehe und Hackenschlagen, sondern es folgte eine verbindliche und freundliche Einweisung in seine Unterkunft und den bevorstehenden Lehrgang. Es wurde gleich deutlich, daß es hier um die qualifizierte Ausbildung von Spezialisten ging und nicht um standardisierte und drillmäßige Vermittlung von Grundwissen.

Im weitläufigen Gelände des Übungsplatzes war die Scharfschützenschule in einem eigenen Barackenkomplex untergebracht. Franz teilte sich die Stube mit vier achtzehnjährigen Burschen aus dem Mittenwalder Land, die nach ihrer dreimonaten Grundausbildung in Kufstein zur Vollausbildung direkt zum Scharfschützenlehrgang geschickt worden waren. Denn sie hatten sich als besonders gute Schützen von stoischer Ruhe und durch hervorragende Beobachtungsgabe hervorgetan. Als er seine Stube betrat, fiel sein Blick zuerst auf einen gerahmten Text an der Wand. Dort stand in gotischen Lettern:

Der Scharfschütze ist der Jäger unter den Soldaten!

Sein Einsatz ist schwer und verlangt körperlich, geistig und seelisch den ganzen Kerl.

Nur ein durch und durch überzeugter und standhafter Soldat kann Scharfschütze werden.

Es ist nur möglich den Feind zu besiegen, wenn man gelernt hat, ihn mit der ganzen Kraft seiner Seele zu hassen und zu verfolgen !

Scharfschütze zu sein ist eine Auszeichnung für den Soldaten !

Er kämpft unsichtbar.

Seine Stärke beruht auf indianerhafter Ausnutzung des Geländes, verbunden mit vollendeter Tarnung, katzenhafter Gewandheit und meisterhafter Beherrschung seiner Waffe.

Das Bewußtsein seines Könnens gibt ihm Sicherheit und Überlegenheit und verbürgt damit den Erfolg

Die heroischen Worte ließen ihn nicht unberührt, ein gewisser Stolz stieg in ihm auf. Aber zugleich war da auch der konkrete Gedanke an die Wirklichkeit des

Krieges und seiner Erbarmungslosigkeit. Und so war auch etwas in ihm, daß ihn frösteln ließ und er dachte: Wenn ihr wüßtet, wie der Krieg wirklich ist. Beim Sterben nützen euch die ganzen Sprüche nichts.

Bereits am nächsten Tag, einem Montag, begann die Ausbildung mit einer speziellen Waffenkunde zum Thema Zielfernrohrgewehre. Unterweisender war ein Feldwebel mit einer Protese am rechten Unterschenkel. Es zeigte sich, daß fast alle Ausbilder erfahrene Frontsoldaten mit verwundungsbedingter Teilinvalidität waren, viele sogar ehemalige Scharfschützen, die sich ihr Können, genau wie Franz durch Erfahrung selbst erarbeitet hatten, bis sie durch ihre Verwundung nicht mehr fronttauglich waren. Der Lehrgang bestand aus sechzig Soldaten, die in Gruppen zu fünf zusammengefaßt waren. Pro Gruppe stand bei jedem thematischen Schwerpunkt ein eigener Lehrer zur Verfügung. Dies gewährleistete eine optimale Vermittlung der Inhalte.

Auf einem Tisch lagen vier Gewehre mit Zielfernrohr. Es waren drei

Von oben nach unten: K 98 k mit Turmschwenkmontage; K 98 k mit ZF 41; K 98 k mit kurzer Seitenmontage und Zeiss Zielsechs; Gewehr 43 mit ZF 4.

150

K 98 k und eine Waffe, die noch keiner der Soldaten real gesehen hatte. An der Front war Franz zwar gerüchteweise von einem neuen Selbstladegewehr zu Ohren gekommen, ohne es aber je bei seiner Truppe gesehen zu haben. Es handelte sich um ein Walther Selbstladegewehr Modell 43 mit einem Zielfernrohr Modell 4 der Firma Voigtländer auf einer seitlichen Aufschubmontage. Daneben gab es einen K 98 k mit einem geradezu winzig kleinen Zielfernrohr von fünfzehn Zentimeter Länge mit der Modellbezeichnung 41. Diese Zielhilfe saß mit einer Aufschub-montage linksseitig des Visierfußes. Desweiteren lag vor ihnen ein K 98 k mit ei-nem sechsfachen Zielfernrohr der Marke Zeiss, Modell Zielsechs, auf einer links an der Hülse sitzenden Aufschubmontage mit einem Feststellknebel und ein K 98 k mit einem Zielfernrohr Modell der Firma Hensoldt, Modell Dialytan, das auf einer sehr massiven, mittig auf der Systemhülse befestigten Schwenkmontage saß, die der Ausbilder als Mauser-Montage bezeichnete (Nach heutiger Terminologie in der Klassifizierung der unterschiedlichen Montagetypen wird diese Montage als Turm-Schwenk-Montage bezeichnet). Nach seiner Erklärung war dies die beste und solideste aller Zielfernrohrmontagen für den K 98 k.

Nach einigen Ausführungen des Ausbilders zur Leistungsfähigkeit der ein-zelnen Zielfernrohre und Montagen, ging er speziell auf den Karabiner mit der Schwenkmontage ein, da dies die Waffe war, mit der alle Lehrgangsteilnehmer aus-gerüstet werden sollten. Am Nachmittag ging es auf den Schießstand und sie konn-ten die vorgestellten Waffen alle einmal ausprobieren. Dabei nahm Franz mit Be-geisterung das große Gesichtsfeld, die Helligkeit und Brillanz des Zeiss- und des Hensoldt-Zielfernrohres zur Kenntnis. Sie waren deutlich besser als seine bisherige russische Optik. Dieser ähnelte aber erstaunlicherweise sehr das Glas auf dem Selbstladegewehr. Das Walther-Gewehr schoß sich zwar auffallend angenehm, da ein Teil des Rückstoßes durch den automatischen Repetiermechanismus aufgefan-gen wurde, doch seine Präzision blieb deutlich hinter den Karabinern zurück. Zur Erheiterung führte die Waffe mit dem kleinen ZF 41. Sie schoß zwar sehr gut, man sah aber kaum etwas durch das Zielfernröhrchen. Der Kommentar des Ausbilders: „So einen Scheiß können sich auch nur die Schreibstubenhengste in der Verwaltung ausdenken. Diese Sesselfurzer haben vom Scharfschützenwesen soviel Ahnung, wie die Kuh vom Liedersingen".

Doch nach dieser Kür kam die Pflicht. Sie mußten nun mit dem normalen K 98 k über offene Visierung verschiedene Übungen schießen: stehend freihändig, kniend, liegend und auf unterschiedliche Entfernungen von fünfzig bis dreihun-dert Meter. An Munition herrschte kein Mangel und sie konnten ihre Übungen in

Ruhe durchschießen, ohne den sonst üblichen Schießstanddrill. Im Vordergrund stand eindeutig das optimale Training und Lernen.

Am nächsten Tag ging es ins Gelände zum Entfernungsschätzen und zur taktischen Beurteilung unterschiedlicher Kampfräume. Der Nachmittag gehörte wieder dem Schießtraining, das während des ganzen Lehrganges als feste Größe täglich standfand. Im Laufe der Woche kamen als Lehrinhalte noch Tarnung und spezieller Stellungsbau dazu. Franz erfuhr dabei aber im Wesentlichen nichts Neues und absolvierte seine Übungen mit sicherer Routine. Manche Tarnung und Stellung kamen ihm allerdings reichlich aufwendig und wenig praxisgerecht vor, da der kriegerische Alltag weder Zeit noch Mittel dafür ließ. Beispielhaft waren ausgehöhlte Baumstämme, eine Körpervolltarnung aus Baumrinde oder ein Erdsitz unter einem aus Sperrholz nachgebauten Kilometerstein anzuführen. Aus seiner Erfahrung mußte Tarnung schnell, effektiv und mit einfachsten improvisierten Mittel herzustellen sein und durfte den Schützen in seiner Bewegungsfähigkeit so wenig wie möglich einschränken. Die Lehrgangsleitung wußte zwar, daß er schon als Scharfschütze eingesetzt worden war, sie hatte aber keine Ahnung von seiner tatsächlichen Erfahrung und seinem Können. Erst im Verlauf des Lehrganges erkannten die Ausbilder den Könner in ihm.

Kleinkalibergewehre für die Scharfschützenausbildung von oben: Deutsches Sportmodell von Walther mit vierfachem Zielfernrohr Oigee; Deutsches Sportmodell von Menz mit ZF 41; Kleinkaliber Wehrsportgewehr von Gustloff mit ZF 41.

Für den letzten Tag der ersten Woche stand der ‚Schießgarten' auf dem Dienstplan. Franz und seine Kameraden konnten mit diesem Begriff überhaupt nichts anfangen und waren entsprechend neugierig. Groß war das Erstaunen der Gruppe, als sie sich in einer Miniaturlandschaft wiederfanden. Vor ihren Schützenständen breitete sich in fünfzig Meter Entfernung die Idylle eines Tales mit Straßen und einem Dorf aus, maßstabsgerecht verkleinert. Sie kamen sich vor, wie Gulliver in Liliput. Sie erhielten für die kommenden Übungen auch besondere Waffen, denn geschossen wurde mit Kleinkaliber-Wehrsportgewehren. Die Waffen waren von

Schematischer Aufbau des Kleinkaliber-Schießgartens.

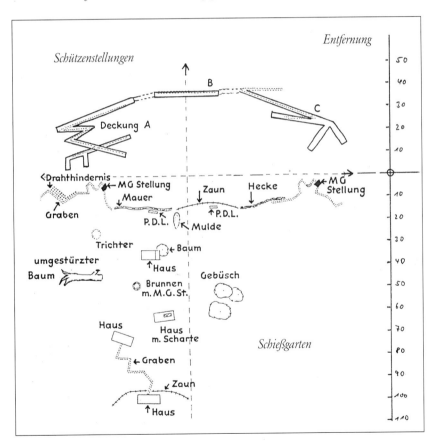

den Gustloff- bzw. Walther- Waffenwerken herstellt worden und ebenfalls mit Zielfernrohren versehen. Das Gustloffgewehr trug eine Optik des Modells 41 linksseitig des Visieres, das Walthergewehr eine vierfache der Firma Oigee aus Berlin.

Ihre Aufgabe bestand jetzt darin, das Modellgelände zu beobachten und kleine Pappkameraden zu beschießen, sobald sie irgendwo auftauchten, an Fenstern, hinter Häusern oder Bäumen. Es gab sogar Fahrzeuge und Pferdegespanne, die sich über die Straßen bewegten. Auch sie waren bei einer sinnvollen Zieldarstellung zu bekämpfen. Bei dieser Übung zeigte sich Franz praktische Erfahrung besonders deutlich. Sein geschultes Auge erkannte die kleinste Bewegung und es vergingen selten mehr als dreißg Sekunden, bis sein Schuß das Ziel sicher traf, allerdings nur mit dem vierfachen Zielfernrohr auf dem Walthergewehr. Das Zielfernrohr Modell 41 hatte einen so kleinen Durchblick und ein so geringes Gesichtsfeld, daß alle Schützen es ausnahmslos als untauglich für den Scharfschützeneinsatz beurteilten. Eine Perfektion, wie sie Franz bei dieser Übung an den Tag legte war unter den regulären Lehrgangsteilnehmern äußerst selten und der Ausbilder ahnte bereits, daß er Franz wohl nicht mehr viel würde beibringen können.

Aufbau des Schießgarten nach einer zeitgenössischen Vorschrift.

154

Maßstabsgerecht verkleinerte Schießgarten-Klappscheiben, mit und ohne Tarnung.

Regelmäßige Übungen im Schießgarten gehörten während des gesamten Lehrgangs zum Ausbildungsprogramm. Dabei wurde nicht nur im Modelldorf geschossen, sonden auch in immer wieder neu aufgebauten Geländeformationen, in denen für die Schüler unbekannte Klappscheiben versteckt waren, die sie orten und bekämpfen mußten.

Mit dem ersten Aufenthalt im Schießgarten begann für die Soldaten ein permanenter Wettstreit zwischen den Kandidaten, denn auf separaten Seiten eines Tätigkeitsheftes wurden die Ergebnisse der täglichen Übungen festgehalten. Am Ende sollten so die Lehrgangsbesten ermittelt werden und mit einer Urkunde und einem großen Paket Marketenderware (Schnaps, Zigaretten, Schokolade, Fleischkonserven etc.) belohnt werden.

Alle Lehrgangsteilnehmer mußten also ein kleines Heft führen und mit sich tragen. Hier wurden neben den Schießergebnissen Geländebeobachtungen eingetragen, Veränderungen und Markierungen, und andere Lehrgangsleistungen.

Diese regelmäßigen Aufzeichnungen sollten die zukünftigen Scharfschützen daran gewöhnen, auch im Einsatz ein Heft zu führen, in dem sie alle Beobachtungen, Geländeveränderungen etc. und ihre Abschüsse festhalten sollten. Seinen Stubenkameraden gab Franz allerdings den heißen Tip, grundsätzlich alle Eintragungen, die auf eine Funktion als Scharfschütze hinweisen könnten zu verschlüsseln und auf keinen Fall den eigenen Namen hineinzuschreiben. Noch besser wäre es, in das Beobachtungsheft gar keine Abschüsse einzutragen, sondern in eine separate, namenlose Liste beim Spieß. Denn diese Diskretion würde ihnen sicherlich das Leben retten, sollten sie einmal in Gefangenschaft geraten. Ihre Tätigkeit bliebe so unerkannt. Denn gefangene Scharfschützen wurden an der Ostfront immer gefoltert und getötet. Ein Hinweis, der den jungen Burschen sichtbar in die Glieder fuhr, denn sie wurden bei seinen Schilderungen unübersehbar blaß.

Am Montag der zweiten Woche war ein großer Tag für die Teilnehmer, denn morgens kam ein Lastwagen mit großen Kisten , die den codierten Stempel der Firma Mauser, ,byf', trugen. Alle faßten beim Entladen mit an und durften auch gleich ihre Neugier befriedigen und die Behältnisse öffnen. In den Kisten lagen nagelneue Karabiner 98 k mit großen vierfachen Zielfernrohren in der Turm-Schwenkmontage. In den nächsten Stunden erhielt jeder Lehrgangsteilnehmer eines dieser Gewehre. Die Nummer wurde in sein Lehrgangsheft mit der Bemerkung ,Zielfernrohrgewehr' eingetragen. Dies bedeutete, daß die Waffe ausschließlich der Verfügungsgewalt ihres Besitzers unterstand. Sie wurden darauf hingewiesen, daß sie die Waffen erst mit dem erfolgreichen Bestehen des Lehrganges definitiv übereignet bekämen. Insbesondere in den jungen Soldaten ohne Kampferfahrung wuchs mit diesem Ansporn die Bereitschaft, sich mit aller Kraft für einen erfolgreichen Lehrgangsabschluß einzusetzen. Franz erhielt einen Karabiner mit einem vierfachen Zielfernrohr der Firma Hensoldt, das die Codebezeichnung 'bmj' trug. Sie war deutlich kürzer als sein zurückgelassenes russisches Gewehr und die Optik, wie schon bei den Vorführwaffen festgestellt, deutlich besser. Im Besitzerstolz auf ihre neuen Waffen konnten sie es garnicht abwarten, am Nachmittag auf den Schießstand zu kommen und sie auszuprobieren. Schon beim ersten Einsatz stellte Franz mit Genugtuung fest, daß er eine Spitzenwaffe in Händen hielt.

Sie erhielten jetzt auch das erste Mal spezielle Munition für Scharfschützen. Auf den Schachteln stand der Aufdruck ,Anschuß'. Der Ausbilder erklärte Ihnen, daß es sich um Patronen mit einer besonders sorgfältigen Ladung handelte, die normalerweise nur in der Waffenherstellung und dem Reparaturbetrieb verwendet wurden, um die grundsätzliche Präzision einer Waffe festzustellen. Er gab ihnen die Empfehlung, bei der Rückkehr zur Truppe den Batallions-Waffenmeister darum zu bitten, ihnen wenn immer möglich von dieser Munition zur Verfügung zu stellen. Mit Begeisterung machten sie sich anschließend daran, die Waffen einzuschießen. Dies bedeutete, den gezielten Blick durch das Zielfernrohr mit dem Treffpunkt des Laufes in Übereinstimmung zu bringen. Die Grundjustierung wurde auf eine Entfernung von einhundert Metern vorgenommen. Sie entfernten das Schloß ihrer Waffe und fixierten sie mit Sandsäcken auf dem Anschußtisch. Dann wurde der Lauf der Waffe auf das Zentrum der Scheibe ausgerichtet, indem der Schütze direkt durch den Lauf sah. Abwechseln blickte er dann durch Lauf und Zielfernrohr und brachte die Lage des Fadenkreuzes in Übereinstimmung mit der Justierung des Laufes. Dazu konnte man das Absehen in der Optik, dies ist der Fachausdruck für das Fadenkreuz, mit einer Stellscheibe oben auf dem Glas in der Höhe verstellen. Die Seitenabweichung korrigierten sie über das wechselseitige Lockern und Festziehen zweier Schrauben am Hinterfuß der Montage mittels eines speziellen Schlüssels, der zu jeder Waffe mitgeliefert wurde. Nach dieser Grobeinstellung wurde die Feinjustierung dann im praktischen Schuß vorgenommen.

Zum Justieren des Zielfernrohres in der Höhe diente die Verstellschraube im Turm. Zur Seitenrichtung mußte der hintere Fuß der Montage mit einem Schlüssel verstellt werden.

Der Tag endete damit, daß ihnen eingeschärft wurde, ihre Waffe ab jetzt nicht mehr aus der Hand zu geben. Schon während des gesamten Lehrganges trugen sie nun ihre Waffen den ganzen Tag bei sich. In jeder Stube stand ein Gewehrständer, in dem die Waffen nur über Nacht abgestellt wurden. So lernten sie schon in der Ausbildung auf ihre Karabiner besonders aufzupassen und insbesondere die Optik vor Schaden zu bewahren. Denn jeder Fall oder harte Schlag gegen das Zielfernrohr konnte dieses verstellen und die Treffpunktlage der Waffe völlig verändern. Franz war in dieser Hinsicht durch bittere Erfahrung in den ersten Tagen seines Einsatzes mit dem russischen Zielfernrohrgewehr klug geworden und der sichere Umgang mit der Waffe war ihm schon in Fleisch und Blut übergegangen. Doch die anderen Lehrgangsteilnehmer hatten in den ersten Tagen deutliche Schwierigkeiten damit, ihre Karabiner wie ein rohes Ei zu behandeln. Abgesehen davon, daß die Waffe nach jedem Fall oder Stoß nach dem täglichen Dienstende vom Eigentümer neu eingeschossen werden mußte, waren unmittelbar nach dem Zwischenfall gymnastische Einlagen für den Ungeschickten fällig, zwanzig Liegestütz und dreißig Kniebeugen mit Karabiner in Vorhalte.

Nach einem Besuch im Schießgarten stand der nächste Tag unter dem Motto Wahl und Ausbau von Stellungen. Doch bevor sie zur Praxis schritten, führte man ihnen im Unterrichtsraum einen Scharfschützenausbildungsfilm vor. Mit großem Erstaunen nahmen sie zur Kenntnis, daß es ein russischer war, den man mit deutschen Untertiteln versehen hatte. Er war bereits 1935 gedreht worden und gab einen bedrückenden Einblick in den hohen Standard der russischen Ausbildung. Der Kommentar des Ausbilders. „Guckt euch das Ganze gut an, der Iwan ist auch nicht schlecht. Wenn ich daran denke, wie die Scharfschützen uns schon beim Vormarsch 41/42 Feuer unterm Arsch gemacht haben und wir dabei im ganz kurzen Hemd standen. Wir wußten damals noch nicht einmal wie Scharfschütze geschrieben wurde. Unsere Verluste an Führungspersonal waren teilweise verherrend. Wenn keine schweren Waffen zur Hand waren, haben uns russische Scharfschützen-Kompanien durchaus tagelang gebunden. Mit erbeuteten Zielfernrohren vom Iwan haben wir dann versucht was dagegen zu tun. Aber die Säcke waren verdammt gut und wir mußten eine Menge Lehrgeld bezahlen. Schließlich bin ich auch an meinen Meister geraten. Ihr seht ja alle, wo er mir einen verpaßt hat. Es war verdammtes Glück, daß ich dem Tod nochmal von der Schippe gesprungen bin". Dabei neigte er seinen Kopf ein wenig, so daß sie alle die kinderhand große Narbenfläche sahen, aus der starr und eigenartig fremd ein Glasauge stierte, wo früher einmal sein linkes Auge gesessen hatte. „Es war eine Fügung des Schicksals und eine tolle Werbung für die Firma Zeiss daß die Kugel des Iwans an meinem

Fernglas abprallte und ich nur mein Auge verlor, aber das Leben behielt", fuhr er fort. Fast alle Ausbilder in der Schule waren ja ehemalige Scharfschützen, die aufgrund schwerwiegender Verwundung nicht mehr fronttauglich waren, aber dennoch wertvollen Dienst taten, indem sie ihre Erfahrungen und Kenntnisse an den Nachwuchs weitergaben. „Also macht euch bewußt, daß auch der Gegner Profis hat. Ich kann euch nur den heißen Ratschlag geben, euch sofort zu verpissen, wenn ihr merkt, daß euch auf der Gegenseite ein Scharfschütze auf der Spur ist. Dann gibt es im Stellungskampf nur eins, nach jedem Schuß sofort rigoros den Abschnitt wechseln."

Mit monotonem Rattern zog sich der Film durch den Projektor. Mit gespannter Aufmerksamkeit verfolgten seine Kameraden die Vorstellung, während Franz nichts Neues sah und nach wenigen Minuten im schummrigen Dämmerlicht mit einer Schlafattacke zu kämpfen hatte. Wie ein Kaninchen döste er mit offenen Augen im Halbschlaf, wie ihn nur erfahrene Soldaten in Unterrichtsräumen beherrschen, als eine Filmszene sein jähes Interesse erweckte. Sie zeigte eine russische Scharfschützenkompanie, die sich an einem Waldrand in den Baumkronen Stellungen herrichtete. Im Untertitel erschien der Satz: Dicht belaubte Baumkronen sind eine hervorragende Stellung. Der Schütze wird nicht gesehen, hat aber einen weiten Einblick in die Landschaft und ein hervorragendes Schußfeld !

So ein Scheißdreck, schoß es Franz durch den Kopf und er meldete sich sofort zu Wort. Denn der Unterricht war sehr kooperativ, so daß man Fragen, Anregungen und Antworten immer unmittelbar und problembezogen bearbeitete. Seine Wortmeldung wurde direkt berücksichtigt und der Film angehalten, als er mitteilte, daß er eine Anmerkung aus der Praxis zur soeben gezeigten Szene machen wolle. Und Franz erzählte sein Gefecht mit der weiblichen Scharfschützenkompanie in den Bäumen. Das betretene Schweigen nach seiner Schilderung löste der Ausbilder mit dem Hinweis, „hört euch das gut an Jungs, der Jäger weiß wovon er spricht, denn er hat als Scharfschütze schon fast ein Jahr an der Front überlebt. Und hämmert es euch in die Schädel, als Scharfschütze macht man jeden Fehler nur einmal und in neunzig Prozent der Fälle habt ihr dann euren letzten Schiß getan, dann flattert noch mal kurz die Rosette und Feierabend ist. Also saugt alles auf, was ihr hier an brauchbaren Tips erhaltet. Denn jeder gute Ratschlag den ihr behaltet und befolgt, rettet euch da draußen möglicherweise den Arsch".

Die Tage gingen dahin und Franz genoß es richtig, regelmäßig zu essen und zu schlafen. Er war auf der einen Seite froh der täglichen Angst ums Überleben für

Scharfschütze in voller Körpertarnung in einer Beobachtungsstellung.

einige Zeit entronnen zu sein, dennoch dachte er oft an seine Kameraden und wie es ihnen wohl im Augenblick erginge. Er versuchte zu erfahren, was im Abschnitt der 3. G.D. los war, doch die zensierten Zeitungen, die einzig zu erhalten waren, gaben keine befriedigende Auskunft. Wenige Male gaben die Ausbilder Neuigkeiten weiter, die ihnen Urlauber erzählt hatten. Dannach war es an ihrem Frontabschnitt immer noch relativ ruhig und die Linien stabil.

Theorie und Praxis ergänzten sich weiter in optimaler Weise. In den nächsten Tagen bekamen sie morgens Kampflagen vorgegeben, in denen sie sich tagsüber selbstständig bewegen mußten. Dabei steigerten sich kontinuierlich die Anforderungen. Sie gipfelten in dieser Woche in einem sehr realitätsnahen Szenario. Am Tag zuvor hatte sich jeder unter der vorgegebenen Rahmenbedingung einer Auffangstellung eine eigene Stellung als Scharfschütze vorbereitet, die es am nächsten Morgen zu beziehen galt. Kurz vor dem Bezug der Positionen wurde ihnen die Kampflage des kommenden Tages mitgeteilt. Auf der Seite des Gegners seien zwei Scharfschützen im Einsatz, die es auf sie abgesehen hätten. Dazu lägen ihnen zwei

ALBRECHT WACKER

der Ausbilder beobachtend gegenüber, die alle dargebotenen Treffermöglichkeiten protokollieren. Jede Regung der Schüler würde ihr Ende bedeuten, sie könnten also nur beobachten und sollten sich eine Strategie für den nächsten Tag ausdenken. Ihre Stellung dürften sie erst nach Einbruch der Dunkelheit verlassen. Fragendes Entsetzen malte sich auf fast allen Gesichtern aus. Franz war auch klar warum. Von Morgens fünf bis abends um elf mehr oder weniger regungslos an einen Ort gefesselt, brachte zwangsläufig eine Anzahl logistischer Probleme von größter persönlicher Tragweite: Essen, Trinken, Pinkeln, Kacken - wann, wie und wohin ? Franz als Profi hatte seine Stellung denn auch so gewählt und vorbereitet, daß er diesen Dingen immer soweit möglich Rechnung trug.. Seinen unerfahrenen Kameraden standen dagegen dramatische Erfahrungen bevor. Schnell befestigten sie eine leichte Tarnung aus Gras und frischen Zweigen an ihren Helmen und bezogen gefechtsmäßig ihre Positionen.

Ein drückend heißer Tag stieg herauf. In flirrendem Sonnenlicht dehnte sich der Übungsplatz weit. Gegen Mittag lief den Eleven bereits der Schweiß in Strömen, die Glieder fingen an zu schmerzen, diverse körperliche Bedürfnisse drängten zunehmend energischer nach Befriedigung. In den ersten Stunden beobachtete Franz das Vorfeld und hielt wichtige Dinge fest. Dabei gelang es ihm auch die Positionen der Ausbilder auszumachen. Damit waren für ihn alle entscheidenden Dinge des Tages erledigt. Er hatte seine Stellung wie üblich so hergerichtet, daß er von der Bodenoberfläche verschwinden konnte. Dies gab nicht nur einen besseren Schutz vor den Splittern feindlicher Granaten, sondern erlaubte ihm auch, lange Wartezeiten relativ angenehm zu überstehen. Zum Pinkeln hatte er sich an passender Stelle ein zusätzliches Loch gegraben, in das er mit einer leichten Drehung auf die Seite hineinmachen konnte. Als erfahrener Frontsoldat sah er immer zu, daß er Wasser und etwas zu essen dabei hatte und sei es nur ein Kanten Kommißbrot oder Schiffszwieback. Was die Notdurft anging hatte er sich schon längst so trainiert, daß er seinen Tag wenn eben möglich nicht begann, ohne sein großes Geschäft gemacht zu haben. So ließ er sich also in die schützende Tiefe seiner Stellung zurückgleiten und verbrachte den Tag dösend, träumend und kauend. Nach Anbruch der Dunkelheit kam der erlösende Befehl zum Rückzug und man sammelte sich zum Rückmarsch in die Unterkünfte. Viele seiner unerfahrenen Kameraden schleppten sich völlig erschöpft und verspannt voran. Alle hatten einen großen Pißflecken in der Hose und etliche staksten breitbeinig und mit vor Ekel verzerrtem Gesicht daher, eine Wolke leichten Verwesungsgeruches hinter sich herziehend. Sie hatten in ihrer Not in die Hosen geschissen. Einer ihrer Ausbilder konnte sich ob dieses Anblicks auch den süffisanten Kommentar nicht verkneifen.

„Jungs, ich hab einen brandheißen Tip: morgens immer als erstes abprotzen. Wer ungeschissen aus dem Hause geht ist selber schuld." „Noch so einen Kalten und ich wälz mich mit dem Heimchen am Boden," zischelte Franz Nachbar. „Das haben die Ärsche doch absichtlich mit uns gemacht."

Am nächsten Tag wurden die Stellungen jedes Einzelnen besichtigt und auf ihre Tauglichkeit hin bewertet. Dabei wurde Franz gebeten, die seine im Für und Wider zu erklären. Bereitwillig gab er die Ratschläge aus dem reichen Fundus seiner Erfahrungen an die Kameraden weiter, die ihm mit Erstaunen und großem Interesse zuhörten.

Die Quintessenz dieser Übung waren die drei großen ‚**W**':

- **Wie** komme ich unerkannt in die Stellung hinein ?

- **Wie** komme ich unerkannt aus der Stellung heraus ?

- **Wie** erreiche ich schnell und unerkannt meine Wechselstellung ?

Die Tage des Lehrganges flogen dahin und Vielen wurde langsam mulmig bei dem Gedanken an den immer näher rückenden Ernstfall. Einen Vorgeschmack erhielten sie an einem Ausbildungstag zur Munitionskunde.

Scharfschützen bewegten sich oft vor den eigenen Linien. Bei Lokalisierung durch den Gegner wurden sie bevorzugt unter gezieltes Feuer durch schwere Infanteriewaffen genommen. Dabei war es von Vorteil, diese Waffen am Abschußgeräusch zu erkennen, um das richtige Defensivverhalten vorzubereiten. Bei Beschuß durch einen Werfer war es zum Beispiel nur eine Frage der Zeit, bis der Gegner sich eingeschossen, oder das Gelände so abgestreut hatte, daß schließlich ein Treffer saß. Hier war es notwendig, die Stellung möglichst schnell zu verlassen. Ohne die Möglichkeit gedeckten Rückzuges bedeutete dies beherzt aufzuspringen und wilde Haken schlagend zu den eigenen Linien zurückzurennen. Unter Scharfschützen hatte dies die Bezeichnung ‚Hasensprung', wie schon einmal geschildert. Es erforderte ein Höchstmaß an Selbstüberwindung, war aber die einzige Möglichkeit in einer solchen Situation zu überleben. Der Hasensprung wurde darum im Lehrgang immer wieder geübt. Doch in der Wirklichkeit des Krieges kamen dennoch viele Scharfschützen zu Tode, weil sie von panischer Angst gelähmt in ihren Löchern liegen blieben.

Während ihnen der Werfer im scharfen Schuß vorgeführt wurde, blieb zur akustischen Demonstration einer der gefürchtetsten russischen Waffen nur die Schallplatte. Von den Frontsoldaten „liebevoll" als 'Stalin-Orgel' bezeichnet, verbarg sich hinter diesem Begriff ein LKW-gestützter Mehrfachraketenwerfer, der in einem einzigen Feuerschlag fast die Fläche eines Fußballfeldes in einen brodelnden Hexenkessel aus sirrenden Splittern und aufgewühltem Erdreich verwandelte. Das rythmisch jaulende Abschußgeräusch, das dem voll aufgedrehten Lautsprecher entstieg, jagte allen einen Schauer den Rücken herunter. In Franz stieg schlagartig die Erinnerung an Erlebtes auf, er hatte dabei förmlich den Geschmack von Pulverdampf, Verwundung und Tod auf der Zunge. Auf die Frage seiner Kameraden nach möglichem Schutz hatte er nur eine knappe Antwort, wobei sich ein Schatten über sein Gesicht legte, der ihn zehn Jahre älter erscheinen ließ. „Hier hilft nur noch ein möglichst tiefes Loch, dann die Arschbacken zusammenkneifen und beten."

Den Abschluß bildete die Vorstellung einer in der infanteristischen Verwendung neuen Munition, die sogenannte B-Patrone. Ursprünglich hatte man sie zum Einschießen der Bord-Maschinengewehre in Jagdflugzeugen entwickelt. Das ‚B' stand in diesem Fall für ‚Beobachtungs'-Patrone. Die Geschosse explodierten beim Aufschlag und zeigten so die Lage der Garbe an. Die MGs konnten durch dieses optische Hilfsmittel relativ schnell justiert werden. Die Munition war allerdings sehr aufwendig und teuer in der Herstellung und damit lange Zeit ausschließlich ihrer ursprünglichen Verwendung vorbehalten. Die Russen hatten dagegen diese Art von Munition schon von Beginn des Feldzu-

Die B-Patrone mit Explosivgeschoß im Funkionsschnitt. Deutlich sichtbar der Zündstift und die Sprengladung im Geschoß.

ges an auch infanteristisch eingesetzt. Die brutale Trefferwirkung dieser Geschosse war unter den Landsern außerordentlich gefürchtet. Zumal gerade die russischen Scharfschützen sie gerne benutzten. Franz kannte diese Patronen bereits und hatte sich die Wirkung dieser Munition auch immer wieder in seinem russischen Zielfernrohrgewehr zunutze gemacht. Insofern empfand er es als angemessen, daß diese Munition jetzt auch auf deutscher Seite den Scharfschützen für den Karabiner 98 mit Zielfernrohr zur Verfügung stand. Nach der Genfer Konvention war Explosivmunition für Handfeuerwaffen zwar verboten, doch war der Krieg an der Ostfront schon soweit abgeglitten, daß der Zweck mittlerweile fast alle Mittel heiligte. Bei einer Schußdemonstration wurden mit diesen Patronen Bäume von fünf Zentimetern Stammdurchmesser mühelos mit einem Schuß gefällt.

Ab der vierten Lehrgangswoche wurde die Ausbildung noch praxisnäher. Neben die täglichen Grundübungen auf der Schießbahn und im Zielgarten kam jetzt die praktische Umsetzung des Gelernten auf ständig wechselnden Parcours, die die zukünftigen Scharfschützen durchlaufen mußten. Hier wurden möglichst realistische Einsatzszenarien nachgestellt. Dazu gehörte es auch, daß sie sich unentdeckt zwischen den Gefechtsübungen anderer Einheiten auf dem Übungsgelände bewegen mußten, oder sich gegenseitig als Scharfschützen jagden. Schließlich wurde auch das Schießtraining in die Parcours integriert. Sie mußten die zum Teil versteckten Ziele nicht nur finden, sondern sie auch im scharfen Schuß bekämpfen. Dazu gehörten auch begrenzte Reaktionzeiten für das Lokalisieren und Bekämpfen der Pappkameraden. Gelang es nicht, bekamen sie Punktabzüge von den begleitenden Ausbildern, aber nicht ohne den drastischen Hinweis auf den konsequenterweise eigenen Tod unter richtigen Frontbedingungen. Insbesondere Franz unerfahrene Kameraden erhielten so einen deutlichen Eindruck von den kommenden Gefahren für Leib und Leben. Zu Beginn dieser täglichen Durchgänge starben sie denn auch theoretisch wie die Fliegen. Auch Franz blieb nicht fehlerfrei. Doch dies lag am vorgegebenen Zwang strikt offensiven Vorgehens im offiziellen taktischen Konzept des Scharfschützeneinsatzes. Denn er hätte manche Situation unter Realitätsbedingungen einfach durch Zurückhaltung gelöst, die ihm sein Gespür für Gefahr und unübersichtliche Verhältnisse immer wieder empfahl. Denn ein guter Scharfschütze mußte auch wissen, wann er zu verschwinden hatte. Doch ein individueller Abbruch der einzelnen Übungen war in der Ausbildungskonzeption nicht gestattet.

Ein deutlicher Hinweis auf die zunehmende Rücksichtslosigkeit im Einsatz der als letztes noch verbliebenen menschlichen Ressourcen, nachdem die materielle

Scharfschützen - Ausb. - Kp.   Seetaler - Alpe
WK. XVIII

Lehrgangs - Bescheinigung

Obergefreiter   Franz Karner
....
(Dienstgrad)   (Vor- u. Zuname)

hat am

a) Schießlehrer - Lehrgang   vom................bis....................
b) Scharfschützenlehrgang   vom...5.6.44...bis...2.7.44...........

teilgenommen. Er hat den Lehrgang als

a) Schießlehrer   :   nicht geeignet
                     :   bedingt geeignet
                     :   geeignet

b) Scharfschütze   :   nicht geeignet
                     : X geeignet

abgeschlossen.

Scharfschtz.-Ausb.-Kp. WK XVIII,

den...3.7.44........................

Beuer
_____
(Hauptmann und Lehrgangsleiter)

Ausstattung immer katastrophaler wurde.

Die Wochen des Lehrganges waren dahingeflogen und schlossen an einem Samstagabend mit einer Feier ab. Dem Spieß der Ausbildungskompanie gelang es immer wieder zu diesen Anlässen ein Fäßchen Bier oder ein paar Flaschen Schnaps und etwas außer der Reihe zu essen aufzutreiben. Diesmal hatte er Schweinebauch und Bier aufgetrieben, so daß sie bei auch noch angenehmem Sommerwetter einen Grillabend organisierten. Tische und Stühle aus ihren Stuben trugen sie vor die Baracken. Aus einem gründlich abgeseiften Abtrittsrost, Draht und einem Dreibein aus Fichtenstämmchen war eine zünftige Grillstation entstanden, unter der bald ein kräftiges Feuerchen glühte und dafür sorgte, daß der würzige Duft eines Festschmauses in die Nasen der Jäger stach. Doch bevor der gemütliche Teil des Abends begann, ließ der Spieß die Teilnehmer antreten. Nebem ihm, auf einem Tisch lagen sechsundfünfzig Zielfernrohrgewehre und ein Häufchen Soldbücher. Einzeln wurden die Aspiranten aufgerufen. Zuerst die vier, die den Lehrgang nicht bestanden hatten und jetzt als normale Jäger zu ihren zukünftigen Einheiten gingen. Dann folgten in der Reihenfolge ihrer erreichten Ergebnisse die zukünftigen Scharfschützen. Mit feierlichem Händedruck übergab der Spieß ihnen das Zielfernrohrgewehr, das sie schon während des Lehrganges geführt hatten zur weiteren, ausschließlich persönlichen Verwendung, ihren Wehrpaß, mit der auf den Inhaber eingetragenen Gewehrnummer und der Kennung ,ZF-Gewehr', der erfolgreichen Lehrgangsbestätigung und zur Erinnerung ein von der Schreibstube gestaltetes und hektographiertes Schmuck-Blatt mit den zehn Geboten des Scharfschützen.

Wie nicht anders zu erwarten, gehörte Franz zu den drei Lehrgangsbesten, die als letzte aufgerufen wurden. Während die markigen Worte des Spießes an ihm abperlten, freute er sich ehrlich über die Munitionskiste voll Fressalien, die man jedem der drei als Anerkennung überreichte. So würde er nicht mit leeren Händen bei seiner Familie ankommen.

Mit der Aushändigung ihrer Gewehre waren sie jetzt offiziell zu Scharfschützen geworden. Doch während die unerfahrenen Soldaten sich mit stolzgeschwollener Brust über ihren neuen Status als Elitekämpfer freuten, blickten die alten Frontschweine wie Franz voll Sorge und Angst in die Zukunft. Doch nicht zuviele Gedanken gemacht, das Leben des Landsers gehörte dem Augenblick und im Augenblick gab es zu Fressen und zu Saufen, also ran an den Speck und zugeschlagen, denn das Schicksal eines jeden trieb unkalkulierbar durch den Tag, von denen schon der nächste der letzte sein konnte.

Während die Mehrzahl der Lehrgangsteilnehmer am Sonntagnachmittag schon in den unablässig an die Ostfront rollenden Nachschubzügen saßen, war Franz mit einem LKW nach Mittenwald gefahren und von dort in sein Heimatdorf gelaufen. Er hatte sein Kommen brieflich angekündigt und seine Eltern und Schwestern erwarteten ihn schon sehnsüchtig. Als er endlich an die Tür klopfte, war für viele Wort gar kein Platz mehr. In stummer Ergriffenheit lagen sich Eltern und Sohn in den Armen während die Schwestern unsicher dabeistanden. Die Situation entspannte sich als Franz sich ihnen zuwandte: „Mädels guckt mal was ich mitgebracht habe." Dabei nahm er sein Zielfernrohrgewehr von der Schulter und lehnte es vorsichtig an die Wand, der Rucksack folgte. Hastig geöffnet brachte er die mitgebrachten Köstlichkeiten zum Vorschein. Die Fliegerschokolade in roten Blechdosen fand sofort reißenden Absatz unter seinen Schwestern.

Deutscher Scharfschütze

präge Dir diese 10 Gebote ein:

1.

Kämpfe fanatisch! Du bist ein Menschenjäger!

2.

Schieße ruhig und überlegt, nicht Geschwindigkeit, der Treffer zählt!

3.

Der gefährlichste Gegner ist der feindliche Scharfschütze!
Rechne immer mit ihm und versuche ihn zu überlisten!

4.

Gib immer nur einen Schuß aus einer Stellung ab!

5.

Der Spaten verlängert Dein Leben, Schanzen spart Blut!

6.

Über Dich stets im Entfernungsschätzen!

7.

Sei Meister im Tarnen und in der Geländeausnutzung!

8.

Erhalte durch ständiges Üben auch außerhalb des Kampfes Deine Schießfertigkeit!

9.

Gib Dein Zielfernrohrgewehr nie aus der Hand und pflege es sorgfältig!
Eine perfekt funktionierende Waffe ist Deine Stärke und Sicherheit!

10.

Nach einer Verwundung führt Dein Weg zurück zur Front immer über einen
Scharfschützenlehrgang, zur Auffrischung Deiner Fertigkeiten!

Dein Ziel soll das Scharfschützenabzeichen sein, den Besten wird es verliehen.

Scharffchüßen-Ausb.-Kp., WK. XVIII

Anerkennung

für

Obergefreiter Franz Karner

welcher im Scharffchüßenlehrgang als

2. **Sieger**

im Schiessen mit Armee-Zf-Gewehr

hervorgegangen ist.

I.V.

Leutnant.

12.Kapitel

Für seine Familie war Franz in den zurückliegenden Monaten unter dem Eindruck der allgegenwärtigen Kriegs-Propaganda im Abenteuerurlaub gewesen. „Erzähl doch, wie ist es im Krieg ?", ließen sie ihrer Neugier freien Lauf. „Junge, du siehst aber schlecht aus, gibt es beim Militär nicht genug zu essen ?" entfuhr es dagegen seiner Mutter. „Laßt den Jungen doch erstmal zur Besinnung kommen" beendete der Vater die einstürmenden Fragen und drückte ihn auf die Bank hinter den Küchentisch. „Nimm erst mal einen Schnaps und dann gibt es was zu essen." Es zeigte sich, daß die Familie durch den väterlichen Handwerksbetrieb ausreichend mit Nahrungsmittel versorgt war, die man von den Bauern gegen Tischlerarbeit tauschte. Bald legte sich die Unruhe des Wiedersehens, aber die fragenden Blicke blieben. Doch was sollte er ihnen erzählen? Ihm fehlten die Worte für eine Schilderung des Erlebten. Sie würden auch garnicht verstehen, was da draußen vor sich ging. Er konnte das Grauen nicht in diese Welt der noch friedlichen Unbedarftheit tragen. An einem leichten Nicken seines Vaters fand er die Zustimmung, als er begann einige Anekdoten aus dem Soldatenalltag zu erzählen. Gebannt hingen seine Geschwister und die Mutter an seinen Worten, und er hörte sich den Krieg wie ein Abenteuer schildern, aufregend, strapaziös und ein bißchen gefährlich, eben so, wie junge Männer sich das Leben wünschen.

Später, in seinem vertrauten Bett würgte ihn der Wiederspruch von Lüge und Wahrheit, von Frieden und Krieg. Die Ungewißheit der Zukunft zerrte jetzt an seinen Nerven und es dauerte Stunden, bis er endlich in einen unruhigen, kurzen Schlaf fiel. Zerschlagen wachte er am nächsten Morgen auf, den Kopf noch immer voller sich widerstreitender Gedanken. So suchte er Ablenkung, indem er seinem Vater in der Werkstatt half. Im vertrauten Handwerk, konzentriert auf Werkstück und Material fand er schließlich die notwendige Ruhe. Sein Vater fragte nicht nach seinem Schweigen, denn er wußte um die inneren Qualen seines Sohnes. Ihm war es fast wie gestern, wenn er daran dachte, daß vor gut fünfundzwanzig Jahren auch er als Gebirgsjäger aus der Hölle der Alpenfront für wenige Tage Urlaub nach Hause kam. Jubelnd waren sie damals in den Krieg gezogen. Von der erbarmungslosen Wirklichkeit unmittelbar mit brutaler Faust geschlagen. Ernüchtert und für

Der Krieg hatte die Heimat noch nicht erreicht. Vater und Sohn vor ihrer Werkstatt.

ein Leben gezeichnet, war er Jahre später zurückgekommen. Gut konnte er sich an seine widerstreitenden Gefühle erinnern, vom Frieden zuhause zurück in das Grauen des Gebirgskrieges an der Italienfront zu müssen. Die Ahnungslosigkeit der Daheimgebliebenen zu spüren und keine Worte zu finden über das Erlebte zu sprechen.

Stumm und konzentriert arbeiteten Vater und Sohn nebeneinander in der Werkstatt. Die Handgriffe saßen und ergänzten sich in verblüffender Harmonie. Ein Einverständnis ohne Worte lag zwischen ihnen. Beide wußten um die Sprachlosigkeit, die das bereits Erlebte hinterließ und das Unvermögen, die latente Angst vor dem Kommenden zu fassen. Die Unabwendbarkeit des Schicksals lastete schwer auf der Zeit und jedem Einzelnen. Doch besonders für den Frontsoldaten hatte sich das Leben auf den Blickwinkel des Augenblicks reduziert. Er lebte nur im Jetzt, denn jeder Einsatz konnte der letzte sein. Schon eine Stunde später erwar-

tete ihn womöglich die Unendlichkeit. Zwanghaft bestimmte dies den Lebens-
rhythmus.

Die Arbeit neigte sich dem Ende zu, als sein Vater die Stille unterbrach. Er
sah Franz mit einer eigenartigen Melancholie tief in die Augen: „Sieh Dich vor
Junge und komm gesund zurück, Du wirst hier noch gebraucht."

Die Tage vergingen wie im Fluge und Franz verbrachte sie ausschließlich im
Kreise seiner Familie. Denn das Dorf war ihm fremd geworden. Seine Freunde
und Schulkameraden waren alle im Kriege, viele schon gefallen. Voller Ungewißheit und Sorgen blickten die Familien in die Zukunft. Die gesteuerte Tagespresse
verbreitete zwar unverdrossen Siegesgewißheit, doch inzwischen konnten alle auch
zwischen den Zeilen lesen. Wenn von ‚...elastischer Kriegführung an allen Fronten...' gesprochen wurde war klar, daß es um Rückzug ging. Inzwischen waren die

Die trügerische Gegenwirklichkeit des Krieges. Vater und Sohn in ihrer Tischlerwerkstatt.

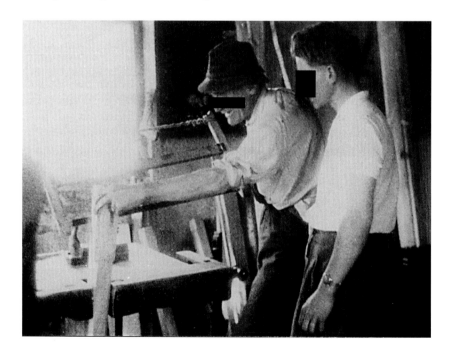

Westalliierten in Frankreich gelandet und hatten eine zweite Front gebildet, die zunehmend soviele Kräfte band, daß dem existentiell ringenden Ostheer kaum mehr Nachschub zukam. Parallel zum Angriff in Frankreich verstärkten die Amerikaner und Engländer ihren Druck auf die Südfront in Italien und die Russen starteten eine massive Offensive gegen die deutsche Heeresgruppe Mitte. Innerhalb von vier Wochen entstand an allen Fronten ein Druck, dem die Wehrmacht nicht mehr standhalten konnte. Die vollständige Niederlage näherte sich mit einem immer stärker werdenden Sog, dem sich nicht mehr zu entziehen war. Der Versuch einiger hoher Wehrmachtsführer unter Oberst Graf Stauffenberg den drohenden Untergang durch Tyrannenmord und einen Separatfrieden zu mildern schlug fehl. Hitler überlebte, das deutsche Schicksal sollte sich damit bedingungslos erfüllen.

In den ersten Augusttagen fuhr Franz mitten hinein in die lodernde Ungewißheit. Mit versteinerten Gesichtszügen hatte ihm sein Vater zum Abschied die Hand gedrückt. In kurzer Umarmung spürte er ein Zittern der Ergriffenheit, Mutter und Schwestern waren in Tränen aufgelöst und unfähig Worte der Hoffnung zu finden. Alle fühlten sich dem Schicksal hilflos ausgeliefert.

Der Front in Rumänien entgegenrollend stieg trotzdem eine unerklärliche Erleichterung in ihm auf, wieder nach den archaischen Regeln des Krieges zu leben und zu handeln. Während seines Urlaubes hatte Franz einen eigenwilligen Widerspruch in sich gespürt. Ihn umgab Frieden, der doch keiner war. Das Leben in der Heimat war geprägt von einer Angst der Ungewißheit, und der Repression. Man sah sich verurteilt zu lähmendem Ertragen, ein sich Entziehen schien unmöglich. Im Kampf dagegen konnte sich die Untätigkeit und Unwägbarkeit des Schicksals in Aktivität lösen. Hier wußte er was zu tun war, er kannte sich aus und beherrschte sein Soldatenhandwerk. Die Bereitschaft wurde ihm zur Gewißheit, mit seiner Truppe, die ihm Heimat und Familie geworden war, den Weg, wenn nötig bis zum bitteren Ende zu gehen.

Ohne nennenswerte Zwischenfälle verlief die Rückkehr zu seiner Truppe in Rumänien. Ihm fiel aber deutlich auf, daß die deutsche Truppe von einer eigenartigen Unruhe und Besorgnis getrieben wurde, den drohenden Vorboten einer schließlich zum Flächenbrand lodernden Demoralisierung.

Von der letzten Bahnstation wurden Franz und sieben neue Kameraden von einem Opel Blitz der Btl.-Führung mitgenommen, der Fernmeldematerial abholte. Franz kannte den Fahrer, einen altgedienten Oberstabsgefreiten, der dafür bekannt war, die Flöhe husten zu hören. Je näher Franz der kämpfenden Truppe gekommen war, umso stärker spürte er die Unruhe. Außer wilden Latrinengerüchten hatte er aber nichts Konkretes erfahren. Alois, der Fahrer des LKW war dagegen umfassend im Bilde. „Franz, ich sage Dir, da braut sich was zusammen. Als ich den Alten neulich vom Regiment abgeholt habe, hörte ich die Lamettahengste (Landserausdruck für Offiziere) über eine Nachricht der Feindaufklärung reden. Die kündigten eine bevorstehende Großoffensive des Iwans an und sprachen von einem möglichen Einknicken unserer lieben rumänischen Verbündeten, wie der ungarische Geheimdienst munkelte. Bei der Heeresgruppe Mitte ist die Kacke schon mächtig am dampfen und unsere 6. Armee, die die Nahtlinie bildet, ist schon voll drin im Schlamassel. Sie steht unmittelbar vor der Einkesselung. Ich sage Dir, in den nächsten Tagen geht hier die Post ab. Die reißen uns den Arsch auf, da bleibt kein Auge trocken. Hier Alter, das Leben läßt sich ohnehin nur noch im Suff ertragen." Mit diesen Worten zog er eine Flsche Obstler unter dem Sitz hervor. „Ist das ein leckeres Stöffchen!" schnalzte er mit der Zunge. „Hab ich dem Arsch von Regimentszahlmeister geklaut. Dem Sesselfurzer hat seine Olle ein Paket geschickt. Es hatte leider einen kleinen Transportschaden. Er wird's aber verschmerzen, es waren zwei davon drin." Franz nahm bereitwillig einen großen Schluck und ließ den köstlichen, hochprozentigen Hausbrand mit Wohlbehagen die Kehle runterlaufen.

Auf der weiteren Fahrt plätscherte das Gespräch so vor sich hin, mit gelegentlichem Griff zur Flasche. Alois sprach von den zurückliegenden ruhigen Wochen bei gutem Sommerwetter, erzählte von netten Episoden mit einer benachbarten rumänischen Grenzjägereinheit, von Personal- und Materialnachschub, der das Regiment wieder fast auf volle Kampfstärke brachte. Als sie schließlich den Btl.-Gefechtsstand erreichten, fragte er Franz, ob er am Abend nicht Lust hätte, mit zu den Rumänen rüberzugehen. Sie hätten einen guten Schwarzgebrannten von den ansässigen Bauern. „Manchmal sind auch gute Weiber da. Mit 'nem bißchen Geschick, Charme und 'nem Kommißbrot kannste dann einen wegstecken." „Ich muß erst mal sehen, wie's bei meinem Haufen ist. Ich komm vorbei, sobald ich kann," verabschiedete sich Franz. Er meldete sich anschließend pflichtgemäß beim Spieß der Btl. Stabs-Kp. zurück. Mit ehrlicher Freude begrüßte ihn dabei sein Btl.-Kommandeur Klos. „Du kommst genau zur richtigen Zeit. Wir können jeden guten Mann gebrauchen." Und mit einem Augenzwinkern: „Außerdem bist Du durch den harten Lehrgang ja jetzt ein toller Scharfschütze geworden ! Im übrigen liegt da ein dickes Ding in der Luft. Der Iwan wird uns in den nächsten Tagen das Hinterteil bis zur Halskrause aufreißen." Alois der alte Fuchs hatte also wieder Recht gehabt, schoß es Franz durch den Kopf. „Bei den Rumänen ist auch was im Busch. Ich fürchte, die streichen die Segel," fuhr der Kommandeur fort. „Beim Regimentsstab lag ein Schreiben der Abteilung ‚Fremde Heere Ost', daß sich nach ungarischen Erkenntnissen auf höchster Ebene eine rumänische Widerstandsgruppe formiert, die sich mit den Russen arrangieren will. Unsere Führung schenkt diesen Hinweisen allerdings keine Aufmerksamkeit. Ich bin aber schwer skeptisch und glaube, da ist was dran. Tu mir also einen Gefallen und halt Dich erstmal von den Rumänen fern. Ach, und noch was," dabei griff er in einen Stapel Papiere und fingerte eine Urkunde und ein braunes Packpapiertütchen hervor. „Es gibt wieder ein bißchen Lametta für die stolz geschwollene Heldenbrust. Ich darf Dir zum Infanteriesturmabzeichen gratulieren." Mit einem Händedruck übergab er ihm das Schriftstück und den dazugehörigen Orden. Franz freundschaftlich auf die Schulter klopfend wandte er sich wieder seinem Kartentisch zu. „Verschaff Dir jetzt erst mal einen Überblick. Wir sprechen uns dann morgen."

Franz brachte sein sparsames Gepäck zu den Meldern, bei denen er ja untergebracht war und strich dann durch die Stellungen auf der Suche nach bekannten Gesichtern. Erschreckender Weise traf er aber kaum welche. Erst durch den Abstand der zurückliegenden Wochen klärte sich sein Blick für die dramatische Zuspitzung der Lage. Ihm kam das Lied von Lilly Marleen in den Sinn: ‚Sag mir wo die Männer sind, über Gräbern weht der Wind.' Die wenigen alten Hasen, die die zurückliegenden Kämpfe mit ihm überstanden hatten, wirkten geradezu anachronistisch unter der Vielzahl der Neuzugänge. In den zumeist jugendlichen und oft noch kindlichen Gesichtern meinte Franz oft schon den Schatten des nahen Todes zu sehen. Ihm wurde deutlich bewußt, daß nach dem nächsten Angriff wohl wieder die Hälfte seiner neuen Kameraden fehlen würde. Traf er einen der alten Landser war es weniger ein freudiges Wiedersehen, denn ein Gefühl der Verläßlichkeit, das beide erfüllte. Denn sie wußten, was sie aneinander hatten, ein Vertrauen in den Anderen, das im Kampf von unschätzbarem Wert war. All die Neuen mußten diesen schweren Beweis erst noch erbringen.

Zum Ende seines Rundganges besuchte er den Btl.-Waffenmeister. Seine erste Frage galt natürlich dem jungen Scharfschützen, dem er sein russisches Zielfernrohrgewehr übergeben hatte. „Den Jungen hat's böse erwischt," berichtete der gestandene Oberfeldwebel mit sichtlich bewegtem Gesichtsausdruck. „Es war zwar ziemlich ruhig hier in den letzten Wochen, aber ein paar Spähtrupps waren doch immer unterwegs. Du weist schon, Aufklärung, Gefangene zum Verhör machen, mal ein bißchen Budenzauber beim bösen Feind, damit er er merkt, daß er uns noch nicht im Sack hat. Der Kamerad hat sich wohl zu früh zu viel zugetraut. Er ist jedenfalls schon nach ein paar Tagen alleine raus zur Jagd und Aufklärung. Wir wissen nicht genau, was passiert ist. Jedenfalls ist er abends weg und nicht mehr zurückgekommen. Vier Tage später hat einer unserer Spähtrupps ihn gefunden, von der Hitze aufgedunsen wie ein Ballon. Er muß einem russischen Spähtrupp in die Hände gefallen sein. Der Doofmann hat augenscheinlich versäumt beizeiten seine Knarre verschwinden zu lassen. Kannst Dir ja vorstellen, was der Iwan mit einem deutschen Scharfschützen macht, der auch noch ein russisches Zielfernrohrgewehr dabei hat und dann auch noch mit Deinen ganzen Abschußkerben auf dem Kolben. Jedenfalls haben sie sich ihn so richtig vorgenommen und den armen Kerl übel gefoltert. Er war grün und blau gehauen, mit Messerschnitten übersät. Schließlich haben sie ihm die Eier abgeschnitten und in den Mund gestopft. Das Schlimmste aber war, daß sie ihm sein Gewehr mit dem Lauf voran in den Arsch gerammt haben. Er hatte es bis zum Visiersockel drinstecken. Sein Sterben muß die Hölle gewesen sein. Die Kameraden, die ihn im Niemandsland gefunden haben, haben ihn direkt beerdigt. Sie waren bei ihrer Rückkehr völlig durch den Wind und hätten am liebsten sofort einen Rachefeldzug gestartet. Franz, ich sage Dir, die ganze Scheiße wächst uns über den Kopf. Ich mag mir nicht vorstellen, was passiert, wenn der Iwan erstmal das Reichsgebiet erreicht. Das wir in diesem Krieg verschissen haben, ist ja wohl mittlerweile klar. Wir kämpfen doch nur noch ums Überleben", - dabei Franz die Hand auf die Schulter legend und ihm ernst ins Auge blickend, - „aber das jawohl so, wie es sich für einen Gebirgsjäger gehört, bis letzten Patrone und wenn nötig mit dem Spaten in der Hand."

Der Tod war Alltag und so erschütterte Franz diese Episode, abgesehen von der Mißhandlung, nicht besonders. Aber diese gab ihm doch sehr zu denken. Er schwor sich zukünftig keine Abschußkerben mehr in den Schaft zu schneiden und alles und vor allen Dingen rechtzeitig zu tun, um sein Scharfschützentum bei einer Gefangenschaft zu verbergen.

Der Druck aus dem Norden auf die Karpatenfront wurde immer stärker. So gut es ging, versuchte die Führung der 3. G.D. ihren völlig überdehnten Frontabschnitt zu sichern. Die rumänischen Verbündeten waren in diese Bemühungen fest eingebunden. Wenige Tage nach Franz Rückkehr begannen erste systematische Störangriffe der Russen, die sich Mitte August stetig in ihrer Intensität steigerten. Am 19.8.44 schwoll das russische Artilleriefeuer beim Nachbarregiment G.J.R. 138 zur Feuerwalze an, dem ein geballter Stoßangriff folgte. Die in diesen Abschnitt eingebundenen rumänischen Verbände wurden faktisch ohne Gegenwehr überrollt und das Reg. 138 dadurch in die Zange genommen. Es gelang ihm erfolgreich zu igeln und sich zu behaupten. Eilig und nicht ohne ein erhebliches strategisches Risiko wurden die wenigen Reserven der Division ins Gefecht geworfen. Nach vier Tagen heftigster Gefechte gelang es tatsächlich, den Riegel um das Reg. 138 zu knacken und die Frontlinie wieder zu stabilisieren. Das II Btl./ 144, Franz Truppe, blieb bei diesen Kampfhandlungen glücklicherweise bis auf einige Scharmützel mit russischen Spähtrupps unbehelligt. Franz war jetzt fast jede Nacht zur Aufklärung vor den eigenen Linien unterwegs. Dabei beobachtete er öfters kleine feindliche Trupps, die in den rumänischen Nachbarabschnitten verschwanden. Merkwürdigerweise kam es aber nie zu Kampfgeräuschen. Nachdem ihm seine Vermutung zur Gewißheit einer offensichtlichen Konspiration geworden war, berichtete er am dritten Tag dieser Beobachtung schließlich dem Btl.-Kdr. von diesen Vorkommnissen. „Scheiße", entfuhr es diesem, „ist also doch was dran an den Vermutungen. Franz es geht los, Du wirst sehen, die Rumänen fallen uns in den Rücken."

In einer unverständlichen Fehleinschätzung und einem aus Berlin verordneten Optimismus negierte das deutsche Oberkommando die realistische Gefahr eines Abfalles ihrer rumänischen Verbündeten, im Gegensatz zu den Truppen vor Ort. Ihnen wurde die Lage im Sommer 1944 zunehmend suspekt, denn eine Vielzahl kleiner Zeichen deutete auf einen Gesinnungswandel der Rumänen hin. Deutschfreundliche Kommandeure wurden durch deutschfeindliche ersetzt und der Informationsfluß zu den deutschen Verbindungsstellen wurde deutlich geringer und auch widersprüchlich. Die rumänischen Soldaten waren zudem durch einen steten, äußerst verlustreichen Einsatz an der Ostfront, bei unzureichender Bewaffnung, Ausrüstung und Versorgung völlig ausgebrannt und kriegsmüde, mehr noch als ihre deutschen Verbündeten. Den russischen Angriff auf ihre Heimat erwarteten sie im Gefühl der militärischen Ohnmacht. Als die russische Offensive gegen die Heeresgruppe Südukraine mit dem Ziel der Einkesselung der 6. Armee begann, waren zwei rumänische Armeen, die die Südflanke verteidigen sollten innerhalb von vierundzwanzig Stunden zerschlagen und auf dem ungeordneten Rückzug. Seit der Katastrophe von Stalingrad stand neben der Opposition auch der rumänische König mit den Sowjets in Geheimverhandlungen über einen separaten Waffenstillstand. Sein Abschluß scheiterte aber bislang an den drastischen Kapitulationsbedingungen der Russen. Doch seit Juni 1944 näherten sich die Parteien durch starkes Engagement der rumänischen Kommunisten deutlich an. Es wurde ein konkretes Szenarion für den Bruch mit Deutschland, begleitend zur geplanten russischen Großoffensive gegen die Heeresgruppe Süd erarbeitet. In realistischer Einschätzung der Ausweglosigkeit der Lage, im Angesicht des bevorstehenden Angriffes auf die Landesgrenzen, willigte der rumänische König am 23.8.44 in den Waffenstillstand und einen Bündniswechsel ein. Noch am selben Abend erging an die Armee der Befehl, den Kampf gegen die Rote Armee sofort einzustellen, die deutschen Truppen festzusetzen und an weiteren Kampfhandlungen zu hindern. Die Umsetzung der Anweisungen fand unmittelbar statt, ermöglicht durch die vorangegangenen heimlichen personellen und organisatorischen Vorbereitungen. Der deutsche Gesandte und das Oberkommando in Rumänien wurden informiert, daß die Wehrmacht, im Gegensatz zum rumänisch-russischen Vertrag bei sofortigem und vollständigem Abzug freies Geleit unter Mitnahme von Waffen und Gerät erhalte. Hitler lehnte ein Arrangement rundherum ab und befahl den Kriegszustand mit Rumänien, eine weitere, fatale Fehlentscheidung neben der versagten, dringend gebotenen Frontverkürzung im Bereich der 6. Armee. Denn innerhalb Stunden entwickelte sich nun für die Wehrmachtsverbände vor Ort ein Zweifrontenkrieg, der außerordentliche Verluste an Menschen und Material brachte, die

Noch waren die Rumänen Verbündete. Doch schon wenige Tage später fand in diesem Lager Alois sein gräßliches Ende.

nicht mehr zu kompensieren waren und zu einer völligen strategischen Zerrüttung führten. Bis zum 30.8.44 war die gesamte Heeresgruppe Südukraine aufgerieben, für das deutsche Ostheer im materiellen und personellen Verlust ein dreifaches Stalingrad. Während die oberste Führung in Berlin die Ereignisse durch das Pieken und Entfernen von Fähnchen in Landkarten begleitete, löffelten die Landser wieder einmal das Süppchen der heroischen Führerentscheidungen aus.

Für die Jäger der 3. G.D. verkomplizierte sich die Kampflage entscheidend. Nicht nur, daß sie jetzt zwei Gegner hatten, die rumänische Bevölkerung spaltete sich in Befürworter des Frontwechsels - künftige Partisanen gegen die Wehrmacht - und Bündnistreue, die sich den deutschen Verbänden als Soldaten und Flüchtlinge anschlossen. Es entstand so eine Lage, die für den Landser kaum mehr zu durchschauen war und zu einer Vielzahl unglücklicher und tragischer Zusammenstöße führen sollte.

Der entscheidende 23. August begann als strahlender Hochsommertag. Die Truppe war zwar ob der deprimierenden Kampflage bei der nördlich gelegenen 6. Armee und der Heeresgruppe Südukraine als Ganzes in nervöser Anspannung, aber es gab zum Beispiel im Bereich des Reg. 144 im Augenblick keine wirklichen Kampfhandlungen.

Am Mittag dieses Tages traf Franz beim Btl.-Gefechtsstand wieder auf Alois den Kraftfahrer, der als Kurier vom Regiment unterwegs war. „Was ist, du Wildschütz, haste heute abend Lust einen zu schnasseln ? Unsere Rumänen haben neuen Stoff bekommen, und uns zum Umtrunk eingeladen. Jetzt zier dich nicht so und komm mit." Franz war neugierig und ein scharfer Schluck war auch nicht zu verachten. Also sagte er zu. Alois beschrieb ihm den Ort und den Weg zum rumänischen Nachbarverband und verabschiedete sich aus dem Fenster seines LKW: „Dann bis heute abend gegen acht, altes Haus, laß dich bis dahin nicht erschießen."

Es ging schon auf einundzwanzig Uhr zu, an diesem schicksalsschweren Tag, als Franz, das Zielfernrohrgewehr über der Schulter, durch ein dichtes Waldstück zum verabredeten Treffpunkt schlenderte. Obwohl er von der HKL gut zwei Kilometer entfernt war, hatte er doch eine ständige Aufmerksamkeit für seine Umgebung, was ihm schon oft den Hals gerettet hatte. So fiel ihm kurz vor Erreichen der beschriebenen rumänischen Stellung, der Weg sollte nach der nächsten Biegung auf ihr Lager stoßen, eine eigenwillige Geräuschkulisse auf. Ein unverständliches und sehr aufgeregtes Stimmengewirr und ein unterdrücktes Schreien und Stöhnen erfüllte die Luft des stillen Sommerabends. Wie elektrisiert verließ er sofort den Waldweg und war in Sekundenfrist im Unterholz verschwunden. Knapp fünfzig Meter von der Wegbiegung und dem Lager entfernt, schlug er jetzt einen Bogen zu einer kleinen Anhöhe, von der er sich eine Einsicht in die rumänische Stellung erhoffte. Die Sinne angespannt, schlich er wie eine Katze auf der Pirsch wieder in Richtung der Geräusche. Vorsichtig schob er sich durch das dichte Gebüsch an den Scheitelpunkt der Erhebung. Oben angekommen öffnete sich der Blick auf eine Talsohle von Fußballfeldgröße, in der sich eine rumänische Grenzjägerkompanie eingerichtet hatte. An der Einmündung des Waldweges, den er verlassen hatte, in gut einhundert Metern Entfernung, sah er durch sein Fernglas vier Jäger und Alois, umringt von Rumänen und zwei Russen. Die Landser waren bereits gefesselt und sollten augenscheinlich verhört werden. Die Russen redeten auf die Rumänen ein, worauf einer von diesen Fragen an die Gefesselten stellte. Die Antworten fielen wohl nicht zufriedenstellend aus, denn einer der Russen schubste den dolmetschenden Rumänen beiseite und fing an, mit einem Stock auf die Jäger einzuschlagen. Inzwischen stand eine größere Gruppe Rumänen um die Szene herum und ihrem Verhalten war anzumerken, daß sie das Vorgehen des Russen mißbilligten. Doch dann tauchte ein Offizier auf und wies die Soldaten in scharfen Worten zurecht. Schließlich zog er seine Pistole, worauf sich die Rumänen getrieben von ihren schreienden und gestikulierenden Unterführern in ihre Stellungen und Posten zurückbewegten. Derselbe Offizier sprach jetzt mit der Verhörgruppe und wies sie wohl an, sich einen weniger exponierten Platz für ihr Vorhaben zu suchen. Am Fuße des Hanges, schräg rechts unterhalb von Franz Position, befand sich die Latrine. Die Gruppe zog sich hinter die verbretterte Rückwand zurück und war für das Lager nicht mehr einsehbar, damit aber umso besser für Franz. Die Entfernung lag jetzt bei ungefähr achtzig Metern. Neben den fünf Gefangenen bestand die Gruppe jetzt noch aus den zwei Russen und drei Rumänen. Der eine dolmetschte, die anderen waren zur Sicherung da. Wieder schlugen die Russen auf die Jäger ein. Dabei flogen Wortfetzen an Franz Ohr, wie Drecksau, Verräter und er glaubte Alois' Stimme zu erkennen. Dieser Temperamentsausbruch sollte ihm aber zum Verhängnis werden. Denn jetzt konzentrierten sich die Russen in ihren Übergriffen ausschließlich auf ihn. Den wahllosen Stockschlägen folgten jetzt gezielte Aktionen. Ein Russe und ein Rumäne schlugen ihm ein paarmal mit der Faust ins Gesicht und in den Bauch, so daß er sich krümmend zu Boden fiel. Dann lösten sie seine Fesseln hinter dem Rücken und schleppten ihn zur Latrinenrückwand. Dort preßten sie seine rechte Hand auf einen Holzbalken. Der federführende Russe zog seine Tokarev-Pistole aus dem Futteral, umfaßte sie am Schlitten und schlug mit dem Boden des Griffstückes zu. Alois schrie in einer Mischung aus Wut und Schmerz auf, als seine Fingerkuppen zu blutigem Brei geschlagen wurden. Franz durchfuhr es wie ein Stromschlag. Wut und der Drang zu wildem Aktionismus stiegen in ihm hoch. Aber er hatte gelernt, sich zu beherrschen und den richtigen Augenblick zum Handeln abzuwarten. Übereiltes Reagieren konnte für ihn und auch für seine Kameraden gefährlich werden. Denn trotz der gegenwärtigen Übergriffe, bestand noch Hoffnung auf ein Überleben in möglicher Gefangenschaft. Franz beobachtete also weiter und überlegte fieberhaft, wie und wann er seinen Kameraden zu Hilfe kommen könnte. Zeitlich und organisatorisch war es sinnlos, zur Stellung zurückzulaufen, einen Stoßtrupp zu bilden und sich mit der gesamten rumänischen Truppe rumzuschießen. Erstens wäre es fraglich, ob man die Gefangenen noch lebend angetroffen hätte, zweitens hätte es sicherlich weitere Opfer gefordert und drittens schien sich der befürchtete rumänische Frontenwechsel gerade zu vollziehen. Es wäre damit sehr ungeschickt, die eigenen Kräfte in Einzelaktionen zu zerfasern. Damit blieb ihm also nur eine Entscheidung, das Handeln vor Ort.

Um das Schreien ihres Opfers zu unterdrücken, wurde Alois jetzt geknebelt. Durch sein Leiden sollten die anderen dazu gebracht werden, die erhofften Auskünfte zu geben. Die mit Schlägen verbundene Befragung der Landser brachte wohl nicht die gewünschten Ergebnisse, denn Alois wurden auch noch die Fingerspitzen der linken Hand zerschlagen. Stöhnend wälzte sich der Arme am Boden, während wieder fragend auf die anderen eingedroschen wurde. Franz hatte sich schon eine Auflage für seinen Karabiner hergerichtet und ihn in Position gebracht. Er war schußbereit. Er hoffte aber immer noch, daß die Russen endlich von ihrem Opfern ablassen und sie in die Gefangenschaft führen würden. Ein Trugschluß, wie sich herausstellen sollte. Mit gespannter Aufmerksamkeit und auch Verwunderung beobachtete er, wie der folternde Russe dem am Boden liegenden Alois plötzlich die Uniformjacke und die Hose aufriß. Käsig weiß leuchtete der Bauch des Opfers im Abendlicht. Plötzlich zog der Russe ein Taschenmesser aus der Uniformjacke, öffnete die Klinge und hielt sie drohend vor die Gesichter der vier gefesselt am Boden knienden Landser. Er schrie auf sie ein, der dolmetschende Rumäne fuchtelte hektisch mit den Armen und zuckte schließlich resignierend mit den Schultern. Daraufhin drehte sich der Russe ruckartig um und stellte sich über Alois, bückte sich und mit einem beherzten Schnitt trennte er auf Handbreite die Bauchdecke des Geknebelten unterhalb des Bauchnabels auf. Mit einer schnellen Handbewegung faßte er in die klaffende Wunde und zog mit einem Schwung circa einen Meter Darm heraus. Das urweltartige, grunzende Stöhnen des Geschundenen, trotz des Knebels für Franz hörbar, ließ die Schmerzen erahnen. Er war ja schon einiges gewöhnt in diesem Kriege, aber bei dieser Szene drohte ihm schlecht zu werden. Das Herz schlug ihm bis zum Halse, ohnmächtige Wut stieg in ihm hoch. Der Augenblick zum Handeln war da. Die Situation überstieg wohl auch die Toleranz des dolmetschenden Rumänen, denn er zog plötzlich seine Pistole und erlöste Alois durch zwei schnelle Kopfschüsse von weiterem Leiden. Die Situation an der Latrine eskalierte. Beide Russen zogen jetzt ihre Pistolen. Hektisch schrien sich die Beteiligten an. Russen und Rumänen bedrohten und beschimpften sich wechselseitig. Mit panisch geweiteten Augen knieten die Jäger am Boden. Der folternde Russe stand vor dem rumänischen Dolmetscher und fuchtelte ihm mit der Pistole wild vor dem Körper herum, riß unvermittelt die Waffe in Richtung der Knienden und schoß dem ersten ohne Vorwarnung mitten ins Gesicht. In einer spritzenden Blut- und Gewebefontäne platzte der Hinterkopf des Opfers weg. Sekundenlang stand der Getroffene wie zur Salzsäule erstarrt, um dann schräg nach hinten auf die Unterschenkel seiner knienden Kameraden zu kippen.

Franz hatte sich inzwischen wieder gefaßt. Die Wut hatte dem Instinkt des Raubtieres Platz gemacht. Er hatte den Russen bereits im Zielstachel des Faden-

Sicherungsposten mit MG 42 in den Karpaten.

kreuzes, ein kurzes Durchatmen, Konzentration. Der Finger nahm den Druckpunkt und dann eine gleichmäßige ruhige Bewegung im Durchziehen des Abzuges. Der Schuß brach, schlug dem Russen mit eiserner Faust in die Brust und riß ihn zu Boden. Schon hatte Franz repetiert und bereits den Zweiten im Visier. Innerhalb von Sekunden fiel auch er der tödlichen Kugel zum Opfer. Der rumänische Dolmetscher erkannte früh genug den Ernst der Lage und hechtete mit Anlauf über die brusthohe Latrinenwand. Mit einem Klatschen spritze die Scheiße über die Wand, als er auf der anderen Seite in die schon gut gefüllte Grube fiel. Die beiden verbliebenen Rumänen feuerten inzwischen mit ihren Maschinenpistolen in den Waldrand, ohne für Franz bedrohlich zu werden. Sein dritter Schuß schleuderte einen der beiden gegen die Latrinenwand. Inzwischen war das Lager in hellem Aufruhr. Von Kopf bis Fuß mit Scheiße beschmiert rannte der Dolmetscher laut schreiend aus der Latrine. Schon knatterten die ersten Maschinengewehre in Richtung Waldrand. Ihr Projektilregen kam Franz jetzt doch gefährlich nahe. Den noch lebenden Jägern war nicht weiter zu helfen. Er mußte schleunigst verschwinden, auch um seine Kameraden zu alarmieren. Wie ein Geist verschwand er im Wald. Er vermied für den Rückweg die Pfade und schlug sich durch die Büsche, da er vermuten mußte, daß die Rumänen schon mit bewaffneten Gruppen am Ausschwärmen waren.

Als er den Btl.-Gefechtsstand erreichte, herrschte bereits hektische Betriebsamkeit. Franz wurde sofort zum ‚Alten‘ durchgelassen und berichtete ihm in kurzen Sätzen. Obwohl er auf Details verzichtete konnte der Btl.-Chef sich vorstellen was passiert war.

„Verdammt“, entfuhr es dem Kommandeur und sichtlich erregt versuchte er, Verbindung zum Regiment und zu seinen Nachbareinheiten zu bekommen. Wie sich herausstellte hatten die, in die Frontlinie integrierten rumänischen Grenzjäger die Nahtkompanie des Batallions schon angegriffen und zwei Gruppen gefangengenommen. Damit gab Franz Bericht Klos die letzte Gewißheit, daß die Rumänen nunmehr Gegner waren.

Die Regimentsführung zeigte sich beim Anruf sichtlich von der Lage überfordert und hatte keine Verhaltensempfehlung. Sie versprach einzig eine Abklärung der Situation bei der Divisionsführung. Ein zweites Gespräch der Warnung gelang dem Btl.-Chef noch zum III. Btl. der Gebirgsartillerie, dann brach das Leitungsnetz durch Sabotage vollständig zusammen. Jede Einheit war jetzt auf sich allein gestellt, wie schon so oft in den zurückliegenden Monaten. Das Btl. Klos hatte aber diesmal Glück im Unglück. Schon im Vorfeld sensibilisiert und auf der Hut, reagierten sie sofort. Alle Kompanien wurden durch Melder in höchste Alarmbereitschaft versetzt und konnten sich der rumänischen Übergriffe erwehren.

Viele Andere wurden vom Bündnisbruch dagegen viel übler getroffen. Die Rumänen näherten sich ihren oft ahnungslosen deutschen Kameraden wie immer in scheinbar freundlicher Absicht, um dann oft mörderisch zuzuschlagen. Es bildeten sich zum Teil partisanenähnliche Kampfgruppen, die auch von eingeschleusten russischen Agenten geführt wurden und mit äußerster Härte und Brutalität vorgingen. Sie verbreiteten durchaus Panik unter den deutschen Verbänden, da Freund und Feind nicht mehr auseinanderzuhalten waren. Während andere Einheiten bittere Verluste hinnehmen mußten, konnten sich die Jäger des II./G.J.R. 144 mit verbissener Entschlossenheit wehren. Als rumänische Kampfgruppen sich mit eigentümlicher Vertrautheit, aber griffbereiten Waffen den Stellungen des Bataillons näherten, eröffneten die gewarnten Jäger bei der ersten verdächtigen Bewegung das Feuer. Die Gesamtlage wurde umso prekärer, als sich die ganze Angelegenheit bei inzwischen eingebrochener Dunkelheit abspielte. Doch da die Rumänen kaum über schwere Waffen verfügten, konnten die Jäger ihre kämpferische Überlegenheit ausschöpfen. Das Regiment 144 wurde in diesen schweren Stunden zur Trutzburg des Widerstandes der 3. G.D. und zur Keimzelle der taktischen und strategischen Reorganisation. Von zerschlagenen Einheiten der Division kämpften sich Überlebende und Entkommene zum Regiment durch und bildeten die dringend benötigten Kräfte für Gegenschläge zum Entsatz eingeschlossener Verbände. Bereits am nächsten Morgen stießen die eilig zusammengestellten Stoßtrupps des Regiments gegen die rumänischen Truppen vor. Beseelt von Wut und Enttäuschung über den Verrat und auch getrieben vom Gefühl der Rache ob der Gewalttätigkeit der Rumänen gegenüber ihren ehemals Verbündeten, stürzten sich die Jäger wie die Berserker zwischen die Abtrünnigen. Die Gegenschläge wurden mit aller Härte geführt und in der Regel keine Gefangenen gemacht, auch weil ihre Rückführung und Versorgung logistisch nicht mehr zu leisten war. In der Hektik dieser Gefechte agierte Franz nicht nur als Scharfschütze. In den überfallartigen Attacken war das Zielfernrohrgewehr oft hinderlich und überflüssig. Hier hatte sich bereits das Selbstladegewehr Modell 43 für den schnellen Schuß bewährt, von denen das Bataillon seit seiner Rückkehr einige im Bestand führte. Franz hatte die Waffen gleich bei der Ankunft ausprobiert und sich ein gutschießendes Exemplar gesichert, auf das der Waffen- und Geräteunteroffizier wie ein Schießhund aufpaßte. Auf Entfernungen von bis zu einhundert Metern und mit Explosivgeschossen geladen, verfügte er mit diesem Gewehr über eine erhebliche Feuerkraft.

Gebirgsjäger im Waldkampf in den Karpaten.

Innerhalb weniger Tage gelang es der Division, sich in ihrem Abschnitt der Rumänen zu erwehren und seine Stellungen zu stabilisieren. Sie stand mit diesem Erfolg aber ziemlich allein auf weiter Flur. Denn im gleichen Zeitraum wurde bekannterweise die nördlich liegende 6. Armee vollständig vernichtet. Gleichzeitig bestürmten die Russen Bukarest und die südlich gelegenen Ölfelder von Ploesti. Wie ein Stachel ragte zuletzt die 3. G.D. in die russische Front. Es war nur konsequent, wenn die Russen ihr nach den nördlichen Erfolgen als nächstes zuleibe rückten. Am 27.8.44 wuchsen die sowietischen Angriffe über das übliche Geplänkel hinaus und verstärkten sich innerhalb weniger Tage zu einer breiten Offensive auf alle von der Division noch gehaltenen Karpatenübergänge zur Ebene von Siebenbürgen.

Dem II./G.J.R. 144 fiel in diesen Kämpfen besondere Bedeutung zu, da es als Feuerwehr immer wieder an die Brennpunkte der Auseinandersetzung geworfen wurde. In diesen Kämpfen konnten die Jäger sich auch deshalb immer wieder mit Bravour behaupten, weil sie auf vertrautem Terrain kämpften. Beständig im normalen Infanterieeinsatz, war es jetzt der besondere Gebirgskampf, den sie ja perfekt beherrschten und der ihnen zu einer deutlichen taktischen Überlegenheit vor den Russen verhalf. Doch obwohl sie mit ganzem Einsatz kämpften, der Strudel der Ereignisse drehte sich immer schneller und enger und riß sie unentrinnbar in den Abgrund. Während die Regimentsgeschichten in ihrer distanzierten Betrachtung emotionslos und trocken faktisch Kampfhandlung an Kampfhandlung reihten und dabei zum Teil schwülstigen Distanzoptimismus der Art pflegten: „In der unberührten Gebirgswelt der Karpaten fühlte sich der Jäger stark und frei, im Bunde mit seinen Bergen. Wenn wirklich die Zeit schon gekommen war, da alle Dämme brachen, warum schenkte ihm das Schicksal den Tod nicht hier!" (Aus der Geschichte der 3. G.D. von General Klatt), so zeigte sich die Realität doch ein wenig unangenehmer. Gestorben wurde nicht nur im malerischen Sonnenuntergang, bei Schalmeienklängen und in würziger Gebirgsluft, durch Herzschuß mit sofortigem Tod. Nein der Tod kam wie immer dreckig, stinkend Leiber zu zuckenden blutspritzenden Fleischfetzen zerreißend. Jeder Tag konnte der letzte sein und die Angst vor Tod, Verstümmelung und ungewisser russischer Gefangenschaft hielt einen Jeden bis zum letzten Tag gefangen. Man lernte mit dem Wahnsinn zu leben, oder war nach ein paar Tagen tot. Die Hoffnung aber galt dem Überleben.

Die Ostfront fraß in diesen Monaten des Zusammenbruchs bis zu vierzigtausend Landser am Tag. Ein Aderlaß, dem Deutschland nicht mehr gewachsen war. Die Logistik des Ostheeres hatte sich defacto schon im Winter 1941/42 übernommen und versagt. Im Herbst 1944 war sie nur noch ein Provisorium. Immer wieder mußten die Jäger hart errungene Erfolge aufgeben, auch weil der Nachschub kollabierte. Durch die sich täglich verschiebenden Frontlinien war auch das Sanitätswesen deutlich beeinträchtigt. Eine seriöse und verläßliche Bergung, Versorgung und Abtransport der Verwundeten war oft nicht mehr möglich. Insbesondere schwere Verwundungen in vorderster Front kamen dadurch einem Todesurteil gleich.

Viele Einheiten der Division waren in diesen letzten Augusttagen von Rumänen und Russen eingeschlossen und wehrten sich tagelang verbissen. Diesen Widerstandsinseln kamen die 144-ziger so gut es eben noch ging, in beherzten Angriffen zu Hilfe und knackten immer wieder die Belagerungsringe und ermöglichten so ihren Kameraden den Rückzug.

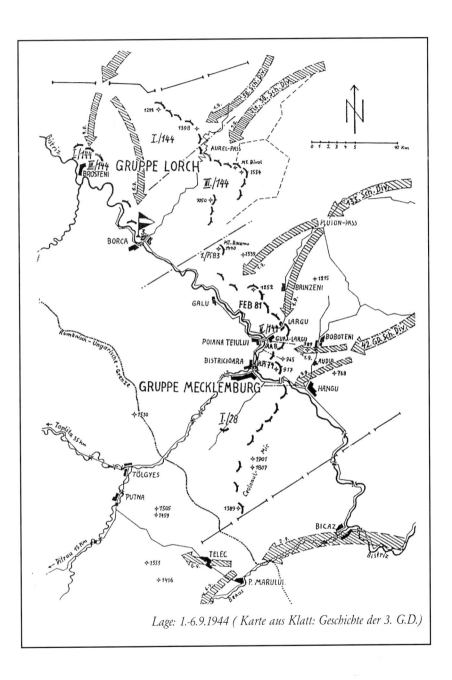

Lage: 1.-6.9.1944 (Karte aus Klatt: Geschichte der 3. G.D.)

13. Kapitel

Franz begleitete als Scharfschütze zur Sicherung ein Stoßtruppunternehmen, das eine Sicherungsstellung entsetzen sollte, die seit drei Tagen zäh einen Paßübergang verteidigte. Die Kameraden waren eingeschlossen, denn neben den russischen Angreifern schnitten ihnen Rumänen den Rückweg ab. Sie saßen in der Falle. Die rumänische Gruppe bestand aus zehn Mann mit einem sMG und Karabinern bewaffnet. Kämpferisch den Verteidigern zwar unterlegen, konnten sie durch ein gutes Schußfeld und geschickt gewählte Feuerstellungen doch zuverlässig ein Ausbrechen der Jäger verhindern. Die Rumänen wähnten sich in ihrer Position sehr sicher und rechneten augenscheinlich nicht mit einem zweiten Angriff. Der deutsche Stoßtrupp konnte sich zum Glück unerkannt durch das dichte Unterholz anschleichen, denn die Kampflage und Stellung der Rumänen war ihnen völlig unbekannt. Franz und der führende Feldwebel beobachteten die generische Gruppe durch ihre Ferngläser und nahmen mit einer gewissen Erleichterung die offensichtliche Ahnungslosigkeit der Opponenten zur Kenntnis. Dies gab ihrem Angriff den entscheidenden Überraschungsmoment. So traf es die ehemaligen Verbündeten wie ein Unwetter aus heiterm Himmel, als sich die Jäger vernichtend zwischen sie stürzten. Vorbereitende Handgranaten und folgende MP Salven und gezielte Karabinerschüsse verwandelten die Stellung binnen Sekunden in einen brodelnden Hexenkessel, aus dem es kein Entrinnen gab und auch nicht geben sollte. Doch mit diesem Erfolg war das Problem der Verteidigergruppe noch nicht gelöst. Denn dazwischen lag ein offenes Feld, das von den Russen einzusehen war und in der Reichweite ihrer Waffen lag. Aufgeschreckt durch den Kampfeslärm in ihrem Rükken entdeckten die Verteidiger die sehnsüchtig erwartete Hilfe in ihrem Rücken. Durch das Fernglas sah Franz, wie sie gestikulierend miteinander sprachen. Doch wie den Anschluß finden ? Während man noch auf beiden Seiten fieberhaft nach einer Lösung suchte, wurden plötzlich Abschußgeräusche eines schweren russischen Werfers und das Zischen seiner Granaten hörbar. Die Sowjets hatten schweres Gerät nachgezogen, um den Paßübergang nunmehr mit Nachdruck freizukämpfen. Alles warf sich hin und preßte sich an die Erde. Doch die Salve galt nur der vorgeschobenen Verteidigungsstellung und lag zu kurz. Mit dumpfen Schlägen das Erdreich zerwühlend, fraß sich die Feuerwalze unerbittlich auf die Paßstellung zu. Im Glas sah Franz die panisch verzerrten Gesichter der Kameraden. Damit war der entlastende Stoßtrupp vorläufig zur Untätigkeit verdammt und den Verteidigern blieb nur die winzige Chance einer Flucht über das freie Feld, um dem sicheren Verderben durch einen Werferschlag zu entgehen. Tatenlos mußten die Jäger zusehen, wie die Landser zusammgeschossen wurden. Kurz bevor die ersten Granaten in die vorgelagerte Stellung schlugen, sprangen die sieben noch bewegungsfähigen Männer auf und spurteten los - um von gezielten Gewehrschüssen in den Rücken nacheinander niedergestreckt zu werden. Denn anstatt wilde Haken auf ihrer Flucht zu schlagen versuchten sie geradlinig den schützenden Waldrand zu erreichen. Franz erkannte sofort die Handschrift eines russischen Scharfschützen, der offensichtlich mit einem Selbstladegewehr ausgerüstet war. Er hatte diese Waffen des Modells Tokarev schon gesehen und auch mal ein Beutestück ausprobiert. Wenn es, wie die deutschen Gewehre Modell 43 auch nicht so präzise wie ein Repetiergewehr war, so funktionierte es doch zuverlässig und gab dem routinierten

Das russische Tokarev Selbstladegewehr Modell 40 in einer Version für Scharfschützen.

Schützen eben eine deutlich gesteigerte Feuerkraft. Er wußte aus Erzählungen des Waffenmeisters, daß es von dieser Waffe auch ausgesuchte Exemplare mit einem Zielfernrohr für Scharfschützen gab. Das Glas ähnelte dabei dem, das Franz auf seinem ehemaligen russischen Gewehr montiert hatte.

Der nächste Feuerschlag des russischen Werfers pflügte die vorgelagerte Hangstellung um, zerriß die zurückgebliebenen Verwundeten und begrub ihre Reste unter Geröll und Erde. Plötzliche Stille legte sich über das Gelände - zerteilt nur vom einsetzenden Geschrei der Angeschossenen im Vorfeld. Zwei Mann meldeten sich freiwillig zu einem Rettungsversuch der Verletzten. Vorsichtig, die wenige und unzureichende Deckung nutzend, arbeiteten sie sich an ihre Kameraden heran. Als sie den ersten Verwundeten erreichten und sich einer der Helfer leichtsinnigerweise etwas aufrichtete um nach seiner Wunde zu sehen, peitschte ein Schuß über den Hang und schlug ihm ein faustgroßes Loch in die Brust. Franz sah durch sein Glas, wie das Blut sekundenlang wie aus einer Quelle herausprudelte. Offensichtlich hatte das Explosivgeschoß eine herznahe Arterie zerrissen. Der Körper des Getroffenen zitterte und zuckte im Todeskampf. Angestrengt spähte Franz zu den vermuteten russischen Stellungen, aber sie blieben unauffindbar und vor allen Dingen unerreichbar für die Waffen der Jäger. Durch den russischen Scharfschützen wurde der Versuch einer Rettung der Verwundeten aussichtslos. Nur mit Glück gelang es dem zweiten vorgerückten Kameraden sich unverletzt zurückzuziehen. Inzwischen verstummten nach und nach die Rufe und Schreie der Schwerverwundeten, erlöst durch den Tod. Bis auf einen, dem das Projektil wohl eine Niere verletzt hatte ohne ein großes Gefäß zu zerstören. Seine rasenden Schmerzen machten sich in urzeitlichem Schreien Luft, nur unterbrochen von kurzzeitigen Ohmachtsanfällen. Krampfhaft schien der Moribunde sich ans Leben und die Hoffnung auf Rettung durch seine nahen Kameraden zu klammern. Aber wie die Männer vom Stoßtrupp die Lage auch betrachteten, es gab keine Rettung, ohne das Leben weiterer Kameraden zu riskieren. Jetzt brach das Schreien kurz ab und ein gestöhnter Hilferuf durchdrang die plötzliche Stille. Ergriffen sahen die Männer, wie sich eine Hand des Kameraden flehend in die Höhe reckte, die Finger gespreizt nach Hilfe und Zuwendung suchend. Sekunden später zerriß es im Knall des russischen Scharfschützengewehres die Hand des Jägers unter dem Aufschlag eines weiteren Explosivgeschosses. Blutig zerfasert, einem abgebrochenen Ast gleich, starrte der Stumpf des zerstörten Gliedes gen Himmel. Augenscheinlich wollten die Russen den Landsern an der geschundenen Kreatur eine besondere Lektion des Schreckens erteilen.

Wieder begann das markzerreißende und wimmernde Geschrei. Der Feldwebel winkte Franz zu sich heran, legte ihm die Hand auf die Schulter und sah ihn sehr ernst an. „Ich kann Dich nicht zwingen, nur bitten und ich weiß, daß ich sehr Schweres von Dir verlange, aber ich bitte Dich inständig, erlöse den Kameraden mit einem sauberen Schuß. Du bist der einzige, der es mit seiner Waffe sicher kann auf diese Distanz." Eine Situation, vor der sich Franz bei aller Abgebrühtheit immer gefürchtet hatte, war da. Er hatte zwar schon öfter miterlebt, wie Russen ihre schwerverwundeten Kameraden im unzugänglichen Niemandsland erschossen. Aber auf deutscher Seiten war ein solches Verhalten unüblich, da diese Form der systhematischen Verwundetentötung die Truppe demoralisiert hätte. Es war ungeschriebens Gesetz der Jäger, Verwundete, wenn eben möglich zu bergen. Einzige Ausnahme war die Tötung auf Verlangen in einer aussichtslosen Situation. Mit einem Schaudern hatte er in den zurückliegenden Monaten die Augenblicke beobachtet, in denen sich Soldaten, schwerst verwundet und unter den gegebenen Umständen nicht transportfähig, den Tod vor Augen den dramatischten und schwersten aller Dienste erwiesen und auf Verlangen einen Kameraden töteten, um ihm weiteres Leiden zu ersparen. Denn es war zu erwarten, daß die hilflos Zurückgelassen mißhandelt und von den Sowjets getötet werden, da sie auch für den vorstürmenden Gegner logistisch nicht zu handhaben waren.

Noch zögerte Franz, doch die anderen drängten ihn. „Los Mann, mach was. Das ist ja nicht mit anzusehen. Scheiße, erlös den armen Teufel." Widerwillig und von Skrupel geschüttelt, schlug Franz seinen Karabiner auf einer zusammengerollten Zeltbahn an. Die Distanz betrug nur knapp achtzig Meter aber der Kopf des Todgeweihten verschwand zur Hälfte im Gras, und der Körper war durch eine Bodenwelle und Geröll verdeckt. Franz versuchte sorgfältig zu zielen, aber er zitterte vor Anspannung und ein Würgen stieg in ihm hoch.

Schlagartig wurde ihm die Ungeheuerlichkeit, die Widersinnigkeit des Krieges und des ständigen Tötens bewußt. Längst war das Motiv zum Selbstzweck verkommen, Leben allseits ein Wegwerfartikel. Jetzt, wo nicht mehr die Anonymität des Gegners das Gewissen schonte, hatte er das erste Mal wirkliche Skrupel. Er fühlte Mitleid und fragte sich nach dem Sinn, den es nicht gab. Aber die Eigendynamik des Krieges zwang seine Gedanken wieder erbarmungslos unter ihr Joch. Ein Ausbrechen aus der Zwangsläufigkeit war letztlich unmöglich und gefährdete das eigene Leben mehr, als es die Umstände ohnehin schon taten. Wie viele fügte sich Franz aus anfänglichem ehrlichen Verantwortungsbewußtsein gegenüber seiner Heimat und seinem Vaterland in den Dienst mit der Waffe und akzeptierte damit sein Schicksal, um die Hypothek aber einer lebenslang unauslöschlichen Verantwortung für die Gesamtheit seines im Kern doch selbstlosen Dienstes für ehemals große Ideale.

Nur Sekunden dieser wild kreisenden Gedanken schienen ihm wie unendliche Minuten. Dann die notwendige Entscheidung, wenn schon, dann mit aller Perfektion und schnell das Leiden des Kameraden zu beenden. Franz zwang sich zur Ruhe, lud eine B-Patrone, visierte den im Schmerzensgeschrei zuckenden Kopf an und wartete auf die Möglichkeit zum Schuß. Plötzlich erstarrte der Körper des Moribunden in einem Wundkrampf, das Schreien wurde gurgelnd heiser, der Kopf lag still. Der Zielstachel des Absehens fixierte sich auf das Ohr des Todgeweihten. Mit einem leichten Beben im Finger zog Franz den Abzug durch. Im Knall des Schusses platzte der Kopf des Jägers in einer blutigen Fontäne auseinander und lähmende Stille legte sich über die Wahlstatt.

Die Russen schienen wie vom Erdboden verschluckt. Offensichtlich hatten sie mit einem solchen Verlauf der Situation nicht gerechnet und verharrten wohl verblüfft in ihren Stellungen. Dies gab den Jägern Luft für einen schnellen und unbehelligten Rückzug. Geradezu gespenstisch war die Ruhe. Keiner guckte den anderen an. Stumm und versunken zogen sich die Landser zurück, ein jeder froh, daß er es nicht hatte tun brauchen.

Es war der Scharfschütze, der um den Preis der Zerissenheit seines Gewissens und innerer Einsamkeit auch in schwieriger und unangenehmer Situation wohl Notwendiges getan hatte.

In den nächsten Tagen wurden die Erkundungen nach weiteren Widerstandsinseln seiner Kameraden fortgesetzt. Doch die Suche blieb inzwischen vergebens. Und es war nur eine winzige Episode, aber sie sollte Franz in eigentümlicher Weise bis an sein Lebensende verfolgen. Er hatte wieder den Auftrag, einen Stoßtrupp zu begleiten, der nach einer ebenfalls noch überfälligen Sicherungsgruppe suchen sollte.

Durch den inzwischen sehr unübersichtlichen Frontverlauf mußten sie auf ihrem Weg ein russisches Schützenminenfeld durchqueren. Am Tage zuvor hatte eine Pioniergruppe zwar eine schmale Gasse geräumt und mit in die Erde gesteckten Stöckchen gekennzeichnet. Trotzdem war ihnen sehr unwohl und sie schlichen fast auf Zehenspitzen und mit angehaltener Luft durch die abgesteckte Bresche.

Nach eineinhalb Stunden hatten sie das Minenfeld überquert und arbeiteten sich durch buschbestandenes Gelände vorsichtig weiter vor. Die alten Hasen unter den Landsern entwickelten naturgemäß ein Gespür für das Gelände und drohende Gefahren. So entdeckte die Vorhut nach gut einem Kilometer eine weitere Minensperre, die allerdings auf kunstvollste mit Stolperdrähten gesichert und verschäft war. Soetwas deutete auf die Flankensicherung einer in unmittelbarer Nähe befindlichen russischen Stellung hin. Vorsichtig und jede Deckung nutzend versuchten sie lautlos das Feld zu umgehen. Doch das Vorhaben zeigte sich problematischer und zeitaufwendiger als gedacht. Inzwischen setzte die Abenddämmerung an und zwang zum Rückzug, denn bei Dunkelheit wurde die Bewegung im verminten Terrain lebensgefährlich. Doch vorher wollte der Truppführer noch bis zur Kuppe einer vorliegenden Bodenwelle erkunden und winkte Franz als Begleitung zu sich heran. Von hier aus bot sich überraschender Weise ein Blick auf die recht gut ausgebauten russischen Stellungen. Während sie diese durch ihre Ferngläser beobachten, bemerkte Franz etwa zwanzig Meter abseits eines vor ihnen liegenden Erdunterstandes eine Bewegung im Gebüsch und sah einen hellen Fleck aufscheinen. Bei genauem Hinsehen erkannte er einen Russen, der mit heruntergelassenen

Rückkehr vom Spähtrupp.

Hosen in der Hocke saß und seine Notdurft verrichtete. „Franz, siehst Du es auch?" raunte ihm der Feldwebel zu. „Da vorne hockt ein Iwan und scheißt. Wenn Du dem eine verpaßt kriegen die anderen gehöriges Fracksausen. Die vermuten uns doch an ganz anderer Stelle. Ich geh schon zu den anderen zurück und setz mich ab. Zögere Deinen Schuß solange hinaus wie möglich und dann komm nach." Sein Kamerad verschwand und Franz nahm den Russen ins Fadenkreuz. „Die Wurst läßte ihn noch abdrücken", dachte er bei sich, „dann ist er fällig." Plötzlich stieg eine zynische Komik in ihm hoch, denn er dachte an den Spruch, - Dich soll der Blitz beim Scheißen treffen. Der Irrwitz des Krieges. Die Entfernung betrug gut einhundertfünfzig Meter. Um den Gegner sicher in die Brust zu treffen, hob er den Zielstachel der Optik auf den Hals des Opfers. Franz atmete noch einmal tief durch, nahm den Druckpunkt, eine kurze Konzentration, dann brach der Schuß. Doch in diesem Augenblick erhob sich der Sowjet und das Projektil schlug ihm in den Unterbauch, fraß sich durch die Därme und verließ den Körper wieder, ein faustgroßes Loch im Rücken reißend. Während er zusammenbrach schrie er wie ein waidwundes Tier in tödlicher Panik auf. Auch durch den Schuß aufgeschreckt, stürzten seine Kameraden aus dem Unterstand und erwiderten ein wildes ungezieltes Feuer. Franz rutschte rückwärts von der Bodenwelle und hastete seinen Kameraden hinterher.

Schon bei Morgengrauen des nächsten Tages machte sich der Stoßtrupp wieder auf den Weg, um erneut nach den vermißten Kameraden zu suchen. Doch jetzt hatten sie einen weiteren Auftrag. Wenn eben möglich sollten sie einen Russen gefangennehmen und mit zurückbringen, um im Verhör Informationen über die gegnerischen Stellungen und Kräftemassierungen zu bekommen. Auf schon bekannten Pfaden schlichen sie dem Feind entgegen. Eine Idee, die an diesem Morgen allerdings auch die am Vortage aufgeschreckten Russen hatten, um sich ein genaueres Bild vom Feind zu beschaffen. Später aufgebrochen als die Jäger, trafen die beiden Gruppen kurz vor den sowjetischen Linien aufeinander. Da die sich die Landser deutlich vorsichtiger bewegten, entdeckten sie ihre Gegner etwas eher und hatten das Moment der Überraschung auf ihrer Seite.

Darüber hinaus waren sie mit einem weiteren neuen Gewehr ausgerüstet, das erst seit wenigen Wochen in geringer Stückzahl bei der Truppe verfügbar war. Es nannte sich Sturmgewehr Modell 44 und war eine Waffe zwischen MP und Karabiner. Über einen Stellhebel konnte man in der Feuerabgabe zwischen halbautomatischem und vollautomatischem Modus wählen. Die Waffe verschoß eine spezielle verkürzte Karabinerpatrone mit der Bezeichnung Pistolenpatrone 43. Das

Magazin faßte dreißig Schuß. Die Munition hatte eine ausreichende Wirkung auf Entfernungen bis zu dreihundert Metern. Dabei schoß sich dieses Sturmgewehr aber viel angenehmer als ein Karabiner 98 k, da die Patrone schwächer war und ein Teil der Rückstoßenergie für den automatischen Ladevorgang verbraucht wurde.

Der harte Rückstoß beim Karabiner dagegen führte auch bei routinierten Schützen nach vierzig bis fünfzig Schuß zu schmerzhaften Prellungen in der Schulter. Hier lag auch ein Grund, warum die Trefferausbeute mit dem K 98 k im Gefecht letztlich recht gering war. Die Soldaten ballerten, durch den unangenehmen Rückstoß bedingt, mehr in der Gegend rum, als das sie gezielt schossen.

Im kurzen und heftigen Feuergefecht mit dem russischen Stoßtrupp bewährten sich die Sturmgewehre hervorragend. Die Jäger hatten ihre Gegner in wenigen Minuten ohne eigene Verluste zusammengeschossen. Sie waren dabei so gründlich zu Werke gegangen, daß kein transportfähiger Überlebender blieb. Auch auf deutscher Seite war man nicht zimperlich, was die Behandlung unpassender Gefangener anging. Ein in diesen Dingen abgebrühter Jäger erschoß die noch lebenden verwundeten Russen mit seiner Pistole, Während die Anderen die Toten nach verwertbarem Informationsmaterial, wie Soldbüchern, Truppenausweisen und Karten mit taktischen Einzeichnungen filzten. Doch schon antworteten die Russen aus der naheliegenden Stellung ohne Rücksicht auf ihre Kameraden mit heftigem Werferfeuer und die Jäger mußten sehen, daß sie Land gewannen. Sie sprinteten am Rand des Tags zuvor erkannten Minengürtel entlang in das daneben liegende bodenwellige Buschgelände hinein und konnten nach ein paar hundert Metern die gesuchte Stellung ihrer vermißten Kameraden einsehen, und fanden sie erwartungsgemäß alle tot. Nachdem diese wohl die letzte Patrone verschossen hatten, waren sie von ihren russischen und rumänischen Gegnern im Nahkampf überwältigt und ausnahmslos niedergemetzelt worden. Aus einer Gebüschgruppe heraus blickten sie auf die, in einer kleinen Talsenke eingebettete Stellung, die Gefallenen da liegend, wo sie gestorben waren. Eine weitere, nähere Erkundung verbot sich aber, da sie nur wenig Deckung vor sich hatten und die feindlichen Positionen in unmittelbarer Nähe waren und sie jederzeit mit einem Gegenstoß rechnen mußten. Zudem waren Geräusche in der Nähe zu hören, die den Gegner schon in unmittelbarer Nähe vermuten ließen. Während Franz das Gelände mit dem Fernglas abstrich, blieb sein Blick zwanzig Meter vor ihm am Rand eines Granttrichter hängen. Hier lag eine nagelneue deutsche Feldmütze, das blecherne Edelweiß der Jäger blitzte in der Sonne. Seine Augen blickten nach oben unter den zerfledderten Schirm seiner schon total verspeckten und zerschlissenen Mütze und gaben Bestätigung für den unmittelbaren Entschluß, sich diese Mütze als Ersatz zu holen. Vorsichtig schob er sich, nach allen Seiten wie ein Fuchs sichernd, auf das Objekt seiner Begierde zu. Es waren nur noch wenige Meter, als er den gefallenen Kameraden sah. Starr glotzten die gebrochenen Augen aus einem im Todesschrei erstarrten Gesicht gen Himmel, von einer Vielzahl von Splittern der Oberkörper zu blutiger Masse zerrissen. Weißlich schimmerten Bruchstücke von Rippen im Morgenlicht. Hunderte von Fliegen umschwärmten den verwesenden Kadaver. Die Kette der Erkennungsmarke war dem Toten im Fallen bis zu den Ohren hoch gerutscht und blitzsauber lag neben dem Kopf die Plakette. Die Mütze war durch den Druck der Granatexplosion unbeschadet davongeschleudert worden. Schon war Franz am Gefallenen, legte ihm seine Mütze auf das erstarrte Gesicht und setzte sich die des Toten auf. Paßt dachte er zufrieden, als sich ein Fahrzeug näherte. Es wurde höchste Zeit zu verschwinden. Es blitze in ihm noch der Gedanke auf, die Hundemarke (Landserausdruck für die Erkennungsmarke) mitzunehmen, allein es fehlte die folgende Tat. Schon wieder im Gebüsch war der Entschluß zwar gereift, aber jetzt war das russische Fahrzeug da, und er konnte nicht mehr zum Trichter zurück. Der Gefallene verschwand damit in der Anonymität und Ungewißheit der vielen tausend Vermißten. Es hätte nur eines Augenblickes bedurft und die Angehörigen hätten über das Schicksal des im Felde Gebliebenen bescheit gewußt. Es wäre für Franz ein Griff gewesen, aber er hatte nur die neue Mütze im Sinn. Eigentlich unbedeutend, doch Franz empfand diese zurückgelassene Hundemarke Zeit seines Lebens als ganz persönliches Versagen.

Die Russen schienen jetzt zu systematischer Erkundung vor ihren Stellungen auszuschwärmen und so zogen sich die Jäger schnell und ungesehen zurück und erreichten unbeschadet ihre Stellungen.

Innerhalb weniger Tage loderte in ganz Rumänien die Flamme des Krieges. Starke russische Verbände stürmten gegen Bukarest und die so wichtigen Erdölfelder von Ploesti an. Wie ein Fels in der Brandung standen die zäh verteidigten Karpatenstellungen der 3. G.D. und versperrten der Roten Armee den Zugang in die Ebene von Siebenbürgen. So war es nicht verwunderlich, daß diese mit massiven Kräften gegen die deutschen Stellungen drückte. So gut es ging, sollten die Gebirgsjäger trotz ihrer materiell und personell ausgezehrten Situation solange dem russischen Ansturm standhalten, bis sich die zerfaserte deutsche Front wieder zu einer stabilen Linie konsolidiert haben würde. Allein Wunsch und Realität sollten sich wie gewohnt nicht in Einklang bringen lassen. Zwar wehrten sich die Jäger mit gewohnter Verbissenheit, doch die Sowjets bahnten sich mit deutlicher Überlegenheit konsequent ihren Weg. Es entspannen sich typische Hinterhaltsgefechte. Die Russen versuchten ohne Umschweife durch die Täler vorzurücken und boten damit den unterlegenen deutschen Kräften gute Voraussetzungen für einen hinhaltenden Widerstand. Unter solchen Gefechtsbedingungen herrschten die idealen Voraussetzungen für einen wirkungsvollen Scharfschützeneinsatz. In gut getarnten Stellungen wurde der Feind erwartet und auf sichere Distanz bekämpft. Auch mit unterlegenen Kräften zeigte daher die Abwehr lange Erfolg, da sich der Gegner in der Enge der Täler im Angriff nicht entfalten konnte, sondern Meter für Meter unter hohem Material- und Personaleinsatz erkämpfen mußte. Franz erzielte in diesen Kämpfen bis zu zwanzig Abschüsse pro Tag, die allerdings nur zu einem Bruchteil in die offizielle Zählung eingingen.

Es war in den ersten Septembertagen, als Klos ihm im Rahmen einer Besprechung ein Rundschreiben des O.K.H. zeigte, das speziell die Scharfschützen des Heeres und der Waffen-SS betraf. Auf Befehl des Führers war jetzt ein spezielles Scharfschützabzeichen in drei Verleihungstufen eingeführt worden. Die erste Stufe sollte es für zwanzig, die zweite Stufe, mit silberner Kordel, für vierzig und die dritte Stufe, mit goldener Kordel, für sechzig Abschüsse geben. Das neue, ovale und gestickte Stoffabzeichen sollte auf dem rechten Unterarm der Uniformjacke, oberhalb möglicher zusätzlicher Funktionsabzeichen getragen werden.

Doch kein vernünftiger Scharfschütze würde dieses Abzeichen jemals im Einsatz tragen. Denn anders als die Silberlitzen, die nur eine wenigen Eingeweihten bekannte Gepflogenheit war, würde das offizielle Abzeichen sehr schnell den Gegnern bekannt werden. Es wäre Selbstmord gewesen, sich einer so leichten Identifizierung auszusetzen.

Wie bisher wurden zum Scharfschützenabzeichen Abschüsse in Angriff und Verteidigung nicht gezählt. Auf Anregung des Reichsführers-SS, Heinrich Himmler, waren in diesem Zusammenhang außerdem alle bisherigen Abschüsse als Geschenk an den Führer zu löschen und mit der Zählung neu zu beginnen. Damit die Scharfschützen für ihren Einsatz nicht ganz leer ausgingen, sollten die bisher erzielten Abschüsse durch die Verleihung des Eisernen Kreuzes zweiter oder erster Klasse belohnt werden. Wenige Tage später erhielt Franz daher für seine zurückliegenden Treffer das EK II.

In dieser nunmehr offiziellen Würdigung des bisher im Militärbetrieb eher geschmähten Scharfschützenwesens wurde unter anderem auch die zunehmende

Reduktion der Rüstungsmittel deutlich. Von der Mobilisierung des entschlossenen Einzelkämpfers, der sich auch mit unzureichender und geringer Ausrüstung dem Feind wirkungsvoll entgegenstellen sollte, erhoffte man sich weiter andauernde Widerstandskraft. Fanatischer Einsatzwille, ohne Rücksicht auf das persönliche Schicksal sollte die immer katastrophaler werdende Ausstattung mit Waffen und Gerät kompensieren. Der Soldat als wertvollste und letzte Ressource wurde ohne Rücksicht verheizt.

Während die Sowjets weiter gegen die kaum einnehmbaren Gebirgsstellungen der Jäger anstürmten, gelang ihnen an anderer Stelle der Einbruch nach Ungarn. Wieder einmal drohte der 3. G.D. die Einschließung. Es blieb nur die sofortige Aufgabe der Stellungen und der Rückzug bis zum Fluß Maros in der Ebene von Siebenbürgen. Kämpfend waren jetzt über zweihundert Kilometer so schnell es ging zurückzulegen. Nachts wurde marschiert, tagsüber wehrte man sich gegen die nachrückenden Russen, die unangenehmerweise auch aus der Flanke angreifen konnten. Während das Bataillon marschierte, eilte der Kommandeur (Klos) voraus, um geeignete Stellungen für den kommenden Tag festzulegen. Dabei mußte ihn u.a. auch Franz begleiten, da Klos ihn als kampferfahrenen und nervenstarken Soldaten kannte und er sich bedingungslos auf ihn verlassen konnte. Er war dabei für Klos wohl auch so etwas wie ein Leibwächter.

Als Berufsoffizier hatte der Batallions-Chef in seiner Ausbildung natürlich auch das Reiten gelernt. Um auf Distanz schnell beweglich und optimal geländegängig zu sein und sich bei seinen Aktionen nicht durch Motorengeräusch zu verraten, stieg er für seine tägliche Erkundung gerne aufs Pferd. Franz mußte sich so notgedrungenerweise auch auf eines der zähen Panjepferde schwingen, die schon seit 1943 das Rückgrat der Frontlogistik bildeten. Im Gegensatz zum ‚Alten‘ (Landserausdruck für Kommandeur) hatte er außer den schon viele Jahre zurückliegenden Erfahrungen mit seinem Schaukelpferd keinerlei reitsportliche Vorbildung. Er schwang sich also mit sehr gemischten Gefühlen auf den ungesattelten Zossen und hing denn auch auf dem Tier, wie ein Affe auf dem Schleifstein. Mit aller Anstrengung kniff er die Beine zusammen, um sich festzuhalten und hopste trotzdem bei jedem Trabschritt des Pferdes wie ein Gummiball auf und ab. Er sah die Häme im Augenwinkel des Chefs, der wohl darauf wartete, daß er runterfiel. Auf keinen Fall wollte sich Franz diese Blöße geben und hielt tapfer den folgenden einstündigen Ritt durch. Nach Erkundung der neuen Stellung bat er aber inständig schon die Sicherung übernehmen zu dürfen, denn zurück hätte er es nicht mehr geschafft. Gar fürchterlich hatte der grobe Feinripp der militärischen Maßkonfektion bei diesem Ritt im duftenden Zwiespalt gerieben. Der Herr Scharfschütze hatte sich einen mörderischen Wolf (Landserausdruck für die wundgescheuerte Gesäßspalte, was einen brennend beißenden Schmerz verursachte) geritten. Bei der Ankunft der restlichen Truppe suchte er denn auch umgehend den Sanitäter auf und bat in delikater Angelegenheit um diskrete Hilfestellung. Der Heilkundige trat ihm eine kleine Dose Penatencreme ab, mit der die Krise dann gemeistert werden konnte. Auf keinen Fall aber war er in der Lage am nächsten Tag schon wieder aufs Pferd zu steigen. Über beide Backen grinsend heuchelte der Kommandeur Verständnis und stieg zur Erkundung auf ein BMW-Motorad mit Beiwagen um. Franz setzte sich hinter den Fahrer auf den Sozius, sein Gewehr ließ er diesmal zurück, da er noch dicke blaue Flecken vom Vortag auf dem Rücken hatte, wo sein Gewehr beim Hopsen auf dem Pferd ständig aufgeschlagen war. Er hing sich jetzt eine MP 40 um. Die Rückzugsstraße entlangknatternd, trafen sie auf eine ebenfalls zurückweichende Infanteriekampfgruppe, die noch über zwei kampffähige Sturmgeschütze verfügte. Beim Informationsaustausch der Offiziere wurde ihnen mitgeteilt, daß ein Spähtrupp eine russische Panzerspitze im möglichen Vorstoß auf die Rückzugsstraße gesehen habe. Höchste Vorsicht sei also geboten. Nach wenigen Minuten schon fuhren die drei weiter und passierten gerade das vorausfahrende Sturmgeschütz als dieses abrupt stehen blieb und feuerte, just in dem Augenblick als sich das Motoradgespann in Höhe der Mündungebremse des Kampfwagens befand, keine zwei Meter entfernt. Franz war, als würde ihm eine Bombe in der Hand explodieren. Vom Mündungsfeuer geblendet, riß ihn eine unsichtbare Kraft aus dem Motoradsattel um ihn achtlos ins Gebüsch am Straßenrand zu werfen, wo ihm für Sekunden die Sinne schwanden. Er kam wieder zu sich, bäuchlings im Gras, alle Knochen schmerzend. Der Kopf dröhnte und in den Ohren pfiff es fürchterlich. Etwas vor ihm wälzte sich der Fahrer ohne Orientierung am Boden. Einsam und verlassen saß der Herr Kommandeur in seinem Beiwagen und glotze, wie die Kuh wenn es donnert. Alle drei waren unfähig sich kontrolliert zu bewegen, während sich um sie herum ein kurzes Feuergefecht mit der gemeldeten russischen Vorhut entwickelte. Der Gegner wich aber schnell zurück und nach wenigen Minuten nahte Hilfe für die Knallgeschockten. Sie brauchten über eine halbe Stunde bis sie sich soweit erholt hatten, daß sie ihren Weg fortsetzen konnten. Aber es dauerte noch Tage, bis sich das Pfeifen in Franz Ohren legte.

Es war nicht etwa diese Episode, die ihn dann doch zurück aufs Pferd zwang, sondern die Umstände an sich. Das deutsche Ostheer des Jahres 1944 war ohne Pferde inzwischen undenkbar. Hunderttausende von ihnen hielten die marode Logistik aufrecht und gewährleisteten eine gewisse Basismobilität der Truppe.

Eine Transport-Kompanie des Regiments. Ohne Pferde ging gar nichts mehr.

Denn Treibstoff- und Ersatzteilmangel, riesige Verluste und eine völlig unzureichende Standardisierung der Fahrzeugtechnik hatten den Bestand an Fahrzeugen dramatisch zusammenschrumpfen lassen. Insbesondere infanteristische Verbände waren inzwischen oft gänzlich ohne Kraftfahrzeuge. Die genügsamen und umgänglichen osteuropäischen Pferderassen, von den Landsern im Sammelbegriff ‚Panjepferd' genannt, wurden damit zur unverzichtbaren Stütze der deutschen Truppen.

So versuchte auch Franz aus der Not eine Tugend zu machen. Unter der sachkundigen Anleitung eines Kameraden, der Bauer und Pferdekenner war, übte er sich im Umgang mit diesen Tieren und dem Reiten. Schon nach einer Woche hielt er sich ganz ordentlich und überstand fortan die kavalleristischen Ausflüge mit dem Bataillonskommandeur unbeschadet.

Ein Versorgungs-LKW war zu ihnen durchgekommen und brachte neben dringend benötigter Munition auch einige Ersatzwaffen. Der WuG-Uffz (Waffen-

und Geräte Unteroffizier) ließ Franz durch einen Melder ausrichten, er habe aufregende Neuigkeiten und er solle doch mal vorbeischauen, auch um behilflich zu
sein. Die Neugier trieb ihn denn auch unmittelbar zur Versorgungsstelle des Bataill-
lons. Vor ihm lagen dort zehn nagelneue Selbstladegewehre Modell 43 und drei
zigarrenkistengroße, grün gestrichene Sperrholzkisten mit passenden Montagen
und vierfachen Zielfernrohren des Modells ZF 4 darin. Schriftlich hatte der WuG
dazu vom Regimentswaffenmeister die Anweisung erhalten, die Zielfernrohre auf
die drei am besten schießenden Waffen zu montieren und dann die Montagen mit
der Seriennummer der Trägerwaffen zu kennzeichnen. Franz sollte nun beim An-
schießen der Waffen helfen, zumal er sie auch schon von seinem Scharfschützenlehrgang her kannte und technisch beherrschte. Schnell waren die drei für die Zielfernrohre geeigneten Waffen ermittelt. Doch das Angebot seinen K 98 k gegen
eines der Selbstladegewehre einzutauschen lehnte Franz ab, da das neue Zielfernrohr von seiner Lichtstärke, seiner optischen Klarheit und seines Gesichtsfeldes her
deutlich schlechter war, als das auf seinem Karabiner. Aber er bat den Unteroffizier, ihm eines der Gewehre zur ständigen Verfügung zu halten, da er die taktischen
Vorteile der neuen Waffen, speziell in drängenden Gefechtssituationen doch erkannte. Zwei ausgewiesenermaßen gute Schützen erhielten die beiden anderen
montierten Gewehre. Schwierig zeigte sich allerdings die geforderte Kennzeich-
nung der Montagen mit der jeweiligen Seriennummer der Trägerwaffe. Der spezielle, im Sandguß geformte Stahl, war glashart und nahm die Zahlen der Schlags-
tempel nur schwach leserlich an. Die Holzkisten der Zielfernrohre wurden durch
den Gehilfen des WuG achtlos weggeworfen, da die Zielfernrohre auf den Waffen
montiert verblieben.

Nach anstrengendem Nachtmarsch hatten sie in der Morgendämmerung
ihre neuen Stellungen hergerichtet und sich notdürftig eingegraben. Die Russen
waren ihnen unmittelbar auf den Fersen und sie erwarteten jeden Augenblick die
ersten Aufklärungsspitzen. Franz begleitete den Bataillonskommandeur auf einem
letzten informellen Inspektionsgang durch die Stellungen. Plötzlich peitschte ein
einsamer Schuß durch die morgendliche Stille und schlug circa fünf Meter vor
ihnen in einer MG-Stellung ein. Schon waren sie mit eingezogenen Köpfen um die
nächste Grabenkehre, als vor Ihnen ein Jäger saß, der seine Mütze in der Hand
hielt, von der mit roher Gewalt das blecherne Edelweiß gerissen worden war. Sofort schoß es Franz durch den Kopf - russischer Scharfschütze. Der Landser, erst
seit wenigen Tagen an der Front, sah seinen Kommandeur und gab sich sofort
dienstbeflissen und wollte ihm erklären, woher der Schuß gekommen war. Ehe
Franz es verhindern konnte, hatte dieser sich wieder erhoben und zeigte über den

Grabenrand. Sein erstes Wort war noch nicht raus, als Franz sich mit einem Hecht-sprung auf ihn stürzte, um ihn zu Boden zu reißen. In der selben Sekunde raste schon das Projektil des Russen heran und erwischte den Jäger noch im Fallen mit dumpfem Schlag am Kopf. Blut spritze, als das Geschoß ein Stück Knochen links-seitig aus dem Schädel riß. Doch trotz seiner schweren Verwundung verlor der Landser im Schock der Verletzung nicht das Bewußtsein. Franz und der zweite MG-Schütze rissen dem Verletzten das Verbandspäckchen aus der Tasche, um ihn zu versorgen. Untergehakt nahm ihn der Kommandeur mit zurück zum Bataillons-gefechtsstand, während der Versehrte immer wieder stammelnd fragte: „Was ist passiert, wer hat nach mir geschlagen, bin ich verletzt ?" Plötzlich sah er den Kom-mandeur mit großen Augen an und fragte: „Papa bringst du mich jetzt nach Hause ! Mama wird schon auf uns warten !" Klos lief es kalt den Rücken hinunter als er ihm antwortete. „Bleib ganz ruhig mein lieber Junge. Du bis nur hingefallen. Wir gehen jetzt nachhause und dann wird wieder alles gut."

Franz blieb beim MG-Posten. Wie ein Lauffeuer ging es durch die Reihen der Jäger, daß ein russsicher Scharfschütze vor den Linien lag, was alle zu größter Vorsicht mahnte. Von Franz erwartete man jetzt, daß er den gefährlichen Gegner unschädlich machen würde.

Wie wenige andere Soldaten standen die Scharfschützen unter einem stän-digen Erwartungsdruck. Insbesondere die Offiziere forderten einen immer furcht-losen Einsatzwillen und sichere Auftragserfüllung auch oft faktisch unlösbarer Aufgaben. Schaffte es der Scharfschütze, hatte er nur seine Pflicht getan. Scheiterte er, schmähten sie ihn vielfach zu unrecht der Feigheit oder Unfähigkeit. Denn Wunder konnten auch sie nicht vollbringen, insbesondere im Kampf gegen feind-liche Scharfschützen. Auch Franz hatte diesen sehr unangenehmen Druck schon zu spüren bekommen. Doch hatte er das Glück, überwiegend recht besonnene Vorge-setzte zu haben.

Wenn es eben möglich war, richtete sich Franz in jeder neuen Stellung im-mer einen gut getarnten Beobachtenplatz ein. Diesen bezog er jetzt, nachdem seine Ablösung für das MG gekommen war. Er hoffte natürlich, den Sowjet ausfindig zu machen. Aber dieser war ein alter Fuchs, denn er war plötzlich von der Bildfläche wie verschluckt. Der Tag verging in gespannter Aufmerksamkeit, aber es passierte nichts mehr. Erst am Abend, als die Jäger bis auf eine Nachhut wieder ihre Positio-nen verließen, belferten die ersten russischen MG über die deutschen Gräben hin-weg und gaben das Zeichen, dem sich absetzenden Gegner weiter nachzurücken.

An einem der letzten Marschtage vor dem Erreichen ihres neuen Stellungs-
raumes, zogen sie nachts durch ein bewaldetes Tal entlang des Maros. Die Erkundung der Tagesstellung war schon abgeschlossen. Franz trottete im Kreise seiner
Kameraden vor sich hin. Alle waren chronisch übermüdet und setzten die Füße wie
in Trance voreinander. Nur die Sicherungssoldaten rissen sich für die Dauer ihrer
Aufgabe krampfhaft zusammen. Eine Vorhut von fünf Mann marschierte circa
fünfzig Meter voraus. Plötzlich schreckte eine dumpfe Explosion die Jäger aus ihrer Lethargie. Schlagartig waren sie hellwach. Jeder warf sich so gut es ging in
Deckung. Beim Sprung in den Graben, sah Franz, wie ein Kamerad der Voraus-
gruppe im Knall von den Beinen gerissen wurde und beim Aufschlagen auf die
Erde eine zweite Detonation auslöste. Ihm war sofort klar, daß der Jäger auf Minen
getreten war. Da kein Feuerüberfall folgte, handelte es sich nicht um einen Hinter-
halt. Schon wurde die akute Minengefahr durchgerufen. Jeder sollte möglichst an
seinem Platz bleiben und sich nur mit äußerster Vorsicht bewegen. Da Franz weit
vorne lag. arbeitete er sich mit dem Sanitäter vorsichtig und notgedrungenermaßen
langsam zu dem Verwundeten vor. Im Schein der Taschenlampe leuchtete im
schwere Schock das blutleere Gesicht des Sterbenden kalkweiß. Kein Laut kam
über seine Lippen, sein Blick schon haltlos in apokalyptische Ferne starrend. Die
erste Explosion einer Schützenmine hatte ihm den linken Unterschenkel abgerissen. Beim Hinfallen dann hatte er mit dem Gesäß eine zweite Schützenmine ausge-
löst, die ihm zusätzlich Gesäß und Oberschenkel zerfetzte. Das blutig zerissene
Gewebe zuckte pulsierend wie Wackelpudding. Kleine Blutfontänen sprudelten
rythmisch aus den, wie kleinen Schläuchen wirkenden Arterien. Weiß staken die
zersplitterten Knochen aus der monströsen Wunde. Völlig hilflos standen sie vor
dem tödlich Verwundeten, der sich mit letzter Kraft und immer noch stummem
Starren am Arm des Sanis festkrallte. Aus den zerissenen Arterien bildete sich eine
dicke Blutlache. Dann plötzlich entrang sich dem Sterbenden ein schrecklich
grunzendes Stöhnen, ein letztes krampfhaftes Aufbäumen und mit einem Seufzer
sank er tot in sich zusammen.

Es war in diesem Krieg schon lange keine Zeit mehr für Rituale. Der tote
Soldat war jetzt nur noch Kadaver, verlorenes Kriegsmaterial.. Er blieb zurück, so
wie er starb. Als der Sani die Hundemarke (Landserausdruck für die Erkennungsmarke) durchbrach, waren die Übrigen schon wieder zur kriegerischen Routine
übergegangen. Aufstellung zum Gänsemarsch. Zwei Leute vorne weg auf allen
vieren, den Boden per Hand und mit dem Bajonett nach weiteren Minen absu-
chend. Wie sich herausstellte waren sie in ein von ungarisches Truppen bei ihrem
Rückzug angelegtes Minenfeld geraten. Für wenige hundert Meter brauchten sie

über fünf Stunden, bei denen jeder mit größter Präzision jeweils in die sicheren Fußstapfen seines Vorgängers zu treten suchte. Es gelang ihnen auch tatsächlich das gefährliche Terrain ohne weitere Verluste zu überwinden.

Generell war das Problem von Minen für die deutschen Soldaten eher selten. Da sie sich in der Regel auf stetem Rückzug befanden, waren primär sie es, die den nachrückenden Russen diese Sprengkörper in den Weg legten. Gleichzeitig war die Kampfführung inzwischen so flexibel, daß auch die stetig vorstürmenden Sowjets ihre jeweils erreichten Stellungen nur noch gelegentlich mit Minensperren absicherten. Minen sind ein typisches Kampfmittel der Defensive.

Dies Ereignis hatte die Jäger aus ihrer Leichtfertigkeit gerissen und wieder sensibilisiert. Sie achteten jetzt besonders auf mögliche Anzeichen für diese heimtückischen Sprengkörper. Wenige Tager später bezogen sie einen neuen Stellungsraum, in dem die Vorausabteilung einen buschbestandenen Geländeabschnitt vorfand, der mit einer Vielzahl kleiner, verdächtiger Erdaufwürfe übersät war, die eindeutig zeigten, das etwas vergraben worden war. Man hatte ihnen mitgeteilt, daß vorher ein ungarisches Regiment in diesem Bereich gelegen hatte. Folgerichtig dachten sie an drohende Gefahr, sicherten das Gelände und warnten ihre nachrückenden Kameraden. Da die Fläche im geplanten Stellungskonzept nicht auszusparen war, entschloß man sich notgedrungenerweise zu einer Teilräumung. Unter Anleitung der Pioniere wurden Räumgruppen gebildet und eingehend instruiert. Auf allen Vieren drangen sie vorsichtigst in das Gelände ein, mit ihren Bajonetten ganz behutsam in der Erde stochernd. Schließlich hatten fast alle des Räumkommandos so ein Erdhäufchen vor sich und fingen chirurgengleich an mit den Bajonettklingen und den Fingern zu graben. Plötzlich ein Schrei des Entsetzens, dann noch einer. Schließlich überall demonstrativ zum Ausdruck gebrachter Ekel. Der Räumvorgang wurde abrupt beendet und sofort ein Zustandsbericht erarbeitet. Das Ergebnis war überwältigend. Die Minen entpuppten sich als Kackhaufen der abgerückten Ungarn. Anstatt des erwarteten Minenfeldes hatte man sich durch den Latrinenacker gegraben. Häme und doofe Witze waren den heldenhaften Minenräumern in den nächsten Tagen sicher.

Die Division hatte ihr neues Stellungsgebiet um Deda kaum erreicht und sich eingerichtet, als der Gegner auch schon mit massiven Kräften den Anschluß fand und wieder angriff. In einer konzentrierten Offensive bestürmte er vom 24.9.

bis zum 8.10.44 die Stellungen der Gebirgsjäger. In harten und verlustreichen Kämpfen und kühnen Operationen mit durchaus ungewissem Ausgang zwischen und hinter die russischen Linien, gelang es den deutschen Verbänden dennoch, den Angriff zu brechen und ihre Positionen zu behaupten. Doch südlich der 3 .G.D. gelang den Sowjets der Einbruch und wieder zerfaserte sich die Abwehrfront mit den üblichen logistischen und taktisch-strategischen Gefahren für die Verteidigung. Um der Einschließung zu entgehen, mußten die Jäger ihre, unter hohen Opfern gehaltenen Stellungen dennoch räumen. Die neue Auffanglinie sollte dem Fluß Theiß folgen.

Die Gesamtsituation wurde dadurch erschwert, daß auch Ungarn inzwischen kein verläßlicher Verbündeter mehr war. Auch hier hatten sich widerstreitende politische Lager soweit konsolidiert und auch polarisiert, daß es zu unterschiedlicher Parteinahme kam. Große Teile der ungarischen Armee liefen unter Waffen zu den Russen über, andere standen bedingunglos zu ihren deutschen Verbündeten. Eine weitere entscheidende Schwächung der deutschen Front blieb durch diese Ereignisse unausweichlich. Das erste Mal erlebten die Gebirgsjäger jetzt auch massive zivile Fluchtbewegungen. Nicht nur die deutschstämmigen Siebenbürgener, sondern auch viele antikommunistisch gesonnene Ungarn machten sich mit den zurückweichenden Wehrmachtsverbänden auf den Weg nach Westen. Damit nahm der Krieg auch für die abgestumpften Landser nochmal an belastender Härte zu, da jetzt eigene Zivilbevölkerung in die Kämpfe verwickelt wurde und sie oftmals unfähig zur Hilfe, dem Elend und Sterben der Zivilisten zusehen mußten. Die Sinnfälligkeit ihres Einsatzes wurde damit für den einzelnen Soldaten noch weiter entkernt. Sein Kampf reduzierte sich jetzt auch öffentlich zum Selbstzweck eines todwunden politischen Systems, dessen Protagonisten das Maß der Dinge schon lange überschritten hatten.

Auf der riesigen ungarischen Ebene, der Pußta, entfalteten sich nun überlegene russische Panzerkräfte zur Offensive. Um den Anschluß an die deutschen Verbände zu halten, mußte die im Süden liegende Armeegruppe Wöhler, zu der auch die 3. G.D. gehörte, in einem Keil auf die Stadt Nyiregyhaza hin den russischen Angriff durchstoßen. Es entwickelten sich erbitterte Kämpfe, in die auch die Flüchtlingströme ohne Rücksicht verwickelt wurden. Da die politische Kehrtwende der Ungarn nur eine halbherzige war, wurden sie von den einmarschierenden Russen in keiner Weise als eine Art Fraternisierung verstanden. Die Rote Armee bewegte sich also als Sieger in Feindesland und sie gaben der Zivilbevölkerung und damit auch den deutschen Soldaten schon mal einen eindrücklichen Vorgeschmack auf die drohende Niederlage. Es gab bemerkenswert häufige Übergriffe einer entfesselten russischen Soldateska gegen Zivilisten und und diese waren von äußerster Brutalität. Die immer wieder aufgefundenen Leichen schwer mißhandelter und gefolterter deutscher Soldaten waren dagegen fast schon Routine.

14. Kapitel

Es war ein kleiner Ort vor Nyiregyhaza. Die russischen Panzerverbände hatten ihn überrollt und waren schon weiter vorgerückt. Eine Infanteriekompanie war gefolgt und hatte in dem Dorf Stellung bezogen. Als sich die Gebirgsjäger dem Gegner näherten entspann sich ein kurzes und heftiges Gefecht, das die kampferprobten Landser recht schnell für sich entschieden. Unter hohen Verlusten zogen sich die Reste der russischen Kompanie zurück. Bei der vorsichtigen, schrittweisen Besetzung des Dorfes stellten die Jäger fest, daß sich die Zivilbevölkerung noch in den Kellern ihrer Häuser verkrochen hatte. Als die Einwohner merkten, daß die Sowjets vertrieben waren, kamen sie den Deutschen wehklagend entgegen. Beim Durchkämmen der Häuser wurde den Soldaten denn auch der Grund des Entsetzens klar. Denn sie stießen auf die Spuren ihrer marodierenden Vorgänger, vergewaltigte Frauen und Mädchen, erschossene und erstochene Angehörige, die augenscheinlich versucht hatten, sich den Tätern in den Weg zu stellen. Franz und zwei seiner Kameraden stießen auf einen völlig verstörten älteren Mann, der in seiner klagenden Hysterie gar nicht zu beruhigen war und immer wieder auf eine Art Hochkeller zeigte. Sie nahmen daraufhin an, daß sich möglicherweise noch feindliche Soldaten dort verborgen hielten. Sofort schwärmten sie aus und näherten sich gegenseitig sichernd dem Gebäude. Auf ihr wiederholtes Rufen erfolgte keine Reaktion. Doch als einer der Landser eine Stiehlhandgranate aus dem Gürtel zog um sie durch die offenstehende Tür in den unteren Raum zu werfen, kam der Alte schreiend auf ihn zugerannt und fiel ihm in den Arm. Wild gestikulierend und Unverständliches schreiend schob er den Landser vor sich her in den Raum. Er hatte ihn kaum betreten, als er sich auch schon ruckartig umdrehte, grün im Gesicht sich gegen die Hauswand abstützte und kotzte. So sensibilisiert, spähten auch Franz und sein Kamerad um die Ecke. Der Anblick verschlug ihnen schlagartig den Atem und selbst ihnen, abgebrüht wie sie waren schnürte es die Hälse zu. Im Raum lag eine hochschwangere Frau, der man bei lebendigem Leibe den Bauch aufgeschnitten und das Kind herausgerissen hatte. Sie war verblutet. Der fast ausgewachsene Fötus war mit einem Bajonett an einen Stützbalken genagelt worden. In einer spontanen Aktion der Anteilnahme befreiten sie das Kind aus seiner würdelosen Lage und wickelten es zusammen mit seiner Mutter in eine Zeltbahn, trugen die beiden in den Garten des Hauses und begruben sie.

Das Regiment im Vormarsch auf Nyiregyhaza.

Zwei Tage später hatte sich das Regiment auf Angriffsdistanz der Klein-
stadt Nyiregyhaza genähert. Während die Truppe in Wartestellung lag, nutzte Franz
die Zeit zur Erkundung. Nach ein paar Stunden Schlaf verschwand er noch vor
Anbruch des Morgengrauens in der schützenden Dunkelheit der Nacht. Nach kurzer Zeit näherte er sich den ersten Häusern eines Vorortes. Vorsichtig schlich er
sich durch die Gärten und Ruinen der zerschossenen Gebäude. Der Ort machte
hier einen verlassenen Eindruck, obwohl er als durch die Russen besetzt galt. Inzwischen zog der neue Tag auf. Er mußte also höllisch aufpassen, daß er nicht
unvermittelt auf einen getarnten Beobachtungsposten stieß. Während er vorsichtig
von Deckung zu Deckung huschte, hörte er plötzlich Fahrzeuge auf sich zukommen. Es war jetzt kurz nach halb acht am Morgen und eigentlich hätte er sich schon
längst wieder auf den Rückweg machen müssen. Aber die bisherige Ergebnislosig-
keit seiner Erkundung ließen ihm keine Ruhe und er hoffte noch was Brauchbares
zu finden oder zu sehen. In schnellen Schritten erklomm er den Trümmerberg
eines zusammengeschossenen Hauses vor ihm. Der heruntergekrachte Dachfirst
bot ein gutes Versteck. Mit routinierten Handgriffen, ohne Geräusche zu machen,

ALBRECHT WACKER

schaffte er sich Raum und einen ausreichenden Ausblick nach vorne. Vor ihm tat sich eine Straße mit geplünderten Geschäften und visavi einer Gaststätte auf. Schon bogen drei amerikanische Willis Jeeps mit Sowjetstern auf der Kühlerhaube und ein kleiner LKW um die Straßenecke und hielten vor der Kneipe. Die Soldaten sprangen von den Fahrzeugen, Befehle wurden gegeben und kleine Gruppen teilten sich auf, die in die Häuser eindrangen. Der Schreck fuhr Franz in die Knochen, doch die Russen ignorierten seinen Trümmerhaufen und konzentrierten sich auf die erhaltenen Gebäude. Es zeigte sich, daß sie alle verlassen waren. Die Soldaten fingen an zu plündern und vor den Fahrzeugen sammelten sich die Dinge an, die das Soldatenleben, manchmal auch vermeintlich erleichtern sollten: Weckgläser mit Obst, Gemüse und Fleisch, ein Grammophon mit Platten, Kerzenleuchter, Bilder, Alkoholflaschen. Weil sie wohl insbesondere an Freßalien, Alkohol und ausgesprochenen Wertgegenständen nicht genug fanden, wurde die Stimmung agressiver und sie fingen an auch mutwillig zu zerstören. Möbel flogen aus den Fenstern, Bücher und Kleidungsstücke folgten. Der führende Offizier nahm sich natürlich das lohnenste Objekt vor, die Kneipe. Franz hörte laute Stimmen im Gebäude und Glas zersplittern, Möbel zerbarsten. Plötzlich eine MP-Garbe, laute Befehle und ängstliches Schreien, das sich der offenen Tür näherte. Die Soldaten hatten offensichtlich den Gastwirt und seine Frau in einem Versteck entdeckt und stießen die beiden nun mit vorgehaltenen Waffen und unter Fußtritten auf die Straße. Franz schätzte den Wirt auf Ende fünfzig, seine Frau zwanzig Jahre jünger. Neugierig ob des Vorfalles kamen die anderen Gruppen zu den Fahrzeugen zurück. Franz zählte dreiundzwanzig Rotarmisten. Irgendetwas wurde lautstark zwischen den Soldaten diskutiert. Offensichtlich betraf es die Frau. Unvermittelt stürzte sich der Wirt auf den nächststehenden Soldaten, denn er schien wohl zu ahnen, was jetzt kommen sollte. Krachend fuhr ihm der Kolben einer PPsh in den Rücken und zwang ihn vor Schmerz stöhnend zu Boden. Schon wurde er von zwei anderen wieder hochgerissen und zu einer nahestehenden Straßenlaterne geschleift. Mit wenigen Handgriffen waren ihm die Arme hinter der Laterne zusammengebunden und ein Draht um Hals und Pfahl gedreht. Damit war er zur absoluten Bewegungsunfähigkeit gezwungen. In der Zwischenzeit hatten andere die schreiende Frau bäuchlings quer auf die Motorhaube des ersten Jeeps gelegt. Einer hielt ihre Arme fest, zwei andere jeweils eines ihrer Beine. Der Offizier, ein Oberleutnant hatte den Vortritt. Er zog ein Messer aus seinem Stiefelschaft, die beiden anderen Soldaten spreizten die Beine der Unglücklichen. Genüßlich und unter hämischen Kommentaren, die die anderen Sowjets zu abfälligem Lachen stimulierten, zerschnitt er ihre Hosen und riß ihr den Stoff ruckartig vom Hintern. Weiß und zitternd hob sie sich vom Grün der Motorhaube ab. Dem Russen sackte die Hose auf die Knie und unter

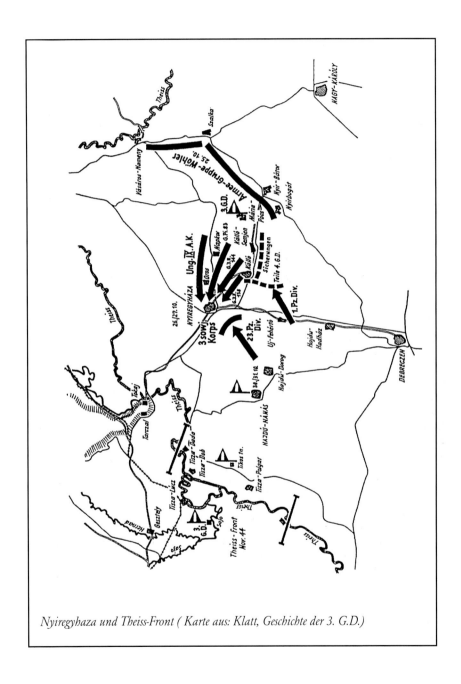

Nyiregyhaza und Theiss-Front (Karte aus: Klatt, Geschichte der 3. G.D.)

ALBRECHT WACKER

dem aufmunternden Gejohle seiner Kameraden drang er mit hektisch zuckendem Becken in die Ungarin ein um schon nach kurzer Zeit konvulsivisch bebend sein Tun zu beschließen. In einer ganz eigentümlichen Mischung aus Erregung und Abscheu beobachtete Franz die Szene, nur etwa dreißig Meter entfernt in seinem Versteck. Doch seine Befindlichkeit schlug schnell um in Ekel und ohnmächtige Wut bei dem was nun kam. Denn in der Reihenfolge ihrer Dienstgrade vergingen sich nacheinander alle Russen an der Frau, die inzwischen wie leblos auf dem Auto lag. milchig trüb lief das Sperma der Männer an ihren Beinen lang und über den Kotflügel des Wagens. Ihr gefesselter Ehemann, zur Bewegungslosigkeit an der Laterne verdammt, beobachtete die Szene versteinert und stumm, aber der Blick seiner Augen bekam etwas Diabolisches, ja Bestialisches. Es dauerte fast eine Stunde bis alle dreiundzwanzig fertig waren. Franz war zur Untätigkeit gezwungen, denn er war viel zu nah dran und hätte nach einem Schußwechsel auch sein Versteck nicht ungesehen verlassen können. Beim Blick auf seine Armbanduhr überkam es ihn plötzlich siedend heiß, denn der Angriff auf die Stadt war für seine Einheit auf neun Uhr festgesetzt. Es war schon zehn nach neun. Das hieß, seine Kameraden arbeiteten sich schon auf ihr Angriffziel zu. Er konnte jetzt nur noch abwarten und hoffen, daß er sich in ihre Reihen wieder einfügen konnte, ohne vom Feuer der eigenen Truppe erfaßt zu werden. Glücklicherweise lag der vorbereitende Artillerieschlag in einem anderen Stadtteil. Erstaunlicherweise ließen sich die Russen aber vom einsetzenden entfernten Feuer kaum irritieren. Fast seelenruhig packten sie ihre Beute in die Fahrzeuge, derweil die geschändete Frau immer noch leblos auf der Haube lag. Doch was jetzt kam, ließ auch Franz bis ins Mark erschaudern. Denn schon standen wieder einige in gestikulierendem Disput um die Frau herum, als zwei plötzlich wieder ihre Beine ergriffen und auseinanderspreitzten. Dabei zog ein dritter eine Leuchtpistole aus dem Halfter, schob eine Patrone in die Waffe und rammte der Frau den Lauf zwischen die Beine. Sie stöhnte kurz aus ihrer Ohnmacht auf, kurz bevor der Soldat den Abzug durchzog. Zischend schlug ihr die rote Leuchtkugel in den Leib und fing an zu glühen. Einen solchen Schrei hatte Franz in seinem Leben noch nicht gehört, wie er in diesem Augenblick sich über die Wahlstatt erhob. Wie flüssige, rotglühende Lava quoll es zwischen den Beinen der Frau heraus. Irrsinnig vor Schmerz wälzte sie sich von der Motorhaube und wand sich kreischend und zuckend am Boden. Ihr erlebtes Sterben dauerte bestimmt mehrere Minuten, bis sie die Sinne und endlich das Leben verließen. Franz war vom Entsetzen wie gelähmt, während die Rotarmisten der Szene mit Behagen beizuwohnen schienen. In diesem Augenblick sah er gut zweihundert Meter im Hintergrund die ersten seiner Kameraden sich vorsichtig durch die Ruinen vortasten. Wenn er jetzt schießen würde, könnte er möglicherweise solange durchhalten, bis sie heran waren um einen möglichen Gegenangriff der Russen abzuwehren. Sekunden später peitschten todbringend die Projektile seines Zielfernrohrgewehres zwischen die Sowjets. Aber es waren erfahrene Soldaten. Schon nach dem zweiten Treffer hatten sich die anderen in Deckung geworfen und erwiderten das Feuer erstaunlich präzise. Er mußte sich ganz flach in seine Stellung drücken, um nicht vom Kugelhagel getroffen zu werden. Aber er hatte sein Ziel erreicht. Seine Kameraden bezogen das Feuer auf sich und nähertes sich zügig der Höhe seiner Stellung. Minuten später tobte ein heftiges Feuergefecht, das die Jäger schließlich für sich entscheiden konnten.

Wie durch ein Wunder blieb der an der Laterne gefesselte Ungar in dem ganzen Getümmel und Kugelhagel unverletzt. Als man ihn befreite, stierte er mit wahngeweiteten Augen auf seine tote Frau und auf die gefallenen Russen. Er schien seine Umgebung nicht mehr wahrzunehmen und blieb mit gelähmt herabhängenden Armen wie angewurzelt stehen. Schließlich schweifte sein Blick über

In wilder Raserei zerstückelte der Gastwirt mit der Axt einen der Peiniger seiner Frau.

ALBRECHT WACKER

die Szenerie und blieb an einem offensichtlich nur verwundetem Russen hängen. In einem apokalyptischen Schrei löste sich seine Erstarrung. Er stürmte in sein Haus und kam nur Sekunden später mit einem Beil in den Händen zurückgerannt. Wie von Sinnen stürzte er sich auf den überlebenden Peiniger seiner Frau und schlug die Axt in nicht enden wollender Raserei in den zuckenden und sich windenden Körper des verwundeten Sowjet. Krachend zerbarsten diesem die Knochen unter den wuchtigen Schlägen. Blut spritzte auf. Erst, als er das Objekt seines Hasses in mehrere sichtbare Stücke zerschlagen hatte, kam er zur Ruhe und hielt inne. Schluchzend ließ er plötzlich sein Werkzeug fallen und rannte über und über blutbesudelt zur Leiche seiner Frau, um vor ihr in die Knie zu fallen und ihren Oberkörper zu sich hoch in die Arme zu nehmen. Wortlos, nur von Weinkrämpfen geschüttelt wiegte er sich hin und her. Keiner der Jäger wagte, sich dieser Szene zu nähern. Sie verdrückten sich so gut es ging und überließen den Gastwirt seiner kaum zu bewältigenden Trauer.

Am 3. November 1944 überschritt die Division schließlich die Theiß und wurde in die neue Frontlinie eingegliedert. Ein niederschlagreicher Winter zog herauf und ließ die Theiß über die Ufer treten. Das schäbige Wetter belastete zwar, erschwerte aber auch den Russen das Nachrücken erheblich und half den Deutschen bei der Abwehr der Vorstöße des Gegners. Doch die Kräfte der Wehrmacht waren inzwischen so ausgezehrt, daß ein effektiver und langfristiger Widerstand unmöglich wurde. Schon Mitte November hatte sich die Division bis auf die Industriestadt Miskolc zurückgezogen.

Nachdem die Kämpfe schon mehrere Wochen auf ungarischem Territorium wüteten, war auch hier eine zunehmende Polarisierung widerstreitender politischer Kräfte zu beobachten. Kapitulationen und Frontenwechsel ganzer ungarischer Regimenter unter Waffen rissen weitere Lücken in die Front, die von deutschen Verbänden nicht mehr zu schließen waren und immer wieder hochgefährliche strategische Situationen schufen. So wurden auch die Kämpfe um Miskolc durch überlaufende ungarische Verbände taktisch völlig unkalkulierbar. Von einem Augenblick auf den anderen entstanden strategische Zwangslagen, die schließlich jedes Konzept zum Scheitern brachten. Die Kommandeure führten ihre Einheiten aus vorderster Linie heraus, um sofort auf unvorhergesehene Situationen reagieren zu können.

Bei katastrophalem Wetter, wechselnden Temperaturen zwischen minus zehn und null Grad und Dauerregen, bzw. -schnee, waren die Jäger nach wenigen

Tagen in völlig durchgeweichten, nicht mehr zu trocknenden Uniformen. Ihre Stellungen vor der Stadt bestanden nur noch aus sumpfigem Morast und standen voll Wasser. Gegen die 3. G.D. drückten sieben russische Divisionen und ein mechanisiertes Korps. Diesem Ansturm war unter den gegebenen Bedingungen nicht zu widerstehen. Sie zogen sich in die Stadt zurück und verschanzten sich in den Häusern. In diesen relativ festen Stellungen gelang es zwar die Angriffe der Russen abzuwehren, aber rechts und links der Stadt gelang ihnen der Durchbruch. Trotz der Katastrophe von Stalingrad hielt das OKH an den Weisungen Hitlers, weitere sogenannte ‚Festungen' zu bestimmen fest. Da die Wehrmacht schon lange nicht mehr in der Lage war, solche strategisch äußerst sensiblen Operationen erfolgreich durchzuführen, das heißt Luftversorgung und schließlich Entsatz der Festung, respektive Sprengen des Kessels, bedeutete der Befehl zum unbedingten Halten einer Position immer das physische Ende der betroffenen Truppe. Wie ein Damoklesschwert schwebte die Angst vor dem Festungsbefehl über den Kommandeuren.

Seit Tagen wehrten die Jäger in erbitterten Häuserkämpfen den Ansturm der Sowjets ab. Franz war zur Sicherung des in vorderster Linie liegenden Btl.-Gefechtsstandes eingeteilt. Mit erstaunlicher Präzision lag das Feuer russischer Werfer und Artillerie in der Nähe dieser Führungsposition. Wieder rauschte eine feindliche Werfersalve heran. Alles hechtete sich so gut es ging in Deckung. Auch Franz versuchte mit einer Flugrolle den nächsten Graben zu erreichen, doch einen Wimperschlag zu spät. Schon detonierten mit ohrenbetäubendem Schlag die Granaten. Glühend heiße Metallsplitter umsirrten ihn zu hunderten. Unmittelbar vorm Eintauchen in die Deckung spürte er den sengenden Hauch des Todes. Es war nur eine zufällige Drehung seines Kopfes, die sein Leben rettete und so das tödliche Geschoß ihn um Haaresbreite verfehlte. Der Metallsplitter riß ihm nur die Kopfhaut an der rechten Stirn auf. Mit dröhnendem Schlag schrappte er über den Schädelknochen, ohne ihn zu spalten. Wie von einer Keule getroffen warf es Franz auf den Boden des Schutzgrabens, wo er benommen liegen blieb. Doch schon wenige Minuten später war er wieder Herr seiner Sinne. Blutüberströmt tauchte er aus der Erde auf, in Unkenntnis der Schwere seiner Verletzung mit sich vor Angst überschlagender Stimme nach einem Sanitäter rufend. Schnell war Hilfe da, ein Glück das tausende anderer Verwundeter nicht hatten. Routiniert inspizierte der Sani die Wunde und konnte Franz beruhigen. Es sei nur eine oberflächliche Fleichwunde, der Knochen bis auf eine Schramme noch intakt. Durch Schreck und Angst hatte Franz Beine wie Gelee und der Sani mußte ihn stützen auf dem Weg zum Verbandsplatz. Diesmal war er recht schnell an der Reihe. Ein Unterarzt säuberte die Wunde und hatte schon Nadel und Faden in der Hand und heftete, ohne Zeit an eine Betäubung zu verschwenden die zerissene Haut mit schnellen Stichen wieder zusammen. Frisch verbunden mußte er sich nach einem Stündchen der Erholung direkt wieder einsatzfähig melden. Damit war er zum dritten mal verwundet worden und erhielt am 27.10.44 das Verwundetenabzeichen in Silber, eine Auszeichnung mit sehr bitterem Beigeschmack. In seinem Fall waren die Verletzungen nur Bagatellen. Aber zehntausende Anderer bezahlten das trügerisch silbrig glänzende Stück Weißblech mit Verstümmelungen und lebenslangen Schmerzen.

Der Verlust an erfahrenem Führungspersonal nahm in diesen Gefechten dramatische Dimensionen an. Da an Ersatz vorerst nicht zu denken war, wurden Ausfälle von unten nach oben ersetzt. Feldwebel führten schließlich Kompanien, Hauptleute Bataillone. Als Major schon Btl.-Kdr. , mußte Klos in Miskolc schließlich das ganze Regiment 144 übernehmen. Am 10.11.44 hatte er seine Btl.-Chefs zu einer Lagebesprechung in seinen Gefechtsstand gebeten, der in einer eleganten Industriellenvilla eingerichtet war. Der Aufbau stationärer Kommunikationseinrichtungen war in diesem Chaos ständig wechselnder Frontlinien und Befehlsplätze nicht mehr möglich. Der Kontakt zur Division wurde über Funk gehalten. Diese Tatsache war insofern problematisch, als die Russen versuchten, diese Funkstellen anzupeilen und durch Artillerieschläge zu vernichten. In sehr heftigen Kampflagen war es natürlich schwer, das allgemeine artilleristische Feuer von einem speziellen zu unterscheiden. Dieser Umstand sollte auch dieser Lagebesprechung zum Verhängnis werden. Im Anschluß an die Zusammenkunft wollte Klos zu einer Erkundung in die vorderen Linien. Aus diesem Grund hatte er Franz heranzitiert. Er hatte es sich auf edlem Polster in einer Ecke des herrschaftlichen Salons bequem gemacht und beobachtete die Diskussion der über Karten gebeugten Offiziere. Draußen schlugen in vermeintlich sicherer Entfernung die russischen Granaten ein. Gelegentlich zog der eine oder andere den Kopf zwischen die Schultern wenn es mal etwas näher rummste. Aber der Kriegsalltag stumpft natürlich auch ab gegenüber den allgegenwärtigen Gefahren. Vor dem Hause stand der Funkwagen des Regiments und versuchte von der Division Informationen zur Lage zu erhalten. Eine Konstellation, die den Versammelten zum Verhängnis werden sollte. Es war wohl auch ein Glücksgriff von Funkpeilung und sicherer Hand des Richtkanoniers, daß der russische Feuerschlag zum Volltreffer auf den Funkwagen wurde. Im Knall der Explosion borsten die letzten Scheiben des Gebäudes, Putz bröckelte von den Decken und Splitter sirrten durch den Raum. Alles schmiß sich auf den Boden. Der Kommandeur stand mit dem Rücken zum Fenster. Als es knallte, und er in die Knie ging, klatschte es hinter ihm eigentümlich, wie bei einem Faustschlag auf ein Kotelett. Franz sah seinen Helm in die Stirn rutschen und seine Augen aus

216

ihren Höhlen quellen. Dann schlug sein Kopf auf den Tisch und er rutschte mit einem eigenartigen Zittern im Körper zu Boden. Franz war sofort klar, daß Klos getroffen worden war. Der Staub stand noch im Raum als Franz schon zu ihm rüber sprang. Der Kommandeur lag auf dem Gesicht und in seinem Kopf klaffte hinter seinem rechten Ohr ein fünfmarkstückgroßes Loch, aus der eine kleine Blutquelle sprudelte und bald versiegte. Ein rotes Rinnsal zog sich über den staubbepuderten Hals und verschwand im Kragen des tödlich Verletzten. Als er ihn umdrehte blickte er nur noch in gebrochene, panisch geweitete Augen, über die er vorsichtig mit flacher Hand die Lider des Gefallenen drückte. Franz hatte mit Klos nicht nur seinen Förderer sondern auch einen wertvollen und geschätzten Kameraden verloren. Es war müßig über Sinn und Zweck dieses Todes nachzudenken. Sie begruben ihn unmittelbar und schweigend im Garten. Zurück blieb ein aus Zaunlatten mit Draht zusammengebundes Kreuz, auf dem schief ein Helm hing, der im entscheidenden Moment eben nicht den erhofften Schutz gegeben hatte.

Mit dem Tod von Klos mußte Franz wieder zu seiner Stamm-Kompanie zurück und war damit auch seine gute Versorgung beim Bataillonsstab los. Sein Kompaniechef war allerdings froh, einen so guten Scharfschützen zu bekommen. Nur ungern lieh er ihn für besondere Einsätze an das Bataillon aus. Franz waren die gelegentlichen Abstellungen aber ganz genehm. Denn er empfing vor seinem Abmarsch von der Stammkompanie Marschverpflegung und meldete sich an seiner Einsatzstelle umgehend als noch nicht verpflegt und kassierte auf diese Weise doppelte Rationen. Zu seinen Ortswechseln fuhr er meistens Nachts mit den pferdebespannten Verpflegungswagen mit. Verstand er sich mit den Nachschubsoldaten fiel auch hier noch manches Leckerchen ab.

Am 1.12.44 gab die 3. G.D. Miskolc auf und zog sich auf das slowakische Erzgebirge zurück. Die gesamte Ostfront befand sich in einem Zustand immer schnellerer Auflösung. Die Wehrmacht stand in einem Kampf ohne Fronten. Denn neben der nicht mehr zu stoppenden Flutwelle der Roten Armee, griffen Partisanen und nationale Erhebungen in den besetzten Ländern flächendeckend in die Kämpfe ein. Strategisches Handeln war nicht mehr möglich. Alle Verbände kämpften nur noch, um ihre Haut zu retten, möglichst nicht in russische Gefangenschaft zu geraten und das Reichsgebiet wieder zu erreichen. Besonders belastend waren die Partisanenangriffe, die überraschend aus der Tiefe des Hinterlandes in den

Links: Ein vorbildlicher Offizier - Major Klos, gefallen am 10.11.1944.

Rücken der Front geführt wurden. Sie hatten sich mittlerweile von Freischärlergruppen zu militärischen Formationen aufgebaut, mit straff organisierter Führung auch durch eingesickerte russische Offiziere, einer guten Bewaffnung aus deutschen Beutebeständen und eingeschleusten russischen Waffen. Sie waren strategisch in die Operationen der Sowjetischen Streitkräfte eingebunden und ihre Aktionen wurden überregional koordiniert. Es gab Partisanenverbände von Bataillonsstärke.

Ende Januar hatte sich das Regiment schon bis zum Gran-Tal zwischen dem Slowakischen Erzgebirge und der Niederen Tatra zurückgezogen. Ein letztes Mal versuchte die Führung der 6. Armee durch strategische Umgruppierungen der Kräfte den russischen Ansturm in ihrem Frontabschnitt aufzuhalten. Das Regiment wurde in das Waag-Tal zwischen Hoher und Niederer Tartra, in der Nähe der Stadt Rosenberg verlegt. Bei dieser Gelegenheit gab es überraschenderweise auch wieder personellen Ersatz. Unter anderen kamen auch zwei neue Scharfschützen, junge Männer ohne Fronterfahrung direkt nach ihrer sechswöchigen Grundausbildung und einem anschließenden vierwöchigen Scharfschützenlehrgang an die Front geworfen. Man hatte die achtzehnjährigen Bürschchen in ihrer Ausbildung ideologisch richtig heiß gemacht und sie dürsteten danach, sich dem ,bolschewistischen Ansturm' entgegenzuwerfen und mit ihren Zielfernrohrgewehren ,blutige Ernte' einzufahren. Einer wurde Franz Bataillon zugeteilt.

Die Partisanenangriffe nahmen jetzt an Frequenz und Härte deutlich zu und das Regiment wurde zum Teil in sehr problematische Kämpfe verwickelt. Die Grenzen zwischen Kombattanten und Zivilisten verwischten. Die Folge war eine weitere Brutalisierung der Kämpfe. Deutsche Soldaten, die den Partisanen in die Hände fielen, wurden in der Regel schwer mißhandelt und zu Tode gefoltert. Die Jäger revanchierten sich, indem sie bei Gefechten mit Partisanen keine Gefangenen machten. Besonders schwerwiegend waren die Angriffe auf den dringend benötigten Nachschub, der dabei nicht nur verloren ging, sondern auch den Partisanen zufiel und ihre Kampfkraft zusätzlich stärkte. Nachschubkolonnen bedurften darum der besonderen Sicherung.

Eine der ersten Aufgaben des neuen Scharfschützen war es, fünf Panjewagen zu begleiten, die Munition und Verpflegung für das Bataillon holen sollten. In der Nähe eines als verlassen geltenden Dorfes wurden sie von einer kleinen Gruppe von Partisanen überfallen. Es entspann sich ein heftiges Feuergefecht, in dessen Verlauf die Angreifer in das Dorf zurückgedrängt wurden, wo

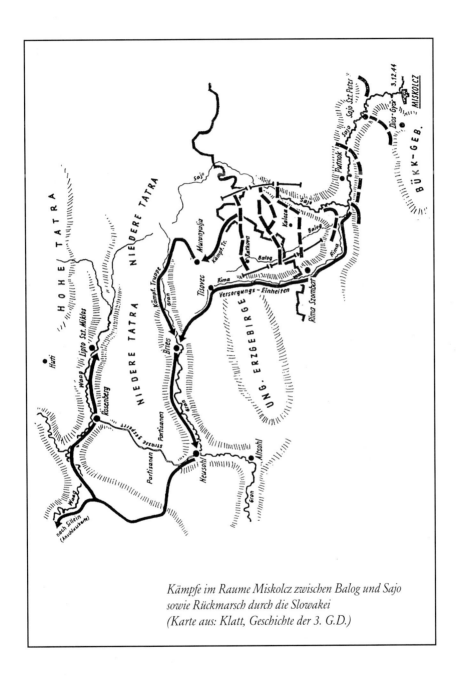

Kämpfe im Raume Miskolcz zwischen Balog und Sajo
sowie Rückmarsch durch die Slowakei
(Karte aus: Klatt, Geschichte der 3. G.D.)

sie sich in den Häusern verschanzten. Nach einem ersten Schrecken zeigte sich der junge Scharfschütze doch als entschlossener und routinierter Kämpfer und Schütze. Unter der Leitung eines altgedienten Obergefreiten gelang es ihm, eine Reihe der Partisanen in ihren Stellungen zu erschießen. Die Landser setzten sich schließlich durch, aber es gelang einigen Partisanen zu entkommen. Bei der anschließenden Durchsuchung der Häuser, stellte sich heraus, daß unter den erschossenen Partisanen auch Frauen waren. Es blieb offen, ob es sich dabei um Zivilisten handelte, da sie keinerlei Uniformierung oder Abzeichen trugen und mögliche Waffen von den Geflohenen mitgenommen worden waren.

Zwei Tage später geriet der Scharfschütze mit einem Stoßtrupp erneut in einen Partisanenhinterhalt. In der Nähe einer kleinen Sägemühle kam es zu einem erbitterten Schußwechsel, in dessen Verlauf der unerfahrene Neuling den Anschluß an die Gruppe verlor und sich auch noch in seiner Stellung ohne Rückzugsmöglichkeit verschoß. Die Partisanengruppe war zu stark, so daß sich der Trupp zurückziehen mußte. Sie sahen noch, wie der junge Bursche sein Scharfschützengewehr über den Kopf hob und sich ergab. Unter Schlägen und Fußtritten empfingen ihn die Partisanen. So schnell es ging versuchten die Jäger zu Ihren Linien zurückzukommen. Nach kurzer Berichterstattung entschloß sich der Kompaniechef zu einem sofortigen Gegenstoß, auch in der Hoffnung, den Gefangenen möglicherweise noch zu befreien.

Eine knappe Stunde später näherte sich eine Gruppe von zwanzig Landsern vorsichtig der Sägemühle. Und tatsächlich hielten sich die Partisanen immer noch dort auf. Bis auf fünfzig Meter konnten sie sich unerkannt heranarbeiten. Dann eröffnete Franz das Gefecht indem er einen Sicherungsposten erschoß. Wild feuerten die Angegriffenen um sich. Sie merkten aber schnell, daß sie es jetzt mit einem kampferprobten und überlegenen Gegner zu tun hatten und zogen sich aus dem Sägewerk in ein angrenzendes Wäldchen zurück. Daraufhin setzte der größte Teil der Jäger den Partisanen nach, während Franz mit drei Kameraden, denen er Deckung gab, in das Gebäude eindrang. Derweil war aus dem Wäldchen ein lebhafter Schußwechsel zu hören.

Vorsichtig tasteten sie sich durch das Gebäude, das von einem eigenartigen Surren im Hintergrund erfüllt war. Einer der Jäger stieß in den Sägeraum vor, um wenige Minuten später kalkweiß zurückzutaumeln. Er war unfähig zu sprechen und stammelte nur „da,da,da", und zeigte in den Raum, aus dem er gekommen war. Mit schußbereiten Waffen tasteten sich Franz und seine Kameraden vor. Im Zweilicht des Halbdunkel konnten sie jetzt das Surren einem laufenden Sägeblatt zuordnen. Langsam gewöhnten sich ihre Augen an das trübe Licht und schrittweise entstand vor ihnen ein Schreckensbild, das selbst abgebrühten Soldaten Schauder des Grauens über den Rücken laufen ließ.

Auf dem Sägetisch lag der Torso des jungen Scharfschützen. In seinem Unterleib drehte sich bis zum Bauchnabel das Sägeblatt. Neben dem Tisch lagen die in Stücke gesägten Arme und Beine des Unglücklichen. Gegen vorzeitiges Verbluten hatte man dem Opfer zuvor die Extremitäten mit Stricken abgebunden und ihm dann einzeln die Glieder abgetrennt. Der Hintergrund der Säge war mit Blut und Gewebefetzen dick bespritzt. Von wilder Wut gepackt ob dieses Aktes der Barberei stürmten die drei aus dem Haus, um ihren Kameraden zu Hilfe zu kommen. Doch diese hatten den Kampf schon für sich entschieden. Von den Partisanen hatte keiner überlebt, bis auf einen, der plötzlich in circa dreihundertfünfzig Meter Entfernung über ein Stück freies Feld auf ein angrenzendes Waldstück zulief. Franz kniete sich hin, setzte sich auf seinen rechten Unterschenkel, stützte den linken Ellbogen auf das hochstehende linke Knie, schlang sich den Riemen seiner Waffe um die Schulter und zog den Karabiner fest ein. Zwei, drei tiefe Atemzüge, dann Konzentration, hoch angehalten und schon brach der Schuß. Bruchteile von Sekunden später riß der Flüchtende die Arme auseinander und schlug nach vorne über. Während ein beherzter Kamerad die Hundemarke des jungen Scharfschützen holte, überzeugte sich Franz davon, daß sein Gegner auch getroffen war. Mit Genugtuung stellte er einen Treffer mitten zwischen die Schulterblätter fest.

Um den Gefolterten zu begraben blieb keine Zeit. Es hatte ehrlicherweise aber auch keiner die Nerven, die einzelnen Teile zusammenzuklauben und den Gewebsmatsch von der Säge zu heben. Jeder wollte diese Szene so schnell wie möglich vergessen. Der Hauptmann aber schrieb in seinem obligatorischen Brief an die Angehörigen vom sofortigen Heldentot durch Brustschuß in vorderster Linie. Das wahre Gesicht des Krieges ist wohl nicht zu beschreiben.

Die Division zog sich weiter zurück und überschritt die Grenze nach Polen und setzte sich bei Bielitz in der Nähe von Auschwitz fest. Der russische Druck auf die Division ließ jetzt vorübergehend nach, da der Schwerpunkt der gegnerischen Offensive weit im Süden lag. Dennoch wurden sie durch tägliche Störangriffe getroffen. Die von Franz Kompanie gehaltene HKL lief am Rande eines Dorfes entlang. Die Schule und das Lehrerwohnhaus mit seinen Stallungen lagen direkt in der Frontlinie. Über freies Feld lagen die russischen Linien gut fünfhundert Meter entfernt, das perfekte Schußfeld für einen Scharfschützen. Es mußte nur noch eine gute Stellung her. Der Dachboden des Lehrerhauses bot sich an. Über die Dachfläche verteilt schob Franz an vielen Stellen die Dachschindeln auseinander, so daß sein eigentliches Schützenloch vom Gegner nicht zu identifizieren war.

Während er an seiner Stellung arbeitete meinte er plötzlich verhalten ein Kind schreien zu hören. Das Geräusch kam von unten aus dem Haus. Er ließ sein Gewehr zurück und ging mit gezogener Pistole 08 vorsichtig dem Wimmern nach. Suchend strich er durch das Erdgeschoß, fand aber Nichts. Unschlüssig stand er schließlich in der Küche des Hauses, als gedämpfte Stimmen durch den Fußboden drangen. Er entdeckte eine Klappe im Boden aus Brettern. Leise verließ er die Küche und holte zwei Kameraden, da er befürchten mußte, daß aus dem Versteck Gefahr drohte. Sie nahmen mit vorgehaltenen Waffen Aufstellung. Franz stampfte vernehmlich mit dem Stiefelabsatz auf die Klappe im Boden und rief: „Kommt mit erhobenen Händen raus!" In gebrochenem Deutsch antworte es sofort aus dem Keller. „Nicht schießen, hier nur Frau und Kind." Die Klappe tat sich auf und

Begutachtung des Schußfeldes vom Dach des Schulhauses.

222

heraus kam eine Frau von vierzig Jahren, der eine weitere von Ende sechzig mit einem Kind auf dem Arm folgte. Es stellte sich heraus, daß es die Lehrerin mit Ihrer Mutter und ihrem Kind war. Doch selbst als den Frauen die besondere Gefahr Ihrer Situation in vorderster Kampflinie zu liegen geschildert wurde, weigerten sie sich, ihr Haus zu verlassen, solange die deutschen Soldaten noch da waren. Ein Grund für ihr Bleiben war nämlich eine Kuh, die sie zur Versorgung des Säugling brauchten. Allerdings war das Tier durch einen Granatsplitter an der Bauchdecke verletzt worden. Aus der Wunde wölbte sich, groß wie ein Medizinball der Darm des Tieres. Die bemitleidenswerte Kreatur stand apathisch in ihrem Stall. Wenn der Schmerz übermächtig wurde entrang sich ihrem Leib ein Muhen, das eher wie ein röchelndes Schreien klang. Es wäre besser gewesen, das Tier von seinem Leiden zu befreien, aber es mußte leben um solange es ging, Milch für den Säugling zu geben. Also versuchten Landser und Zivilisten das Beste aus der Situation zu machen. Die Soldaten kümmerten sich um die Kuh, dafür wurden sie von den Frauen bekocht und versorgt. Stall und Lehrerhaus verband man durch einen Graben. In die Kellerwand des Hauses sprengten sie ein Loch, um den Graben ungesehen zu erreichen.

Tagsüber saß Franz auf dem Dachboden, die Ohren gegen den, durch den geschlossenen Raum unerträglich gesteigerten Mündungsknall mit Reinigungsdochten verstopft und beschoß die feindlichen Stellungen. Doch erwartungsgemäß ging die Sache nicht lange gut. Es war klar, daß die Sowjets die potentielle Stellung des deutschen Scharfschützen recht schnell lokalisieren würden. Da ein Gegenscharfschütze durch die große Entfernung und die Unmöglichkeit Franz genaue Position auf dem Dach zu bestimmen machtlos war, versuchten es die Russen mit dicken Brocken.

Am Morgen des dritten Tages fuhr neben einer Scheune, die in der russischen Frontlinie lag, ein LKW vor, der eine Panzerabwehrkanone heranzog. Während drei Soldaten die kleine Kanone in Stellung brachten, luden die anderen die Munition vom LKW und stapelten sie hinter der Scheune. Es war windstill und trocken, beste Bedingungen für weite Schüsse. Franz hatte sich eine gute Auflage geschaffen und einen festen Sitzplatz dahinter. Er nahm den ersten Gegner an der Kanone ins Visier, hielt kurz oberhalb des Kopfes an und zog ab. Der Schuß saß mitten im Bauch. Der Getroffenen klappte wie ein Taschenmesser zusammen. Schon hatte Franz den zweiten im Fadenkreuz, wieder ein Rumpftreffer. Es müssen unerfahrene Soldaten gewesen sein, denn spätestens jetzt, hätten sie die Gefahr des Scharfschützenbeschusses erkennen müssen. Statt dessen lud sich der noch unverletzte einen wohl noch lebenden Kameraden auf die Schulter und versuchte zur Scheune zurückzukommen. Bereits beim Aufheben des Verwundeten ereilte auch ihn das Schicksal. Die anderen waren jetzt schlau genug, in ihrer Deckung hinter dem Haus zu bleiben. Es war wohl eher ein Versuch denn seriöses Vorhaben, daß er zum Schluß versuchte das zwanzig mal zwanzig Zentimeter große Loch im Schutzschild der Kanone zu treffen, hinter der die Richtoptik saß. Als der Schuß brach, war er sich in der Trefferwirkung nicht sicher, da er auf dem Schutzschild keinen Aufschlag sah. Doch wurden plötzlich die verbliebenen Russen sehr aktiv. Denn sie verschwanden alle hinter dem Haus. Schon heulte der Motor des LKW auf und das Fahrzeug verschwand auf dem Weg, auf dem es gekommen war. Verwaist blieb die Kanone, umgeben von drei Gefallenen zurück. Für den Rest des Tages blieb die russische Linie wie ausgestorben. Am Abend berichtete ein Kamerad aus dem Bataillonsstab, daß im abgehörten Funkverkehr des Gegners das Unternehmen mit der PaK-Kanone als gescheitert gemeldet wurde, da die Richtoptik zerschossen worden sei. Nach dieser Nachricht war Franz ein bißchen Stolz auf seine Schießkünste.

Doch schon am nächsten Tag kam die Retourkutsche. Ein Sowjetischer Scharfschütze schoß jetzt auf alles, was sich bewegte. Sein erstes Opfer wurde die alte Frau. Als sie den Laufgraben kurz vor dem Stall verließ, traf sie das Projektil in die Brust. Geräuschlos knickte sie in den Knien ein, sackte in sich zusammen und kippte bereits tot auf die Seite. Das Explosivgeschoß hatte ihr ein faustgroßes Loch in die Brust geschlagen und das Herz zerrissen. Es wäre Selbstmord gewesen, sie während des Tages zu bergen. Dennoch mußte die Tochter gewaltsam daran gehindert werden, sich um ihre Mutter zu kümmern. Nur der energische Hinweis auf die notwendige Fürsorge um ihr Kind brachte die Frau schließlich zum Einsehen. So wurde die Großmutter erst im Schutze der Dunkelheit geborgen und direkt begraben. In den nächsten Tagen waren jedenfalls alle hüben wie drüben peinlichst darauf bedacht sich nicht zu exponieren, und es blieb ruhig. Auch Franz gelang kein Schuß mehr. Die für die Verpflegung des Säuglings so wichtige Kuh brach schließlich unter ihrer Verletzung zusammen und kam nicht mehr auf die Beine. Jetzt erlöste sie der Koch des Verpflegungstrupps mit einem Schuß aus seiner Pistole 08 von ihrer Qual und führte ihre sterblichen Überreste der Gulaschkanone zu.

Wenige Tage später meldete die Aufklärung, daß die russische 4. Ukrainische Armee sich zum Entscheidungsstoß vorbereitete. Die 3. G.D. wurde in höchste Alarmbereitschaft versetzt, denn die Sowjets erkundeten bereits mögliche Schwachstellen für ihren Angriffsschwerpunkt durch Überfälle von Stoßtrupps oder kurze Überraschungsangriffe in Kompaniestärke. Es kam zu Umgruppierungen, und die Jäger mußten neue Stellungen beziehen. Die Lehrerin und ihr Kind schlossen sich den Soldaten bis zur nächsten Ortschaft an, als sie abrückten.

Am 2.3.45 wurde Franz zum Btl.-Gefechtsstand einbestellt. Nichts Außergewöhnliches, da er auf diesem Wege immer noch besondere Einsatzaufgaben zugeteilt bekam. Doch diesmal erwartete ihn ein Oberleutnant vom Regimentsstab. Dieser kam ihm mit verbindlichem Lächeln entgegen und streckte ihm die Hand hin. „Herzlichen Glückwunsch mein lieber Karner. Es ist mir eine Ehre, Ihnen das Scharfschützenabzeichen des Führers zu überreichen. Sie waren so erfolgreich, daß Sie gleich alle drei Stufen verliehen bekommen. Darf ich um Ihren rechten Unterarm bitten !" Mit einer Sicherheitsnadel befestigte der Offizier provisorisch das ovale Stoffabzeichen und übergab ihm ein schmuckloses, hektografiertes Schreibmaschinenblatt mit seinem eingefügten Namen als Urkunde. Es wurden noch ein paar Belanglosigkeiten und gute Wünsche gewechselt, dann wandte sich der Offizier wieder dem Btl.-Kommandeur zu und Franz war entlassen. Bei allem Stolz über diese Auszeichnung war der Besitz dieser Urkunde und des Abzeichens doch brandgefährlich. So ging Franz unmittelbar zur Poststelle, ließ sich einen Umschlag geben und schickte beides umgehend zu seinen Eltern nach Hause.

Das Scharfschützenabzeichen der Wehrmacht gehört zu den exotischen Kampfauszeichnungen des Zweiten Weltkrieges. Zwar Ende 1944 durch eine offizielle Verfügung eingeführt, wurde es nur sehr selten verliehen, da kaum ein Scharfschütze die vorgeschriebenen Zahlen bestätigter Abschüsse erreichte. Durch den geringen Bedarf und die immer problematischeren Produktionsumstände wurde die Herstellung von Urkunden und Abzeichen völlig vernachlässigt. Neben der gezielten Vernichtung durch die Eigentümer der wenigen verliehen Abzeichen ist auch dies ein Grund für die absolute Seltenheit erhaltener Stücke. Oft standen sie nicht einmal der Truppe zur Verfügung. Viele Scharfschützenabzeichen wurden darum auf improvisierten Urkunden, wie auch im hier beschrieben Fall, verliehen. Oft auch mit dem Versprechen verbunden, das derzeit nicht verfügbare Abzeichen zu einem späteren Zeitpunkt nachzuliefern, was durch den Fortgang der Ereignisse aber nicht mehr geschah.

Unermüdlich versprach die NS-Propaganda der Truppe alle möglichen Wunderwaffen. Der Wunsch war da, doch allein es fehlte die Tat. Denn wenn überhaupt, kamen diese Dinge nur in homöopathischer Dosierung an die Front. Alternativ verschärfte sich das schon angesprochene Einfordern soldatischer Tugenden

225

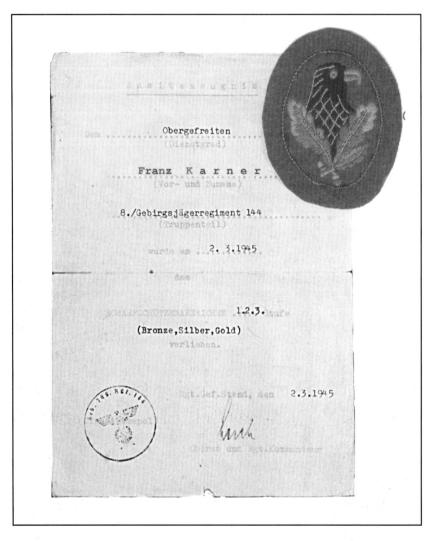

Scharfschützenabzeichen in Gold un hektographierte Urkunde dazu.

bis zur kämpfenden Selbstaufopferung. Gerade die Scharfschützen avancierten in diesem Zusammenhang zu wichtigen Protagonisten der Durchhaltepropaganda. In üppigen Worten wurden plötzlich die Abschußzahlen der Scharfschützen in den Zeitungen ausgewalzt. Keine Seitenhiebe mehr mit Worten wie ‚Heckenschütze‘ und ‚heimtückisch‘. Vielmehr wurde der Begriff Scharfschütze mit Attributen wie ‚Jäger‘, ‚Raubtier‘ und ‚unerschrockener Einzelkämpfer‘ zum Synonym des fanatischen und selbstlosen Soldaten überhöht. Die Propaganda brauchte natürlich auch Bilder von ihren neuen Helden. Da zufällige Schnappschüsse der Kriegsberichter nicht ausreichten, wurden auch spezielle Fotositzungen arangiert.

Der Scharfschütze - wie die Fotografen der PK-Kompanie in sehen wollten.

Da die Scharfschützen der 3. G.D. immer wieder Hervorragendes geleistet hatten und schon zwei von ihnen mit dem Goldenen Scharfschützenabzeichen dekoriert worden waren, meldete sich Anfang März ein PK Trupp an, mit dem Auftrag einen Bericht über diese Männer inklusive Fotos herzustellen. Soweit verfügbar, wurden an einem sonnigen Vormittag die Scharfschützen des Regiments 144 zur Erstellung der fotografischen Aufnahmen zusammengerufen. Auf Anweisungen des Fotografen mußten sie sich in martialische Pose werfen und so tun als hätten sie den Feind erbarmungslos im Fadenkreuz. Die Gegner sollten sich im Auge des Jägers spiegeln.

Bei der Inszenierung der Bilder kam es auch zu einer erheiternden Episode. Einer der Scharfschützen, mit Namen Fritz König, sollte sein Gewehr an einen Baum lehnen und aus einem klaren Gebirgsbach trinken. Das Foto war gerade im Kasten, König erhob sich, das Wasser noch aus den Mundwinkeln tropfend, als ein hinzukommender Landser mit Ekel in der Stimme bemerkte: „Igitt, Du trinkst das Wasser, obwohl dreißig Meter weiter oben ein toter Iwan im Bach liegt und leise vor

Kamerad König beim beherzten Schluck aus dem Bach, in dem wenige Meter aufwärts die aufgedunsene Leiche eines Russen lag.

228

sich hingammelt, baahh mir wird schlecht." Sie hielten dies für einen groben Scherz des Kameraden, aber es ließ ihnen doch keine Ruhe und sie gingen tatsächlich den Bach hinauf um seine Angabe zu überprüfen. Nach gut dreißig Metern wurde der vermeintliche Scherz zur Gewißheit. Es lag wirklich ein halb verwester Russe im Wasser. Es dauerte nur Sekunden, bis die kurz zuvor eingenommene Erfrischung des Herrn König mit Schwung und unter heftigen Würgegeräuschen wieder frei gesetzt wurde.

Zurück bei den Fotografen, war ein anderer PK-Mann gerade dabei, einen Scharfschützen, der einen K 98 k mit der kleinen optischen Zielhilfe auf dem Visier hatte (unter der Bezeichnung ZF 41 bekannt) in einer Zeichnung zu skizzieren. Dies riß Roth zu der Bemerkung hin: „Das Scheißding brauchst nicht zu malen, dadurch siehste Nichts."

Dieser Besuch war natürlich auch eine Gelegenheit für Erinnerungsbilder. Ein neuer Scharfschütze, erst wenige Wochen vom Lehrgang zurück, wollte dabei gerne ein Foto zusammen mit seinem bewunderten Vorbild Franz Karner. Der Wunsch der Teilnehmer an dieser Aktion nach einem Abzug der mit ihnen aufgenommenen Bilder wurde von den PK-Leuten auch schon am nächsten Tag erfüllt. Denn in ihrem Lastwagen mit Kofferaufbau hatten sie auch ein kleines Entwicklungslabor eingebaut. Franz legte seine Fotos noch am selben Tag einem Feldpostbrief an die Eltern bei.

Wenige Tage später, ein deutscher Spähtrupp hatte einen russischen Gefangenen eingebracht, der im Verhör von einer Kompanie sprach, die sich augenscheinlich zum Angriff auf ein unbesetztes Frontstück von fünfhundert Meter Breite im Bereich des Bataillons vorbereitete. Eine

Die PKler machten bereitwillig Erinnerungsfotos: Franz und sein Bewunderer...

230

...die Franz bei nächster Gelegenheit per Feldpost an seine Eltern schickte.

Der erfolgreichste deutsche Scharfschütze Mathias Hetzenauer war auch ein Jäger der 3. G.D.

232

Gruppe von achtzehn erfahrenen Soldaten sollte daraufhin die Stellung der Sowjets lokalisieren und das Gelände durch hinhaltenden Widerstand solange abriegeln, bis eine Frontbegradigung des Regiments und die Räumung eines unmittelbar bedrohten Haupverbandsplatzes abgeschlossen war. Franz wurde dieser Gruppe zur Flanken- und Rückensicherung zugeteilt.

Die Überlebenschancen eines Soldaten hingen in nicht unerheblichem Maße auch von seinem Gespür für ‚dicke Luft‘ ab, wie der Landser zu sagen pflegte. Franz empfand die vor ihm liegende Aufgabe fast als Himmelfahrtskommando und ihm schwante Ungutes. Er ging zum WuG (Waffen- und Geräteunteroffizier) und tauschte seinen K 98 k gegen eines der Selbstladegewehre Modell 43 mit Zielfernrohr, die sie im Bestand hatten. Er nahm sich auch noch vier separate Magazine mit, die er mit B-Patronen füllte, von denen er sich auch noch reichlich Ladestreifen voll in die Hosen- und Jackentaschen steckte.

Noch ein sorgfältig inszeniertes PK-Foto.

Auf dem Weg zum Ritterkreuz.

Auf einem Opel Blitz wurden sie Nachts in die Nähe des neuralgischen Abschnittes gefahren. Stumm saßen sie beisammen auf der Ladefläche, jeder für sich in Gedanken versunken, denn sie wußten, was auf sie zukam und was zu tun war. Als der Wagen hielt und die Heckklappe als Zeichen zum Einsatz herunterfiel, sprangen sie vom LKW, nahmen kurz Aufstellung, der führende Feldwebel gab noch ein paar kurze Anweisungen, dann verschwanden sie lautlos in der Dunkelheit und marschierten dem Morgengrauen in des wahren Wortes Sinn entgegen.

Franz ging mit schußbereiter Waffe rechts versetzt hinter der Gruppe her. Nach einer Stunde, ein erstes fahles Morgenlicht zeigte sich über dem verhangenen östlichen Horizont, zogen sie aus einer Senke auf leicht ansteigendes offenes Gelände einen kleinen Hügel herauf. Plötzlich zischten auf dem Höhenrücken weiße Leuchtkugeln in den Himmel und beleuchteten das Gelände taghell. Ein mörderisches MG-Feuer prasselte gleichzeitig in die Reihen der Jäger und riß sieben von ihnen mit Treffern zu Boden, unter ihnen auch der Gruppenführer. Stöhnend und zuckend wälzten sie sich am Boden. Die Jäger erwiderten sofort das Feuer und es

ALBRECHT WACKER

gelang ihnen, hinter einer Bodenverwerfung unter Mitnahme von fünf Verwundeten Deckung zu finden. Schon sprangen die Russen aus ihren Stellungen und griffen an. Franz, abseits des Feuerschlages warf sich auf Höhe der beiden zurückgebliebenen Verwundeten in Deckung und blieb dadurch ungesehen. Dies gab ihm ein entscheidendes Überraschungsmoment. Er ließ die ersten beiden Wellen der Sowjets aus den Löchern. Dann stand er plötzlich auf und schoß stehend über die offene Visierung auf eine Entfernung von fünfzig bis achtzig Meter in bewährter Methode jeweils auf die zuletzt aufgestandenen Gegner. Um sicher zu treffen und um der besonderen Wirkung willen, schoß er mitten in die Körper. Mit verheerender Wirkung fraßen sich die Explosivgeschosse in die Bäuche der Russen, zerissen Bauchdecken und Därme. Die Sowjets waren durch das Feuer aus ihrer Flanke völlig überrascht und sichtlich irritiert. Seine Kameraden hatten sich in der Zwischenzeit auch gefaßt und schlossen sich dem gezielten Feuer an. Der russische Angriff geriet ins Stocken. Nach zehn Schuß war das Magazin des Selbstladegewehres leer. In Sekunden hatte Franz ein neues in die Waffe gesteckt, den aufstehenden Verschluß wieder nach vorne schnappen lassen und feuerte weiter. Jeder Schuß war ein Treffen. Erst als zwanzig Rotarmisten infernalisch, in Todesangst schreiend sich am Boden wälzten und Franz das dritte Magazin einführte schlug auch ihm das gegnerische Feuer entgegen. Das Geschrei der Verletzten verunsicherte die Voranstürmenden sosehr, daß sie den Angriff plötzlich abbrachen und sich in ihre Stellungen zurückzogen. Franz sprang jetzt auf und lief wilde Haken schlagend zu den beiden verwundeten Jägern rüber und warf sich neben ihnen in Deckung. Wie durch ein Wunder blieb er bei dieser ganzen Aktion unverletzt. Doch der gefährliche Spurt durch den russischen Kugelhagel war vergebens, seinen Kameraden nicht mehr zu helfen. Einer war bereits gestorben und der Feldwebel, mit von Durchschüssen zersiebtem Oberkörper preßte nur noch ein schaumiges Gurgeln aus dem aufgerissenen Mund. Nach wenigen Minuten war auch er tot.

Zurück in ihren Stellungen streuten die Russen das Vorgelände jetzt mit ihrem Handwaffenfeuer ab. Franz war damit an diesen Platz gebunden, ein Entkommen nicht mehr möglich. Um sich vor den feindlichen Kugeln zu schützen, schob er sich die beiden Gefallenen zu einem Kugelfang zusammen. Auf einen abstehenden Oberschenkel legte er sein Gewehr auf. Jetzt schlug die Stunde des Scharfschützen, während ihn seine Kameraden im Hintergrund durch ein wütendes Feuer unterstützten. Durch das Zielfernrohr nahm er auf eine Distanz von gut einhundert Metern die Sowjets ins Visier. Unter den ersten beiden Schüssen zerplatzten einem lMG-Schützen und seinem Helfer die Köpfe. Gegnerische Geschosse schlugen in die Körper seiner toten Kameraden und versetzte sie in eigenartige Zuckungen. Dann ging es wie beim Scheibenschießen. Jeder Russe, der mit dem Kopf über dem Grabenrand erschien wurde erschossen. Es dauerte keine zehn Minuten, dann waren weitere einundzwanzig Sowjets tot. Plötzlich wurde ein lMG über den Grabenrand geworfen und belferte los, während zeitgleich zwei Rotarmisten nach rückwärts zu entkommen suchten. Dabei war einer augenscheinlich verwundet und wurde im Reitsitz von seinem Kameraden getragen. Schon warf ein Kopfschuß den MG-Schützen zurück in den Graben. Dabei verkrampfte er sich um das Griffstück seiner Waffe und zog sie mit hinter den Wall. Noch Sekundenlang zeigte die Mündung gen Himmel, und ratternd entlehrte sich das Trommelmagazin des Degtjarow-MGs. Jetzt nahm Franz die beiden Flüchtenden ins Fadenkreuz. Der Schuß schlug dem Aufgesessenen in einen Rucksack, den er auf dem Rücken trug, und in einer unerwartet spektakulären Explosion zeriß es die beiden. Augenscheinlich hatte der verletzte Sowjet im Rucksack eine Sprengladung transportiert.

Die Detonation stand wie ein Fanal über dem Kampfplatz und ganz plötzlich legte sich eine Grabesstille über die Szenerie. Auch das Geschrei der schwerstverwundeten Russen war verstummt. Minuten verstrichen, dann erhoben sich die Landser aus ihren Stellungen und bewegten sich vorsichtig auf den russischen Graben zu. Es rührte sich Nichts mehr. Vor ihnen lag eine Wahlstatt, auf der eine ganze russische Kompanie ihr Ende gefunden hatte. Über fünfzig Tote lagen auf dem Schlachtfeld und einundzwanzig Gegner mit von Explosivgeschossen zerissenen Köpfen. Überall an den Grabenwänden klebten blutige Brocken aus Hirn und Knochensplittern. Die amorph zerplatzten Köpfe glichen Fratzen mittelalterlicher Höllen-Gemälde.

Durch den Verlust dieser Kompanie schätzten die Russen den zu erwartenden deutschen Widerstand an dieser Stelle so hoch ein, daß sie ihre Angriffspläne überarbeiteten und ihre Kräfte umgruppierten. Dies gab insbesondere die dringend benötigte Zeit, um den akut bedrohten Hauptverbandsplatz zu evakuieren.

Der abgeschlagene russische Erkundungsangriff führte allerdings nicht zu der erhofften Verlagerung des Angriffsschwerpunktes, sondern zu einer drastischen Verstärkung der Offensivkrafte an dieser Stelle. Insbesondere wurde der schon drei Tage später vorgetragene sowjetische Angriff massiv durch Scharfschützen unterstützt, die sich blutig für den vorangegangenen Schlagabtausch revanchierten. Mit unglaublicher Präzision schossen die Russen speziell auf das deutsche Führungspersonal. Franz und seine unzureichend bewaffneten Kameraden hatten keinerlei

Das wahre Gesicht des Krieges. Einer der durch ein Explosivgeschoß getöteten Gegner nach dem Gefecht mit der russischen Kompanie.

Chance, diesen neuerlichen Ansturm aufzuhalten. Im vernichtenden Feuer des Gegners gelangen ihm nur wenige Treffer aus seinen sorgfältig vorbereiteten

Wechselstellungen. Es grenzte an ein Wunder, daß er überhaupt diesen Angriff mit wenigen anderen Landsern überlebte, und sie sich in letzter Sekunde zurückziehen konnten. Dabei erwischte es noch den letzten Unterführer nahmens Willi Hohn. Er war Feldwebel und Zugführer und leitete die Absetzbewegung.

Die wenigen Überlebenden hechteten von Deckung zu Deckung und wehrten sich ihrer Haut so gut es noch ging. Insbesondere das präzise und schnelle Feuer, das Franz aus seinem Selbstladegewehr 43 in die Reihen der nachrückenden Russen schickte, verschaffte ihnen manchen Freiraum zum Stellungswechsel. Bei einem solchen passierte es dann. Feldwebel Hohn richtete sich kurz auf um drei zurückhängenden Jägern ein taktisches Zeichen zu geben, als das Projektil eines russischen Scharfschützen mit rabiatem Schlag von rechts nach links durch seine Augenhöhlen und den Nasenansatz schlug. Wie zwei Pingpong-Bälle sprangen die Augäpfel aus ihren Höhlen. Blut und Knochensplitter spritzten hinterher. Wie vom Blitz getroffen stürzte der Feldwebel zu Boden. Doch schon Sekunden später erhob er sich wieder in Panik schreiend „meine Augen, aahh, ich kann nichts mehr sehen". Der ihm nächst stehende Jäger warf ihn zu Boden, um ihn vor den Kugeln der Russen zu schützen. Mit Entsetzen blickte er in einen blutigen Totenschädel mit leeren Augenhöhlen. Es war fraglich ob man von Glück sprechen konnte, daß der russische Scharfschütze kein Explosivgeschoß benutzt hatte, sondern ein normales Vollmantelgeschoß. Denn ersteres hätte dem Unglücklichen sicherlich eine tödliche Verletzung beigebracht. Doch so bestand eine Hoffnung auf ein Überleben. Der Feldwebel hörte garnicht auf zu schreien und schlug wild um sich. Während Franz feuerte, was sein Gewehr her gab, packten seine Kameraden den Verwundeten mit aller Kraft und schleppten ihn zurück. Sie konnten sich alle retten und der Schwerverwundete hat seine Verletzung tatsächlich überlebt und reihte sich ein, in die unendlich große Zahl der schwer Kriegsbeschädigten, die das öffentliche Bild der Nachkriegsjahre prägten.

15. Kapitel

Zu Beginn des Krieges waren Kampfauszeichnungen durch die Unterbrechungen und unterschiedliche Intensität der Kampfhandlungen noch bewußt wahrgenommene Belohnungen, deren Verleihungen auch einen würdigen Rahmen erhielten. Jetzt befanden sich die Landser in einem unablässigen Kampf ums nackte Überleben und großzügig verliehene Orden sollten dabei die Moral stärken. Diese Auszeichnungsinflation und -nivellierung nahm diesen ein Großteil ihrer ursprünglichen Bedeutung. Die Verleihung wurde zum Tagesgeschäft.

Wenige Tage nach diesen Kämpfen war es wieder der Oberleutnant vom Regimentsstab, der Franz zum Btl. Gefechtsstand rufen ließ. „Herr Obergerfreiter, Sie scheinen ja ein ganz toller Hecht zu sein," wurde Franz von ihm begrüßt. „Ich bin stolz darauf, Ihnen für Ihren tapferen Einsatz im Rahmen der taktischen Umgliederung des Regiments und der Evakuierung des Hauptverbandsplatzes vorerst das EK I verleihen zu dürfen. Im Vertrauen gesagt hat Ihre Tat auch an höchster Stelle bei der Division Aufmerksamkeit erregt. Da ist auch noch was im Busch. Seien Sie auf eine Überraschung gefaßt." Diesmal gab es ein dekoratives, gedrucktes Urkundenblatt und einen Orden in einer Schatulle. Der Orden wurde direkt an der linken Brusttasche befestigt. Die Schatulle flog vor dem Gefechtsstand in den Dreck und die Urkunde wurde wieder direkt an seine Eltern versandt.

Durch das vorangegangene Husarenstück hatte Franz nicht nur eine herausragende persönliche Tapferkeit bewiesen, sondern auch eine Leistung von, wenn auch nur vorrübergehender und begrenzter strategischer Bedeutung erbracht. Üblicherweise hätte er für diese Tat als Auszeichnung ein ‚Deutsches Kreuz in Gold' erhalten, die höchste Tapferkeitsauszeichnung der Wehrmacht, verliehen ohne Rücksicht auf den Dienstgrad. Doch der Oberkommandierende der Heeresgruppe Mitte, Generaloberst Schörner (ab 1.3.45 Generalfeldmarschall) versuchte neben rigidister Diszilinierung der Truppe auch durch unorthodoxe Verleihung von Orden den Kampfeswillen der Truppe zu heben. So wurde Franz für seine Tat zum Ritterkreuz vorgeschlagen, das eigentlich nur Offizieren und Unteroffizieren für persönliche Tapferkeit und herausragende Leistungen von strategischer Bedeutung verliehen wurde. Das Ritterkreuz war eine der höchsten Auszeichnungen der Deutschen Wehrmacht und wurde üblicherweise im Rahmen eines besonderen Festaktes verliehen und war mit einem Sonderurlaub verbunden, der unmittelbar nach der Verleihung angetreten wurde. Doch im Zusammenbruch sank der Wert von Auszeichnungen des sterbenden Reiches, zumal im Sinne einer Mobilisierung letzter Reserven die Erteilungskriterien, wie bereits gesagt, völlig aufgeweicht wurden. Der Landser in seiner schlichten, aber treffenden Art brachte es in einem geflügelten Ausdruck auf den Punkt: „Mit dem Kochgeschirr antreten zum Ordensempfang". So wurde die Überreichung des Ritterkreuzes, das Franz gleichzeitig mit seinem Kameraden Josef Roth erhielt, zu einer sehr schlichten Angelegenheit.

Am 20. April 1945 wurden Franz und Josef Roth, zum Korpsgefechtsstand bestellt. Sie wurden mit einem VW-Schwimmkübelwagen abgeholt und nach Mönnighofen, einem kleinen Ort in der Nähe von Mährisch-Ostrau gefahren.

Mit dem Schwimmkübelwagen auf dem Weg zum Korpsgefechtsstand. Im Rahmen einer schlichten Zeremonie sollten den Jägern ihre Ritterkreuze verliehen werden.

240

Der Gefechtsstand war in einer Art Bauernhof untergebracht und glich einem Bienenstock. Ein emsiges Kommen und Gehen von Meldern und Fahrzeugen, überall wurden Befehle gebrüllt und Lamettahengste (Landserausdruck für Stabsoffiziere) gab es im Überfluß, die alle sichtlich damit beschäftigt waren ihren Aufbruch vorzubereiten. Franz und Josef mit ihren zerschlissenen Uniformen und ihren verhärteten Gesichtern kamen sich unter den gepflegten Herren Offizieren vor, wie Schweine auf einem Sofa. „Den Heinis täte es gut, wenn sie auch mal mit dem Arsch in der Scheiße liegen würden. Ich könnte denen schon ein paar schöne Plätzchen zeigen, wo es so richtig schön qualmt", moserte Roth rum. Wie bestellt und nicht abgeholt standen sie in der Gegend und warteten auf die tollen Dinge, die da kommen sollten. Wenigstens kam zwischendurch ein Soldat und brachte jedem eine Dose Hering in Tomatensauce, einen Kanten Brot und ein Kochgeschirr voll Muckefuck. So war die Wartezeit wenigstens für einen vollen Bauch gut. Für den Landser in diesen Tagen des Zusammenbruches eine seltene Wohltat.

Die Stunden vergingen, die beiden saßen dösend an einer Scheunenwand, als plötzlich ein Rufen aus dem Gebäude kam: „Wo sind die Herren für das Ritterkreuz?" Ein Unteroffizier kam aus der Tür und rief mit sarkastisch spitzem Unterton: „Seit ihr die Jäger, die zum Ritter geschlagen werden sollen? Herr Oberst stehen jetzt mit seinem Distelstecher (Landserausdruck für Infanterie-Offiziersdegen) zur feierlichen Handlung bereit." Schwerfällig erhoben sich beiden. „Ein bißchen zackig die Herren, wir haben noch den Endsieg vor der Brust!" Minuten später standen sie in einer Art Eingangshalle und ein Oberst i.G. (im Generalstab) mit den roten Streifen eines Generals an der Hose stürmte auf sie zu, mit einem Aktendeckel in der Hand. Ihm folgte ein Soldat mit Kamera. Franz und Josef, mit ihren Zielfernrohr-Karabinern über den Rücken gehängt nahmen unwillkürlich Haltung an. „Stehen sie bequem meine Herren", sprach sie der Oberst jovial an. „Bitte entschuldigen sie den provisorischen Rahmen für diesen feierlichen Anlaß. Aber ich hoffe auf Ihr Verständnis unter den augenblicklichen Verhältnissen. Eigentlich wollte der Herr Feldmarschall ihnen persönlich zum Ritterkreuz gratulieren, doch leider bleibt keine Zeit. Ich darf ihnen also in seinem Namen mitteilen", dabei schlug er den Aktendeckel auf und las vor:

„Hauptquartier der Heeresgruppe Mitte den, 20.4.45

An den Obergefreiten Franz Karner!
Es ehrt mich in hohem Maße, Ihnen im Auftrage des Führers anläßlich des 20. April 1945 das Ritterkreuz des Eisernen Kreuzes und eine Geschenkpackung über-

reichen zu dürfen. Aus den Meldungen ihrer Kommandeure entnehme ich, daß sie wiederholt Beispiel hervorragenden Soldatentums und herausragender Tapferkeit gegeben haben. Ihnen weiterhin viel Soldatenglück und gesunde Heimkehr.

Heil Hitler

Generalfeldmarschall Schörner"

Den selben Text las er dann nochmal mit dem Namen von Josef Roth vor.

Dann winkte der Oberst einen Soldaten heran, der auf einer zusammengefalteten Zeltbahn zwei, jeweils aus einem Eisernen Kreuz Zweiter Klasse umgebaute Ritterkreuze präsentierte. Der Offizier nahm das erste auf, trat an Franz heran und fragte: „Habens Sie ihren Hals gewaschen Herr Obergefreiter?" Als er Franz verdutztes Gesicht sah: „Kleiner Scherz am Rande." Dann hängte er beiden

Zur Ritterkreuzesverleihung gab es signierte Fotographien der Kommandeure Klatt und Schörner.

die Orden um und fuhr mit väterlichem Unterton in der Stimme fort: „Ich bin wirklich stolz, Soldaten wie sie in unserer Truppe zu haben. Meinen herzlichsten Glückwunsch und meine persönliche Anerkennung. Ich wünsche ihnen, daß sie die kommende Zeit gesund überstehen und in den Kreis ihrer Familien und ein ziviles Leben zurückkehren." Dabei gab er jedem mit festem Druck die Hand, während das Blitzlicht des Fotografen die Szene gespenstisch erhellte. „Das originale Ritterkreuz wird Ihnen später, wenn sich die allgemeine Lage gefestigt hat, in angemessenem Rahmen mit einer Urkunde des Führers überreicht werden. Vorab darf ich Ihnen dies Schreiben des Feldmarschalls überreichen. Als Zeichen seiner persönlichen Wertschätzung mögen sie bitte seine signierte Fotographie ansehen. Desgleichen die ebenfalls signierte Fotographie ihres Divisions-Kommandeurs General Klatt"

Beiden entging nicht der bittere Unterton in den Worten des Oberst. Auch ihnen war längst klar, daß der Krieg verloren war und der vollständige Zusammenbruch unmittelbar bevorstand. „Aus gegebenem Anlaß werden Sie sicher Nichts dagegen haben, die Präsentkiste des Führers zur Verleihung des Ritterkreuzes schon vorab in Empfang zu nehmen." Bei diesen Worten trugen je zwei Soldaten eine Holzkiste für Artilleriemunition heran, gut einen Meter lang, fünfzig Zentimeter hoch und dreißig Zentimeter breit. Mit den Worten: „Alles Gute, meine Herren", drehte sich der Oberst auf den Absätzen um und verschwand durch die nächste Tür. Inzwischen war ein Fotograf von der Divisionsbildstelle gekommen. „Wenn ich die Herren noch kurz für die internationale Presse ablichtet dürfte." Dabei dirigierte er sie in Position. Das Blitzlicht flammte noch zweimal auf.

Doch bevor der Fotograf verschwand bat ihn Franz, ihm doch einen Abzug direkt zu seinen Eltern nach Hause zu schicken. Er versprach es und hielt tatsächlich sein Wort.

Damit war der Festakt auch schon vorbei. „Wo dürfen wir den Helden des Vaterlandes denn ihre Präsentkörbe hintragen ?, frotzelte einer der Soldaten. In diesem Augenblick kam der Fahrer des Schwimmkübels rein. „Ich soll euch im Auftrag des Alten wieder zu eurem Haufen kutschieren. Also die Kisten zu mir ins Auto." Während die Soldaten die Kisten raustrugen, fragte Franz den Fahrer nach der nächsten Schreibstube, um einen Feldpostbrief aufzugeben. Denn unter den gegebenen Umständen wollte er die Ritterkreuz Unterlagen so schnell wie möglich nach Hause schicken. Er hoffte, daß die Feldpost eines Korps-Gefechtsstandes am ehesten noch eine Chance hatte, auch tatsächlich noch befördert zu werden und

244 ALBRECHT WACKER

auch noch anzukommen. Vorsichtshalber ließ er sich zwei Briefumschläge geben. In den einen tat er die signierten Bilder, in den anderen das Verleihungsschreiben. Doch während die Fotos tatsächlich noch ankamen, ging der Brief mit dem Verleihungsschreiben leider verloren.

Mit ihren Not-Ritterkreuzen um den Hals fuhren sie mit stolz geschwollener Brust zu ihren Einheiten zurück, wo man sie schon erwartete.

Im Angesicht der lockenden Freßalienkiste drängten Franz Kameraden ihre Hilfe beim Tragen geradezu auf. Im Unterstand tat sich dann vor ihnen in der Tat ein Blick ins Schlaraffenland auf: Fleischkonserven, Fischdosen, Schnaps, sogar eine Flasche Cognac, Zigarren, Zigaretten, Schokolade und Kekse. In einer spontanen Orgie wurde der gesamte Inhalt vernichtet, wobei sich Franz natürlich einen größeren Vorrat an Keksen und Fleichdosen sicherte. Ebenso behielt er sich als Held des Tages natürlich die Flasche Cognac und die Zigarren vor.

Die propagandistisch vereinahmte Presse im Reich griff Anlässe wie diese dankbar und umgehend auf. So war Franz Einsatz der Lokalzeitung seiner Heimatstadt, den ‚Mittenwalder Nachrichten‘ mehr als nur eine Schlagzeile wert. In Ihrer Ausgabe vom 25.4.45 kündete sie von der Tat des Sohnes ihrer Stadt unter der Schlagzeile:

Unsere Gebirgsjäger als Scharfschützen

‚Scharfschützen eines im Raume Teschen in Abwehrkämpfen liegenden Gebirgsjägerregimentes erzielten in den ersten Apriltagen außerordentlich hohe Abschußergebnisse. Die Scharfschützen der zweiten Kompanie, Gebirgsjäger aus dem Berchtesgardener Land, schossen allein am ersten April 83 Bolschewisten ab. Obergefreiter Karner aus Mittenwald, der einer anderen Kompanie angehört, venichtete am 2. April 21 Sowjets und errang damit die Gesamtzahl von 100 Abschüssen. Gefreiter Hetzenauer aus Brixen bei Kitzbühl in Tirol meldete am 3. April seinen 200. beglaubigten Abschuß. Er ist damit der erfolgreichste Scharfschütze der Division.‘

Links: Obergefreiter Franz Karner mit dem improvisierten Ritterkreuz. Durch den Gang der Dinge sollte er sein Original genausowenig bekommen, wie die Ledermappe mit der Schmuckblatturkunde des ‚Führers‘.

16. Kapitel

Die Division stand jetzt unmittelbar vor dem Reichsgebiet. Der Kreis war dabei sich zu schließen. Das auf Hybris gebaute tausendjährige Reich brach nach nur zwölf Jahren wie ein Kartenhaus in sich zusammen, nicht nur seine Protagonisten verdientermaßen unter sich begrabend, sondern auch Millionen Menschenleben. Die Welt zum Krieg herausgefordert stürzten sich nun die Gegner Deutschlands von allen Seiten auf das vom Krieg ausgezehrte und ausgeblutete Land. Die Maxime Hitlers - Deutschland wird siegen oder sterben - verdichtete sich seit Stalingrad zu immer sinnloseren Durchhaltebefehlen und Opfern. Je katastrophaler die Lage wurde, so mehr erhielten seine bedingungslosen Unterstützer in der Polizei, der SS und der Wehrmacht freie Hand. Durch rücksichtslose Repression und Mobilisierung letzter menschlicher Ressourcen unternahmen sie den untauglichen Versuch das drohende Schicksal von Untergang und Vernichtung abzuwenden. Doch auch fliegende Standgerichte, Hitlerjungen, alte Männer und zusammengewürfelte Einheiten ohne Ausbildung konnten die sich anbahnende Katastrophe nicht mehr aufhalten. General Schörner, ein überzeugter Nationalsozialist, avancierte in den letzten Kriegsmonaten auch aufgrund seines rücksichtslosen Einsatzes aller greifbaren Kräfte und äußerst gewalttätiger Disziplinierung der Truppe zum Feldmarschall und schließlich zum Oberbefehlshaber der Wehrmacht.

Aber dem sich allgegenwärtig entwickelnden und unentrinnbaren Sog zunehmend undurchschaubarer und immer chaotischerer Verhältnisse war nichts mehr entgegenzusetzen. Es entstand eine Eigendynamik des Zusammenbruchs die nicht mehr aufzuhalten war. Die logistische Infrastruktur, die Kommunikation und die Führungsbene der Wehrmacht stürzte gleich einem ausgebrannten Haus zusammen. In den besetzten Gebieten erhoben sich einem Steppenbrand gleich weite Teile der Bevölkerung gegen ihre Besatzer zu Partisanenaufständen unkontrollierbaren Ausmaßes. In einem letzten verzweifelten Aufbäumen schaukelten sich noch einmal Terror und Gegenterror zu einem schaurigen Finale auf.

Mit Unterstützung von Feldjägern, Polizei- und SS-Truppen wurden eine Vielzahl fliegender Standgerichte und Greiftrupps gebildet, die im allgemeinen

Durcheinander versuchen sollten wieder militärische Disziplin und Einsatzbereitschaft herzustellen. Das Ergebnis war allerdings ein oftmals wahlloser und ungerechter Terror. In nur Minuten dauernden Verhandlungen wurden zum Beispiel aufgegriffene Soldaten ohne gültige Marschpapiere abseits ihrer Truppe ohne weiteres als Deserteure verurteilt und umgehend gehenkt oder erschossen. Und das, obwohl in den Wirren dieser letzten Monate und Wochen bei der kämpfenden Truppe absolut kein Raum mehr für formvollendete Bürokratie war. So fanden deutsche Soldaten ein oft ungerechtes und gewaltsames Ende durch die Hände eigener Landsleute. Noch rücksichtsloser aber traf es eine Vielzahl von Zivilisten und Hilfswilligen aus den Kampfzonen, die sich im Laufe des Krieges den einzelnen Verbänden angeschlossen hatten. Unter dem Verdacht der Subversion oder Zuarbeit für Partisanen wurden eine Unzahl willkürlicher Todesurteile durch fliegende Standgerichte vollstreckt.

Obwohl der Tod für Franz ein alltäglicher Begleiter war, ging ihm doch ein Vorfall dieser Art sehr nahe. Fast zeitgleich mit seiner Ankunft in Rußland im Spät-

1943 schloß sich dem Regiment eine junge Russin an.

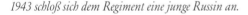

Olga wurde die Geliebte eines verheirateten Offizier der Verwaltung.

sommer 1943 hatte sich dem Regiment 144 eine junge Russin angeschlossen. Zweiundzwanzig Jahre alt, war Olga die Geliebte eines Offiziers aus der Verwaltung. Sie wärmte diesem nicht nur das Bett, sondern übernahm auch eine Reihe sehr nützlicher Arbeiten für die Soldaten vom Stab, unter anderen als Dolmetscherin. Sie war eine unkomplizierte, lustige Frau, die in diesen katastrophalen Zeiten nur ans Überleben dachte und kaum an einen heroischen Einsatz für ihr fremde Partisanen. Manchmal schien sie direkt froh zu sein, dem Mief, der Enge und der Reglementierung ihres Dorfes entkommen zu können und vielleicht eines Tages, nach Ende dieses Krieges ein neues Leben irgendwo im Westen zu führen. Der mit Olga leierte Offizier wurde natürlich allgemein um sein hübsches Verhältnis beneidet. Auch Franz hatte sie bei den wenigen Gelegenheiten mit Wehmut beobachtet

War es nun die Heimtücke eines Mißgünstigen, der sie denunzierte, oder die Willkür des SS-Kommandos, das sie abseits der Stellungen aufgegriffen hatte. Jedenfalls wurde Franz am Rande Zeuge, wie man sie unter dem Vorwand der Partisanenbegünstigung innerhalb von zehn Minuten zum Tode verurteilte. Die Versuche einiger Mannschafts- und Unteroffiziersdienstgrade sie durch Fürsprache aus den Händen der SS zu befreien scheiterten und wurden durch massive Drohungen des Anführers des Greiftrupps rigoros unterbunden. Letztlich saß den Landsern das Hemd auch näher als die Hose, um das eigene Leben so kurz vorm erwarteten Schluß noch zu riskieren. Es erfüllte dann nicht nur Franz mit ohnmächtiger Wut, als er feststellte, daß der Offizier, ihr Liebhaber und bisherige Mentor trotz ihres herzzerreißenden Flehens um Beistand keinen Finger rührte um sie zu retten. Es schien gerade so, als wenn dieser froh wäre, sie los zu werden. Denn es

248

war bekannt, das der Offizier verheiratet war und wohl auch fürchten mußte, daß sein Kriegsverhältnis so nahe der Heimat über die Truppe hinaus bekannt wird. Ohne viel Federlesens wurde Olga also mit einigen anderen Männern in Zivilkleidung mit auf den Rücken gefesselten Händen auf der Ladefläche eines LKW unter einen Baum gefahren. Man band den ‚Verurteilten' fingerdicke Fernmeldekabel um die Hälse, die dann um einen über ihnen hängenden Ast geschlungen wurden. Fassungslos stand das bemitleidenswerte Mädchen da und weinte leise vor sich hin, während ihr Blick immer noch flehentlich in die Runde ging und auf Fürsprache ihres Liebhabers hoffte. Aber der feine Herr Offizier hatte sich bereits elegant verpißt und war auch nicht auffindbar. Als alle Kabel befestigt waren, klopfte ein auf der Ladefläche verbliebener SS-Mann mit der flachen Hand auf das Dach des Fahrerhauses und gab damit ohne Umschweife das Signal zum Anfahren des LKW und damit der Vollstreckung der ergangenen Todesurteile. Das unmittelbar einsetzende panische Schreien der Delinquenten ging schlagartig über in ein Mark und Bein durchdringendes Gewürge und Geröchel, sobald sie von der Ladefläche rutschten. Wie Würmer am Angelhaken zuckten die Körper der Gehängten im Todeskampf. Je nach Sitz der würgenden Schnur quollen ihnen die Zungen unnatürlich aus den Mündern, die Augen schienen platzen zu wollen. Minutenlang währte ihr Todeskampf, auch der von Olga. Während die SS-Männer das Schauspiel zu genießen schienen, wandten sich die meisten Jäger entsetzt und mit bitteren Kommentaren von der Szene ab. Auch Franz mußte sich sehr beherrschen um nicht seine Fassung zu verlieren. Aber schon wenige Tage später war der Vorfall zur Episode geworden, wie so viele unsägliche der gleichen Art in diesem Krieg. Die unaufhaltsame russische Feuerwalze zerschmolz alle Gedanken und zwang zur Konzentration aller Kräfte auf das nackte Überleben.

Das Regiment lag jetzt in der Nähe von Mährisch-Ostrau. Die sowjetische Front war bereits bis Brünn vorgestoßen. Die Russen kämpften auch schon in den Straßen der Reichshauptstadt Berlin. Von einer koordinierten und effektiven Führung der deutschen Streitkräfte konnte nicht mehr gesprochen werden. Abhängig von Struktur, Ausrüstung, Kampferfahrung und Führungsebene zerfiel die Wehrmacht in mehr oder minder effektive Widerstandsinseln. Die 3. G.D. gehörte zu den Verbänden, die Geschlossenheit und Widerstandskraft zu wahren wußten. Doch das Ende stand unmittelbar bevor.

Unübersehbare Flüchtlingsströme drängten nach Westen und verstopften alle Straßen und Wege. Die Jäger versuchten mit ihren noch verbliebenen bescheidenen Mitteln so gut es ging Widerstand zu leisten. Es gehörte zum Anachronis-

Auf dem Marsch zur letzten Stellung...

mus dieser letzten Wochen, daß plötzlich noch Waffen und Ausrüstungsstücke an der Front erschienen, von denen die Landser in den Monaten zuvor nur hätten träumen können. Zu einem der letzten Entlastungsangriffe, zu denen die Jäger ihre Kräfte mobilisierten, wurde eine SS-Scharfschützenkompanie herangeführt. Franz glaubte seinen Augen nicht zu trauen, als er die Ausrüstung dieser Soldaten sah. Über ihren Uniformen trugen sie spezielle Tarnhemden mit Kapuze. Auch für ihre Helme hatten sie einen Tarnüberzug und im Brotbeutel bewahrten sie einen Gesichts-Tarnschleier aus Schnüren, den sie um den Helm binden konnten. Ihr Koppel war aus grünem Webstoff. Daran hing ein auf den Karabiner 98 aufpflanzbares Messer. Im hohlen Griff befand sich ein sehr praktischer Werkzeugsatz. Alle hatten ein Selbstladegewehr Modell 43 mit vierfachem Zielfernrohr. Zwei von Ihnen verfügten sogar über eines der neuen vollautomatischen Sturmgewehre Modell 44, auf denen dasselbe Glas mit Montage saß, wie auf den halbautomatischen Geweh-

...vorbei an den leeren Parolen des sterbenden Systems.

ren. Die Truppe bestand allerdings aus jungen Bürschen von sechzehn Jahren, die erst vor wenigen Wochen eingezogen worden waren. In einem zweiwöchigen Kursus hatte man aus ihnen die ‚kämpferische Elite der Wehrmacht' geformt, die sich nun in wilder Entschlossenheit und im Glauben an ihre Unbesiegbarkeit dem Feind entgegen warf. Ein Sturmführer (Oberleutnant) stand der vierzig Mann starken Truppe vor. Mit Bedauern nahm Franz die offensichtliche Kaltschnäuzigkeit des Anfang zwanzigjährigen SS-Offiziers zur Kenntnis, die keinen Zweifel daran ließ, daß ihm das Leben seiner Männer wohl kaum etwas bedeutete. Als sie ihrem Einsatz entgegenmarschierten, um wohl spurlos im Schlund der russischen Feuerwalze zu verschwinden, dachte Franz nur: Arme Schweine!

Kämpfend zog sich die Division auf Olmütz zurück. Die Gerüchteküche brodelte inzwischen heftig. Berlin sei erobert, der Führer gefallen, Deutschland unmittelbar vor der Kapitulation. Trotzdem leistete die Truppe weiter tapfer Wi-

Das neue Seitengewehr 42. Ein äußerst praktisches Kampfmesser mit einem Werkzeugsatz im Griff. Erst in den letzten Kriegsmonaten fanden einzelne Stücke ihren weg an die Front.

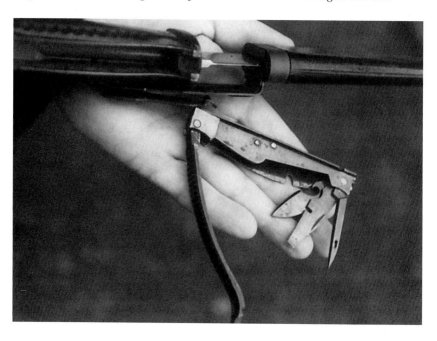

derstand. Im Verlauf des 8. Mai 1945 zog sich der Russe überraschend auf seine Stellungen zurück und stellte seine Angriffstätigkeit ein. Feindliche Flugzeuge warfen in großen Mengen Flugblätter ab, die Nachricht von der deutschen bedingungslosen Kapitulation gaben und die Wehrmachtsverbände aufforderten ihre Waffen sofort niederzulegen und sich zu ergeben. Dem letzten Kommandeur der 3. G.D., General Klatt, widerstrebte es aber, seine Truppe an die Russen auszuliefern. Er befürchtete zu Recht Mißhandlung und ungewisses Schicksal für seine Männer. Am Abend des 9.5.45 erreichte über Radiofunk dann der letzte Befehl des Oberkommandos der Wehrmacht die Division:

„...Auch an der Südost- und Ostfront haben alle Stäbe der Haupteinheiten bis nach Dresden Befehl erhalten, das Feuer einzustellen. Der Aufstand der Tschechen in fast ganz Böhmen und Mähren könnte die Durchführung der Kapitulationsbedingungen und unsere Verbindungen in diesem Raum behindern. Das Oberkommando hat bis jetzt keinen Bericht über die Heeresgruppen Löhr, Rendulic und Schörner erhalten....Seit Mitternacht schweigen nun an allen Fronten die Waffen. Auf Befehl des Großadmirals hat die Wehrmacht den aussichtslos gewordenen Kampf eingestellt. Damit ist das fast sechsjährige heldenhafte Ringen zu Ende. Es hat uns große Siege, aber auch schwere Niederlagen gebracht. Die Deutsche Wehrmacht ist am Ende einer gewaltigen Übermacht ehrenvoll unterlegen. Der deutsche Soldat hat getreu seinem Eid, im höchsten Einsatz für sein Volk für immer Unvergeßliches geleistet. Die Heimat hat ihn bis zuletzt mit allen Kräften unter schwersten Opfern unterstützt....Den Leistungen und Opfern der deutschen Soldaten zu Lande, zu Wasser und in der Luft wird auch der Gegner die Achtung nicht versagen können. Jeder Soldat kann deshalb die Waffe aufrecht und stolz aus der Hand legen...Die Wehrmacht gedenkt in dieser Stunde ihrer vor dem Feinde gebliebenen Kameraden. Die Toten verpflichten zu bedingungsloser Treue, zu Gehorsam und Disziplin gegenüber dem aus zahllosen Wunden blutenden Vaterland."

Die Offiziere verlasen diesen letzten Befehl vor den kläglichen Resten ihrer Bataillone und Kompanien. Sie alle blickten in ausgezehrte und verhärtete Gesichter und in eine ungewisse und oft schreckliche Zukunft.

General Klatt entschloß sich unter den gegebenen Umständen, alle Soldaten der Division von ihrem Gehorsamsgelöbnis zu entbinden und ihnen damit zumindest die wage Möglichkeit zu geben, ihr weiteres Schicksal einer Heimkehr selbst in die Hand zu nehmen. Doch dies war leichter gesagt als getan. Denn neben den durch die unzähligen, sich auftuenden Frontlücken einsickernden sowjetischen

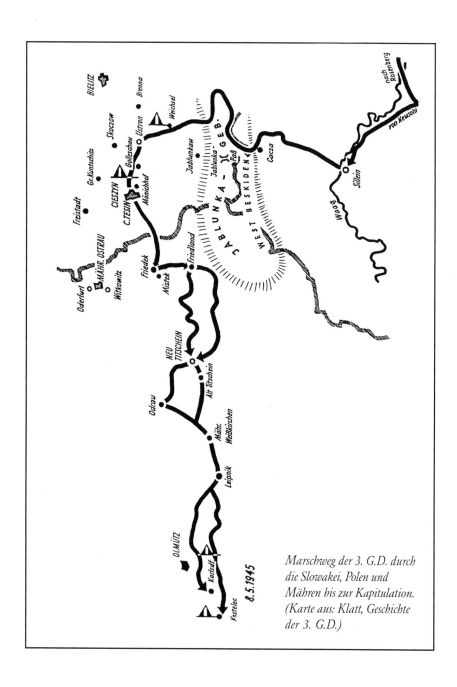

Marschweg der 3. G.D. durch die Slowakei, Polen und Mähren bis zur Kapitulation. (Karte aus: Klatt, Geschichte der 3. G.D.)

Verbänden erhob sich die tschechische Bevölkerung zum völlig unkontrollierten Aufstand.

Die meisten versuchten auf Fahrzeugen und über die völlig verstopften Straßen die amerikanischen Linien an der Moldau zu erreichen. Franz war schnell klar, daß auf diesem Wege kaum der russischen Gefangenschaft zu entgehen war. Schnell stand daher sein Entschluß fest, sich mit einem Kameraden, mit dem Namen Peter Gollup, der erst wenige Wochen dabei war und sich ihm in seiner Hilflosigkeit angeschlossen hatte, allein bis nach Österreich durchzuschlagen. Gut zweihundertfünfzig Kilometer waren durch Feindesland zurückzulegen. Aber Franz hatte genügend Erfahrung, sich nur mit dem Kompaß und möglichst unsichtbar im Gelände zu orientieren. Trotzdem mußten sie auf diesem Weg jederzeit damit rechnen in Gefangenschaft zu gehen. Um dies Risiko so klein wie möglich zu halten, war jeder Konfrontation aus dem Wege zu gehen. Das machte Distanzwaffen wie den Karabiner mit ZF überflüssig. Gefragt waren jetzt kurze handliche Waffen, wie MP und Pistole. Zudem hätte Franz sich mit seinem Zielfernrohrgewehr einer selbstmörderischen Gefahr ausgesetzt. Das Schicksal identifizierter Scharfschützen war hinlänglich bekannt. Notgedrungen, aber sehr schweren Herzens vernichtete er also seine Waffe. Er ging zu einem Sturmgeschütz, auf dem Trauben von Landsern hockten, um fahrend den Durchbruch nach Westen zu versuchen. Franz sprach den aus seiner Luke guckenden Fahrer an: „Warte einen Moment, ich lege Dir meinen Karabiner unter die Ketten, dann ist er wenigsten richtig hin." Er bückte sich und drückte den Kolben so gut es ging unter die linke Kette. Sich aufrichtend winkte er dem Fahrer zu. „Alles klar, du kannst fahren." Der Motor des Panzers kam brummend auf Touren. Ruckend setzte sich das Fahrzeug in Bewegung. Die Ketten erfaßten den Schaft des Karabiners, Holz splitterte, Metall kreischte auf Metall. Mit dumpfem Knall zerplatzten die Linsen des Zielfernrohres. Dann verschwand die Waffe vollständig unter der Kette. Sekunden später erschien hinter dem Panzer, dann ein Haufen Schrott. Es wäre sicherlich zu pathetisch, von Bedauern zu sprechen, denn für Franz war die Waffe nur ein Gerät, ein Mittel zum Zweck. Doch ein bißchen schwer ging es ihm schon ab. Denn mehr als andere Soldaten hatte er seine Waffe gepflegt und sie als besonderen Gegenstand seines soldatischen Einsatzes und in ihrer Wirkung erlebt.

Mit ganz wenigen Ausnahmen vernichteten alle deutschen Scharfschützen vor einer Gefangennahme oder bei Kriegsende ihre Waffen. Aus diesem Grund sind original montierte Scharfschützengewehre als historische Relikte auch außerordentlich selten.

Versonnen vor den Resten seiner Waffe stehend riß ihn eine Lautsprecher-stimme aus seinen Gedanken. „Achtung, Achtung - Hier spricht der Großdeutsche Rundfunk." Irritiert blickte sich Franz um. Neben ihm stand wieder der Wikinger mit dem großen Schnäuzer und setzte seine Ansprache fort: „Durch konsequente und entschlossen elastische Kriegführung hat der Führer nach kühnen Front-begradigungen das Ziel erreicht, sein Ostheer mit seinen im Westen stehenden Armeen zu einem schlagkräftigen Kleinverband zu vereinigen. Dieser Truppe ist es nun nach zähem Ringen gelungen, den bolschewistischen Feind bis in die Reichs-hauptstadt zu locken. Hier wird ihnen nunmehr der Führer und GröFaZ (Größter Feldherr aller Zeiten, despektierlicher Landserausdruck für Adolf Hitler) unter-stützt vom Reichsheini Himmler und Reichspropandaschnauze Goebbels den ent-scheidenden Schuß ins Knie versetzen. Sieg Heil, wir sind im Arsch." Selbst in dieser schicksalsschweren Situation verging dem anscheinend unverwüstlichen Feldwebel nicht der Galgenhumor. Franz auf die Schulter klopfend: „Nimms nicht so tragisch Alter. Dafür steigen jetzt die Chancen, daß Du doch noch mit heilen Knochen nach Hause kommst. Und häng Dich beim Verpissen nicht an den großen Haufen. Genieß den Frieden, wenn es ihn denn geben sollte." Damit drehte er sich um und verschwand wie ein Geist im nahen Unterholz.

Das Strandgut der Flüchtlingsströme.

ALBRECHT WACKER

Franz und sein Kamerad versuchten anschließend sich so gut es ging für ihren langen Marsch zu rüsten. Doch es fehlte ganz besonders an Nahrungsmitteln. Trotz aller Bemühungen war aber nichts Eßbares mehr zu organisieren. Die Landschaft rechts und links der Straßen war aber übersät mit Gegenständen, die die Flüchtlinge zurückgelassen hatten, weil sie sich Marscherleichterung verschaffen mußten, oder weil die Besitzer umgekommen waren. Von diesem herrenlosen Material sammelten sie einige leicht zu transportierende Dinge ein, von denen sie sich erhofften, daß sie sie bei Gelegenheit gegen Nahrungsmittel würden eintauschen können. Als sie vor den Ergebnissen ihrer Suche saßen, diversen Töpfen, einer Kaffeemühle, einer Tischuhr und zwei Paar eleganten Damenschuhen, entschlossen sie sich folgerichtig für die immerwährende Eitelkeit der Frauen und nahmen nur die Schuhe mit.

Da sich nur wenige der deutschen Verbände, wie gefordert den Russen ergaben und die meisten versuchten, nach Westen zu entkommen, setzten die Sowjets ihre Offensive am 10.5.45 mit massiven Panzer- und Luftangriffen auf die nun gemischten Flüchtlingskolonnen fort. Selbst kleinste Marschgruppen wurden von tieffliegenden Jägern mit Bordwaffen beschossen. Franz und sein Kamerad entschlossen sich darum, nur noch nachts zu marschieren und sich tagsüber zu verstecken. In der zweiten Nacht, noch im Siedlungsgebiet der Sudetendeutschen, trafen sie auf ein einsames Gehöft. Aus einem verhangenen Fenster drang spärlicher Lichtschein. Hoffnung keimte in beiden auf, daß sie bei diesen deutschstämmigen Bauern endlich etwas Verpflegung würden eintauschen können. Denn der Hunger nagte inzwischen sehr. Vorsichtig schlichen sie sich heran und klopften schließlich an die Scheibe des beleuchteten Fensters. Die Gardine wurde zur Seite geschoben und mit einer Kerze in der Hand erschien der Kopf eines gut fünfzigjährigen Mannes. Vorsichtig spähte er nach draußen und erkannte die beiden Soldaten. Er öffnete das Fenster und fragte in sehr gebrochenem Deutsch, was sie wollten. Franz erkannte sofort, daß es ein Tscheche war und trat instinktiv etwas zurück in die Dunkelheit. Die beiden wußten noch nichts von den brutalen Übergriffen und der systematischen Vertreibung der Sudetendeutschen durch die tschechische Bevölkerung. Doch sein unerfahrener Kamerad Peter vergaß alle Vorsicht in der Aussicht ein Paar Schuhe zum Tausch gegen etwas zum Essen anzubieten. Franz beschlich plötzlich ein eigentümliches Mißtrauen, da er im fahlen Licht an der Zimmerwand einen Rahmen mit einem religiösen Sinnspruch auf Deutsch sah und darunter ein deutscher Kalender des Jahres 1944. Der Tscheche erklärte sich zum Tausch gegen Brot einverstanden, nahm die neuwertigen Schuhe und raunte plötzlich: „Russki Soldatt oben Haus, psst. Warrten, ich zurück wenig Minut." Damit verschwand er.

Plötzlich war Franz wie elektrisiert. Was machte ein Tscheche in einem deutschen Haus? Warum das friedliche Beisammensein mit den russischen Soldaten? Er stieß seinen Kamerad Peter an und flüsterte: „Mann, die Sache stinkt gewaltig, scheiß auf die Schuhe und laß uns sofort abhauen." Dabei zog er ihn am Jackenärmel vom Fenster weg. „Das glaub ich nicht", antwortete dieser und entwand sich dem Griff. Doch Franz lief wieder auf das kleine Wäldchen zurück, aus dem sie gekommen waren. „Los komm jetzt, du Blödmann, bevor sie Dich am Arsch kriegen." Die Entschlossenheit, mit der er sich vom Haus entfernte verunsicherte Peter dann doch. Und noch etwas zögernd, den Blick zum Fenster, folgte er ihm. Franz war schon gut dreißig Meter entfernt und von der Dunkelheit verschluckt, während sein Kamerad noch keine zehn Meter zurückgelegt hatte, als der Tscheche wieder im Fenster erschien. Gleichzeitig riß er eine MP 40 hoch und feuerte. Beim Blick auf die Waffe sprintete Peter los. Franz wirbelte beim ersten Knall herum und schlug seine Maschinenpistole vom gleichen Modell an. Sein Kamerad hastete auf ihn zu. Doch Sekunden später schlug dieser, wie vom Blitz getroffen der Länge nach hin. Jetzt schoß Franz zurück. Zwar splitterte Glas und fetzten Holzsplitter hoch, doch den Schützen hatte er nicht getroffen. Aber er verschwand aus der Fensteröffnung und schoß nicht mehr. Franz rannte geduckt und sichernd zu seinem Kameraden, griff ihn fest am Jackenkragen und schleppte ihn so schnell es ging zum sicheren Waldrand zurück. Er rechnete jetzt damit, daß Bewaffnete aus dem Haus kommen würden. Aber es blieb alles gespenstisch ruhig. So legte er Peter ab, sobald sie das erste Gebüsch erreichten und drehte ihn vorsichtig auf den Bauch. Der Getroffene stöhnte auf und Franz spürte, wie er in den von warmem Blut vollgesogenen Stoff der Uniform griff. Die MP-Garbe des Tschechen hatte mit tödlicher Konsequenz getroffen. Als er seinen Kameraden wieder auf den Rücken drehte, war dieser schon ohne Besinnung. Schon nach wenigen Minuten streckte er sich im Tode erschlaffend. Die ganze Zeit beobachtete Franz das Bauernhaus aus den Augenwinkeln. Es blieb zwar ruhig, aber er traute dem Ganzen nicht und sah nach dem Tod des Kameraden zu, daß er Land gewann. Am Polarstern und mit Hilfe seines kleinen Taschenkompasses orientierte er sich. Auf sich allein gestellt mußte er jetzt besonders vorsichtig sein. Um deutsche Soldaten aus ihren Verstecken zu locken, zogen tschechische Partisanen auch erbeutete deutsche Uniformen an. Franz hatte davon erfahren und verbarg sich darum auch vor kleinen Gruppen deutsch Uniformierter, die in größerer Entfernung an ihm vorbeimarschierten, insbesondere, wenn er sich am Tage versteckt hielt. Doch am zweiten Tag seiner Flucht, er hielt im leichten Morgengrauen Ausschau nach einem Versteck für den Tag, hörte er plötzlich gedämpfte deutsche Stimmen. Vorsichtigst schlich er auf diese zu und fand vor sich im dichten Buschwerk eine kleine Gruppe

ALBRECHT WACKER

von Angehörigen der Artilleriegruppe seines Regiments. Vorsichtig rief er sie an und meisterte die prekäre Situation der Kontaktaufnahme in diesem Umfeld allseits äußerst angespannter Nerven. Er erhob sich aus seinem Versteck und noch bevor er sich vorstellen konnte erkannte ihn einer der Landser. „Das ist der Franz Karner, der Scharfschütze mit den vielen Abschüssen, der hat den goldenen Scharfschützenadler und das Ritterkreuz." Die Gruppe bestand aus zwölf Leuten und wurde vom Futtermeister des Regiments, einem Oberfeldwebel Namens Viermaier geführt. Kaum war Franz Name gefallen entspann sich eine heftige Diskussion unter den Artilleristen, ob sie ihn mitnehmen sollten oder nicht. Jetzt rächte sich die propagandistische Verwertung der Erfolge einzelner Scharfschützen. Gerade der letzte Besuch einer PK-Gruppe speziell zum Thema Scharfschützen hatte eine ganze Reihe von kleinen Artikel in Frontzeitungen und Journalen in der Heimat zur Folge gehabt, die in üppigen Worten und mit Fotos das Wirken dieser Soldaten beschrieben hatten. Gerade Franz war oft inklusive Foto Gegenstand dieser Schilderungen. Es war darum höchstwahrscheinlich, daß sowohl die Tschechen, wie auch die Russen seinen Namen und sein Foto kannten und unter den eingebrachten Gefangenen nach ihm suchten. Also fürchteten die Mehrzahl der diskutierenden Landser nicht zu unrecht schwerste Repressalien auch für sich, sollte der Scharfschütze in ihrer Gruppe bei Gefangenschaft identifiziert werden. Franz war sehr unwohl in seiner Haut und wollte seinen Weg schon alleine fortsetzen, als schließlich der Oberfeldwebel ein Machtwort sprach und die Diskussion damit beendete, daß sich Franz anschließen durfte. Er mußte allerdings immer an der ungeliebten letzten Position laufen und die Schlußsicherung machen. So schlich Franz vier Tage lang im Abstand hinter der Gruppe her und versuchte möglichst nicht aufzufallen und die Anderen gegen sich aufzubringen. Die Landser fühlten sich leichtsinnigerweise im Haufen sicher und marschierten immer länger auch am Tage. Am vierten Tag stießen sie auf einen toten Tschechen. Das Blut auf seinem von Messerstichen zerfurchten Oberkörper war noch nicht eingetrocknet, so daß er erst kurz zuvor gestorben sein konnte. Neugierig und ängstlich umstanden die Soldaten den Gefallenen, darüber rätselt, was wohl geschehen sein konnte. Doch plötzlich riß der am Boden liegende Körper die Augen wie im Wahn auf. Sein Oberkörper schoß hoch. Mit lauten Röcheln schoß ihm ein Schwall Blut aus dem Mund. Gleichzeitig riß er die neben ihm liegende MP 40 hoch und zog den Abzug durch. Wie von der Tarantel gestochen spritzen die Jäger auseinander und warfen sich ins Gras. Die Geschosse pfiffen über sie hinweg, ohne Schaden anzurichten. Nur Sekunden später fiel der Tscheche tot ins Gras zurück, während sich der Rest im Magazin der MP in den Himmel über ihn entlud. Jetzt waren alle wie elektrisiert, denn es war unwahrscheinlich, das der Partisan hier ganz alleine war.

Unmittelbar nach diesem Zwischenfall erschienen aus etwa fünfzig Meter Entfernung drei weitere deutsche Landser und riefen: „Nicht schießen, gut Freund, wir sind Jäger der 3. G.D. vom Regiment 144." Schon von weitem erkannte Franz Soldaten aus dem Regimentsstab. Es waren der Fotograf, der Regimentszeichner und ein Schreibstubensoldat namens Schmidt, aufgrund seines kleinen Wuchses Schmidtle genannt. Speziell den Fotografen kannte Franz von diversen Einsätzen, die dieser dokumentieren mußte. Die drei hatten keine Vorbehalte gegen Franz, ja sie fühlten sich durch ihn sogar gestärkt und etwas sicherer. Ihm war es nur recht, die angespannte Atmosphäre der Artilleristen verlassen zu können. Da sowohl Fotograf wie Schmidtle einen Kompaß hatten, tauschte Franz den seinen bei einem Artilleristen namens Thiermaier gegen eine halbe Dose Schmalzfleisch ein.

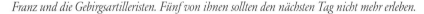

In Anbetracht des Vorfalles mit dem sterbenden Tschechen waren alle bestrebt, so schnell wie möglich zu verschwinden. Der Fotograf schoß noch ein Abschiedsfoto. Dann noch ein kurzer Gruß und die beiden Gruppen trennten sich.

Franz und die Gebirgsartilleristen. Fünf von ihnen sollten den nächsten Tag nicht mehr erleben.

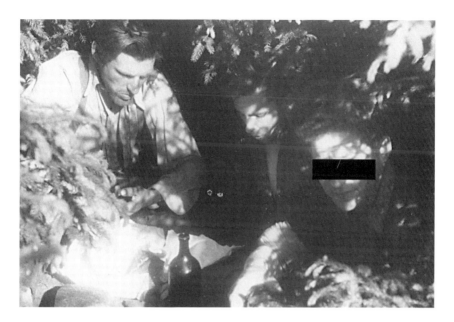

Die Tage verbrachten die Jäger im Versteck.

Während Franz mit seinen drei Kameraden schnell nach einem sicheren Versteck suchte, um den Tag verborgen abzuwarten und erst bei Nacht weiterzumarschieren, fühlten sich die anderen sicher und setzten ihren Weg bei hellem Sonnenschein fort. Aber es war noch keine Viertelstunde vergangen, als die Zurückgebliebenen ein wildes Feuer recht nahe bei hörten. Franz entschloß sich zur Aufklärung und schlich sich vorsichtig durch das buschbestandene Gelände in Richtung der Kampfgeräusche. Nach etwa einem Kilometer sah er vor sich auf freiem Feld die Artilleristen in ein heftiges Feuergefecht mit tschechischen Aufständischen verwickelt, die augenscheinlich zu dem Gefallenen gehörten, den sie gefunden hatten. Sieben Soldaten aus der Gruppe der Jäger lagen schon offensichtlich tot am Boden. Die ganze Situation zeigte sich sehr ungünstig für die Landser. Franz sah für seine Gruppe keine Möglichkeit wirkungsvoll einzugreifen. Sie hätten unnütz ihr Leben riskiert. Er entschloß sich darum sofort zum Versteck zurückzukehren. Nach einer kurzen Schilderung des Beobachteten entschlossen sie sich sofort aufzubrechen und möglichst ohne Spuren zu hinterlassen einen neuen Unterschlupf zu suchen. Es gelang ihnen unbehelligt zu entkommen.

Bereits in Österreich! Auf dem Weg in die Heimat.

Tagelang marschierten sie bei Nacht und versteckten sich bei Tage. Häuser und Dörfer umgingen sie weiträumig und sie vermieden es offene Straßen und Wege zu benutzen. Ein Problem aber war die Verwundung an der rechten Hand des Zeichners, die er in einem Handgemenge mit tschechischen Partisanen erlitten hatte. Da die Verletzung nicht richtig versorgt werden konnte, hatte sich eine heftige Entzündung gebildet. Der Mann hatte ständig leichtes Fieber und die Wunde war nach wenigen Tagen völlig vereitert und stank fürchterlich. Sobald sie auf Wasser stießen, versuchten sie jeweils die Wunde zu säubern, den Verband auszuwaschen und neu anzulegen. Zu essen gab es nichts mehr. Sie kauten Birkenblätter oder ersten sprießenden Sauerampfer und Löwenzahn und tranken Wasser, das sie mit Saccharintabletten versetzten, von denen Schmidtle beim Zusammenbruch noch einen kleinen Vorrat ergattert hatte. So konnten sie sich einigermaßen auf den Beinen halten.

Tag um Tag marschierten sie nachts in nordwestlicher Richtung auf das Reichsgebiet zu. Sie waren jetzt schon vierzehn Tage unterwegs. Wieder dämmerte ein Morgen herauf und sie suchten sich ein Versteck am Ufer eines klaren Baches. Sie versorgten gerade die übel schwärende Wunde ihres Kameraden, als sie mehrstimmiges Motorengebrumm hörten. Franz ließ die drei zurück und erkundete sofort die Ursache.

Nach fünfhundert Metern stieß er auf eine Straße, die sich hügelaufwärts vier Mercedes Lastwagen mit SS-Kennzeichen quälten. Auf den Pritschen standen dichtgedrängt unbewaffnete Landser. Instinktiv duckte sich Franz ins schützende Dickicht, denn er fürchtete vor sich SS-Greiftrupps, die ihre Beute an flüchtenden Landsern zur unnachgiebigen Bestrafung fuhren. Obwohl sie sich jetzt in einem offensichtlich noch deutsch besetztem Sektor befanden, war noch höchste Vorsicht angezeigt, denn offensichtlich akzeptierten die fanatisierten Soldaten der SS das verkündete Kriegsende noch nicht. Sorgfältig hielten sie sich den Tag über versteckt. Bei einsetzender Abenddämmerung brachen sie auf und setzten ihren Weg unter größter Vorsicht fort. Nach ihren Berechnungen mußten sie ihr Ziel, das Reichsgebiet, mittlerweile erreicht haben. Franz kalkulierte bei zwanzig Nächten unter Berücksichtigung ihres geschwächten Zustandes jeweils eine Marschleistung von etwa fünfzehn Kilometern. Zurückzulegen waren geschätzte zweihundertfünfzig Kilometer. Also mußte die kleine Gruppe ihr erhofftes Ziel unmittelbar erreichen.

Eine Stunde war seit ihrem Aufbruch vergangen, als sie auf ein friedlich in der Abendstimmung liegendes Bauernhaus stießen, vor dem eine ältere Frau Gerätschaften zur Gartenarbeit zusammenstellte. Während sich die anderen im Gras versteckten, ging diesmal der Fotograf auf die Frau zu und sprach sie an. Sekunden später winkte er seine Kameraden aufgeregt zu sich. „Wir haben es geschafft. Jungs wir sind fast Zuhause. Wir sind schon über zwanzig Kilometer in Österreich. Die Amis sind schon hier gewesen. Der Iwan ist weit genug weg um uns am Arsch zu lecken." Warmherzig begrüßte die Bäuerin die Heimkehrer und bat sie ins Haus um ihre wenigen Nahrungsmittel mit den Landsern zu teilen und den Verwundeten zu versorgen. Neben Kartoffeln und erstem Gemüse aus ihrem Garten bot die Frau ihnen auch frischen Joghurt und Apfelsaft an. Nach den Monaten der Entbehrung schmeckte dies wie Nektar und Ambrosia, die Nahrung der antiken Götter.

Von der Bäuerin erhielten sie Zivilkleidung ihrer gefallenen Söhne.

Im Gefühl ihrer Sicherheit aßen sie bis sie zu platzen glaubten. Wie Hunderttausende von Müttern hatte auch die Bäuerin das irrwitzige, blutige Wüten der Ideologien gegeneinander mit dem Leben ihrer beiden Söhne bezahlt. Als sie den Vieren ihre verschlissenen Uniformen gegen Kleidung ihrer zerfetzt in russischer Erde verwesenden Kinder tauschte, liefen ihr in stummer Ergriffenheit dicke Tränen über die Wangen. Bedrückt nahmen die Landser die Textilien an. Frisch gewaschen, lagen sie anschließend seit vielen Monaten das erste Mal wieder in einem Bett und schliefen satt und zufrieden, wie die Götter.

Nach einem Frühstück, wieder begleitet von Joghurt und Apfelsaft, verließen sie mit warmem Dank die Bäuerin, nachdem sie ihnen den weiteren Weg gewiesen hatte. Sie winkte ihnen nach und konnte nur mühsam die Fassung bewahren. Warum hatten ihre Söhne nicht unter den Heimkehrern sein dürfen, zumindest einer.

Ausgeruht und gestärkt waren die Lebensgeister in unseren Jägern wieder erwacht. Ein bißchen übermütig marschierten sie jetzt am hellichten Tage und auf offener Straße den kommenden Ereignissen entgegen. Ihre Waffen vergruben sie an einem Feldrand, um bei möglicher Gefangennahme durch die Amerikaner auf faire Behandlung zu hoffen. Derbe Scherze und Anzüglichkeiten wurden gewechselt, bei der Aussicht auf ein baldiges und friedliches Zivilleben. Plötzlich bat Schmidtle seine Mitmarschierer: „Jungs, bleibt mal einen Moment stehen. Die Feierlichkeit unserer baldigen und hoffentlich gesunden Heimkehr bedarf eines deftigen Fanfarenstoßes. Papa hat gerade ein Mordsding auf Lager, einen echten Kasemattenräumer. Wenn mir schon das Arschloch reißt, sollen meine lieben Kameraden auch an diesem trockenen Salutschuß ihre verdiente Freude haben.“

Ausgeruht und verpflegt verließen sie in Zivilkleidern den Bauernhof auf heimischer Erde.

Schmidtle konzentrierte sich, holte tief Luft, hielt diese an und begann unter der gespannten und erwartungsfrohen Neugier seiner Kameraden zu pressen. Doch anstatt eines trockenen und donnernden Furzes, plötzlich ein langgezogenes, pröttelndes und satt schmatzendes Geräusch. Sein kurz zuvor noch spitzbübisch fröhliches Gesicht gefror zu einer Maske des Ekels. Der Geruch säuerlicher Fäulnis begann den verhinderten Salutschützen zu umwabern. Wohl unerwarteterweise reagierte seine Verdauung offensichtlich leicht panisch auf die so plötzliche und geballte Zufuhr so gewagter Mixturen wie Joghurt mit Apfelsaft. Die drei Anderen konnten sich vor Lachen kaum mehr auf den Beinen halten, so wie der Arme mit vollgeschissener Hose und Gesichtslähmung vor Ihnen stand. Aber insgeheim zog doch jeder eine unmittelbare Lehre aus diesem Zwischenfall. Das lockere Püpschen so zwischendurch war sich wohl tunlichst zu verkneifen, denn es war höchstwahrscheinlich, daß auch die Verdauung der anderen im Laufe des Tages noch kollabieren würde. Und tatsächlich, ihr Weg fand immer wieder abrupte Unterbrechung, da sich der Eine und Andere blitzartig in die Geborgenheit des Straßenrandbewuchses zurückzog, um seiner aufgewühlten Peristaltik unter befreitem Stöhnen die erzwungene Entspannung zu gewähren. „Verdammt," bemerkte im Laufe dieses Tages der Fotograf so trefflich. „Mir steht der Lehm vorm Arschloch, wie die Türken vor Wien". Die grunzende Zustimmung seiner krampfgeschüttelten Kameraden war ihm dankbare Bestätigung. Schmidtle, das Organisationsgenie hatte in den verstreuten Hinterlassenschaften der Flüchtlingstrecks mehrere seidene Spitzenunterhosen gefunden, die er seiner Verlobten mitbringen wollte. In Anbetracht seiner völlig zugeschissenen Unterhose fällte er den heroischen Entschluß solange ein Spitzenunterhöschen zu tragen, bis er seine Unterhose an einem Bach waschen und sie trocken konnte. Worauf der Fotograf bemerkte: „Setz Dich mit Deinen Dessous beim Scheißen ja nicht vor mich. Wenn ich Dich mit nacktem Hintern und in Reizwäsche vor mir sehe, könnte es sein, daß ich mich vergesse und Dich in triebhafter Raserei anfalle."

Am Nachmittag erreichten sie das von der Bäuerin beschriebene Dörfchen Richtung Mittenwald. Schwatzend bogen die Vier in die Hauptstraße ein, als sie plötzlich in der Bewegung erstarrten. Keine fünfzig Meter vor ihnen umstanden amerikanische Soldaten eine größere Anzahl gefangener Landser. Noch schwankend zwischen Flucht und Aufgabe, nahm ihnen einer der Amerikaner die Entscheidung ab. Sein Garand Selbstladegewehr mit Zielfernrohr anschlagend rief er: „Hands up guys, don't move. (Hände hoch, nicht bewegen) War is over Krauts, your bastard Hitler is dead. (Der Krieg ist zuende Krauts (amerikanischer Spitzname für deutsche Soldaten), euer Bastard Hitler ist tot) Your Scheiß-Führer cannot help you

ALBRECHT WACKER

any longer. Come here, keep your hands up, move slowly." (Euer Scheiß-Führer kann euch nicht länger helfen. Kommt her, haltet eure Hände hoch, bewegt euch vorsichtig). Obwohl sie nur Hände hoch und Hitler und Scheiß-Führer verstanden, wußte Franz sofort, daß es besser war nicht mehr auch nur mit der Unterlippe zu zucken. Der Scharfschütze mit seinem Selbstladegewehr hätte sie in Sekunden alle erschossen. Jetzt schien der Krieg für die Jäger offiziell zuende zu sein. Vorsichtig erhoben sie ihre Hände und gingen langsam auf die GIs zu. Während man sie oberflächlich nach Waffen abtastete besah sich Franz interessiert das Selbstladegewehr des Amerikaners. Es machte technisch einen sehr soliden und robusten Eindruck. Aber es wunderte ihn, daß das Zielfernrohr neben der Waffe angebracht war.

Ein GI schubste sie zu den anderen Gefangenen. „Sit down there", und zynisch lächelnd, „and wait for better times. I think you will have some longer

Das amerikanische Selbstladegewehr Garand M1 in der Scharfschützenversion, wie Franz sie in den Händen des GI sah, der sie gefangen nahm.

holidays in Russia." (Setzt euch und wartet auf bessere Zeiten. Ich glaube, ihre werdet lange Ferien in Rußland haben.) Bei dem Wort ‚Russia' durchfuhr es die Vier siedendheiß. Der Zeichner raunte: „Verdammte Scheiße, die wollen uns an den Iwan ausliefern. Wir müssen hier weg, sonst sind wir geliefert." In diesem Augenblick bogen zwei Mercedes LKW mit SS-Kennzeichen und SS-Soldaten als Fahrern und ein US-Jeep in die Straße und hielten vor der Ansammlung der Gefangenen. Die zunächst stehenden Landser mußten auf die Ladefläche klettern. Schnell waren die LKW beladen und brummten wieder davon. „Have a nice trip you glorious arian heroes," (Schöne Reise ihr arischen Helden) rief ihnen einer der GIs nach. Jetzt wußte Franz plötzlich um die Bedeutung der zwei Tage zuvor gesehen SS-Lastwagen mit Landsern drauf, Transporte zu den Russen. Ihre Bewacher waren nicht sehr aufmerksam, da sich die Gefangenen erschöpft, unwissend über ihre bevorstehende Auslieferung und wohl auch vom Fluchtstress erleichtert in ihr Schicksal fügten.

Unsere Vier saßen vor einer hüfthohen Mauer, dahinter ein buschbestandener Abhang, eine schmale Talsohle und anschließender dichter Wald, mithin ideales Fluchtgelände. Vorsichtig flüsternd wurden sie sich einig, daß sie so schnell wie möglich verschwinden mußten, bevor die nächsten Transporter kamen. Während Franz, der Zeichner und der Fotograf ohne Wenn und Aber zum Risiko der Flucht entschlossen waren, zögerte Schmidtle, da er an eine Auslieferung an die Russen nicht glauben wollte. Schnell war die Reihenfolge verabredet, zuerst der verletzte Zeichner, dann der Fotograf, dann Schmidtle und zum Schluß Franz. Das Adrinalin schoß ihnen ins Blut, das Herz schlug bis zum Halse. Wieder galt es das Leben zu wagen, um zu überleben. Als drei weitere Transporter heranbrummten nutzen sie die Gunst der Gelegenheit zum beherzten Sprung. Zeichner und Fotograf verschwanden ungesehen über die Mauer. Doch als Franz Schmidtle aufforderte zu springen, weigerte sich dieser plötzlich. „Scheiße, ich hab die Schnautze voll. Ich riskiere meinen Arsch nicht mehr. Das kann sich der Ami gar nicht erlauben, uns an den Iwan auszuliefern." Alle Versuche Franz, ihn zum Sprung zu bewegen schlugen fehl. Die Lastwagen kamen immer näher, die Zeit brannte auf den Nägeln. Die letzte Chance schrumpfte zum Augenblick zusammen. „Dann eben nicht, Du Heimchen. Wir warten noch eine halbe Stunde auf Dich am Waldrand," zischte Franz ihm in letzter Sekunde zu und flankte über die Mauer als die Bremsen der stoppenden Lastwagen quietschten. Minuten später traf er seine Kameraden auf der anderen Seite der Senke und berichtete. Aber die halbe Stunde verging, ohne das Schmidle erschien. Er sollte erst sechs Jahre später aus den russischen Bleibergwerken von Karaganda als kranker und gebrochener Mann zurückkehren.

ALBRECHT WACKER

Wie die drei letzten Musketiere marschierten die Verbliebenen weiter nach Westen. Sie bewegten sich jetzt auch bei Tage, waren aber auf der Hut vor amerikanischen Streifen. Sie umgingen auf einem rechts und links mit dichtem Buschwerk bestandenen Feldweg eine kleine Ortschaft, als sich um sie herum plötzlich vielstimmiges Geschrei erhob. Der Schrecken fuhr ihnen in die Glieder, als sich zu Skeletten abgemagerte Gestalten in gestreiften Anzügen auf sie stürzten. Nach einer Schrecksekunde entwickelte sich eine heftige Schlägerei. Der ausgemergelte Zustand der Angreifer war ein Glück für die Drei. Denn nur so konnten die nahkampferfahrenen Jäger sich gegen die vielköpfige Übermacht behaupten. Ihre Fäuste fuhren krachend in die verhungerten Körper und Gesichter. Während sie Rücken an Rücken um sich schlugen, was die Kräfte hergaben, entrissen ihnen trotzdem eine Vielzahl von Händen im Gewusel alles, was sie bei sich trugen. So schnell wie er begonnen hatte, so endete der Spuk auch wieder. Wie die Geister verschwanden die Angreifer im Gebüsch. Die drei Überfallenen standen hechelnd außer Atem und wie die gerupften Hühner völlig verdattert auf dem Feldweg. Sichtlich irritiert suchten sie nach einer Erklärung für diese Gestalten und kamen schließlich überein, daß es sich wohl um heimatlose und durch die Verhältnisse verwahrloste Insassen einer Irrenanstalt gehandelt hat. Ein grober Trugschluß, wie sich für Franz wenige Monate später herausstellte, denn es waren ehemalige Insassen eines Konzentrationslagers, die ihren Bewachern entkommen waren und marodierend durch die Gegend zogen. Als er schließlich vom Ausmaß des Elends in den deutschen Konzentrationslagern erfuhr, beschlich ihn dennoch ein eigentümliches Gefühl der Zerrissenheit zwischen schlechtem Gewissen und seinem legitimen Recht sich zu verteidigen.

Am nächsten Tag erreichten sie die Stadt Linz, die nur noch aus Flüchtlingen zu bestehen schien. Vor den Toren der Stadt, gelang es ihnen, auf der völlig überfüllten Ladefläche eines Opel Blitz noch ein Plätzchen zu ergattern. Doch schon nach wenigen Kilometern endete die Fahrt an einer Straßensperre der Amerikaner. Alle Mitfahrer mußten sich in einer Reihe auf der Straße aufstellen und wurden diesmal absolut gründlich gefilzt. Alles was die amerikanischen Soldaten als Souvenir gebrauchen konnten wurde einbehalten. Auf Anweisung eines sehr verbittert wirkenden Vorgesetzten mußten alle Männer ihre Oberkörper entblößen und es wurde unter dem rechten Arm nach der für SS-Angehörige typischen Tätowierung gesucht. Dann mußten sich alle an den Straßenrand setzen und warten. Den ganzen Tag lang wurden Männer im wehrfähigen Alter angehalten, durchsucht und mußten sich zu den schon wartenden gesellen. Gegen Abend wurde die inzwischen über hundert Personen umfassende Gruppe auf Lastwagen verladen und

zurück nach Linz zum Bahnhof gefahren. Hier pferchte man sie in Viehwaggons und fuhr sie noch in derselben Nacht in ein Sammellager nach Mauerkirchen. Zehntausende von ehemaligen Soldaten kampierten hier unter freiem Himmel. Die Amerikaner waren mit der Versorgung dieser Ansammlung logistisch sichtlich überfordert. Schon zwei Tage später begannen sie damit marschfähige Verwundete zu entlassen. Es gehört auch zu den Skurilitäten solcher Situationen und Verhältnisse, daß Franz und der Fotograf zusammen mit dem verletzten Zeichner, als seine notwendigen Betreuer entlassen wurden. Vielleicht hatte es den Ausschlag gegeben, daß sie vorgaben, alle aus demselben Ort zu kommen.

Mit einem Lastwagen wurden sie mit vielen anderen nach Garmisch-Partenkirchen gebracht und am Bahnhof ausgeladen. Sie waren frei, das Leben gehörte wieder ihnen, wenn sie diesen ungewohnten Zustand auch in der nächsten Zeit noch nicht richtig begriffen. Jetzt war es zuerst wichtig, den Zeichner ins Krankenhaus zu bringen. Sie machten sich unmittelbar auf den Weg. Dabei sahen sie einen übervoll besetzten Zug aus dem Bahnhof rollen. Trauben von Leuten saßen auf den Dächern und standen auf den Trittbrettern. Interessiert guckte Franz diesem Vorgeschmack kommender ziviler Verhältnisse nach, als er auf dem Dach des letzten Waggons plötzlich den Wikinger sitzen sah. Er war sprachlos und das Erkennen wohl gleichzeitig. Denn der norddeutsche Gebirgsjäger winkte ihm zu. Doch dann legte er in einer für ihn eigentlich völlig untypischen Geste die rechte Hand zu einem letzten militärischen Gruß an seine Bergmütze mit dem Edelweiß, die er erstaunlicherweise immer noch trug. Instinktiv tat es ihm Franz nach und wartete, bis der Zug kurz darauf in einer Kehre verschwand. Rauch und Entfernung verschluckten diesen eigenartigen Kameraden. Franz sollte ihn nie wieder sehen, aber er hat ihn bis heute nicht vergessen.

Wenige Stunden später stand er vor seinem Elternhaus in dem kleinen Dorf bei Mittenwald. Die Häuser lagen so friedlich da, als hätten sie den fürchterlichen Weltenbrand ringsum verschlafen Es war der 5. Juni 1945. Franz Karner hatte das Inferno körperlich fast unversehrt überstanden. Aber seine Seele sollte für den Rest seines Lebens hart und vernarbt bleiben. Der Geist des Krieges ließ ihn nie wieder los.

Links: Franz Karner am 25.5.1945 auf dem Weg zu seinen Eltern.

Daheim - Der 5.6.1945

ALBRECHT WACKER

Epilog

Hinter den Bergen zeigte sich das erste zarte Licht des neuen Tages. Franz tauchte aus seinen Erinnerungen auf und fand sich, seinen rechten Zeigefinger, der so vielen Gegnern den Tod gebracht hatte, fest mit der linken Hand umschlossen und stellte sich, wie schon so oft die gleichen Fragen:

„War es richtig, was wir getan haben ? Hätte es unter den gegebenen Umständen eine Alternative gegeben ? Gab es ein Wägen zwischen dem eigenen Kampf ums Überleben und dem der Kameraden und den vielen, Auge in Auge getöteten Gegnern, die in ihrem Ziel zu töten auch dem ehernen Gesetz des Krieges unterworfen waren?

Fragen auf die ein Obergefreiter der Gebirgsjäger wohl keine Antwort finden würde. Denn der einfache Landser hatte nie eine Wahl. Für ihn galt: Kämpf oder stirb.

Franz spürte plötzlich die morgendliche Kühle, und während er zum Bett zurück ging um noch etwas Schlaf zu finden, kam ihm wieder das Gedicht in den Sinn, das ein inzwischen namenloser Kamerad auf die Rückseite eines Meldezettel geschrieben hatte:

Die Männer unter dem Zeichen des Adlers
Sie erkennen sich am Gesicht
Sie reichen sich schweigend die Hände
Sie reden nicht

Wenn andere schwätzen und prahlen
Werden sie hart und stumm
In ihren zu Stahl gewordenen Herzen
Geht noch das Grauen um

Das Grauen vielfachen Todes
Wenn sie schrien
Die Kameraden in letzter Not
Wenn sie bittend die Hände streckten
Vom verströmten Blut so rot

Das Grauen im Gebrüll der Granaten
Im zermalmenden Feuerschlag
Wenn die Erde zuckte und stöhnte
Brennend wie am jüngsten Tag

Sie lagen im Rachen der Hölle
Sie waren Soldaten
Und taten ihre Pflicht

274

Abkürzungen

Btl.	Bataillon
Div.	Division
3. G.D.	3. Gebirgsdivision
EK I/II	Eisernes Kreuz I. bzw. II. Klasse
Gren.Kp.	Grenadierkompanie
G bzw. K 43	Selbstladegewehr Modell 43
HKF	Hauptkampffeld
HKL	Hauptkampflinie
I.D.	Infanteriedivision
Jg.D.	Jägerdivision
K 98 k	Standardlangwaffe des deutschen Heeres
KZ	Konzentrationslager
lMG	leichtes Maschinengewehr
MG	Maschinengewehr
sMG	schweres Maschinengewehr
O.B.	Oberbefehlshaber
O.K.W.	Oberkommando der Wehrmacht
Rgt.	Regiment
Stgw.	Sturmgewehr
Z F	Zielfernrohr

Verzeichnis der verarbeiteten Begleitliteratur

Buchner, Alex: Die Deutsche Gebirgstruppe

Gasperschitz, Rudi u.a.: Die letzten Landser erzählen

Klatt, Paul: Die 3. Gebirgsdivision

Milit. Forschungsamt: Das Deutsche Reich und der Zweite Weltkrieg

Ruef, Karl: Odyssee einer Gebirgsdivision

Schramm, Percy: Kriegstagebuch des OKW

Schneider, Wolf: Das Buch vom Soldaten

Eine Vielzahl von Unterlagen aus dem Archiv des Autors, die im Nachfolgebuch über das deutsche Scharfschützenwesen detailliert dargestellt werden.

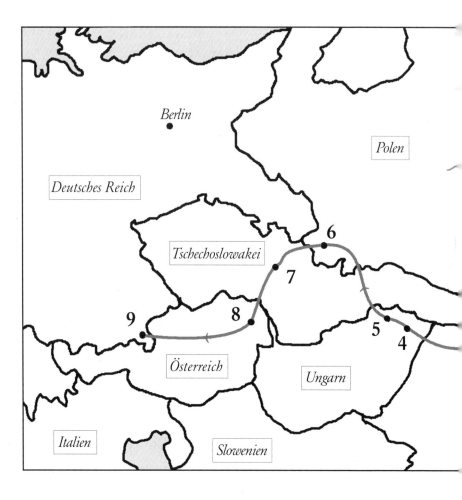

Berlin

Polen

Deutsches Reich

Tschechoslowakei

6

7

9

8

5

4

Österreich

Ungarn

Italien

Slowenien

Der Weg des Franz Karner
Juli 1943 - Mai 1945

Albrecht Wacker

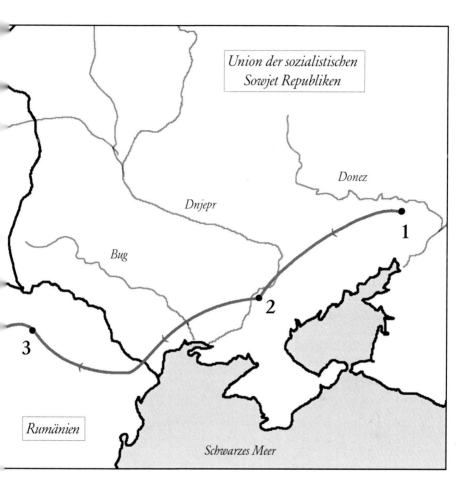

1   Redkinaschlucht, erster Einsatz, Juli 1943
2   Nikopol
3   Bistritz
4   Nyirgyhaza
5   Miscolz
6   Bielitz, Ritterkreuz
7   Olmütz, Kriegsende
8   Zivilkleidung
9   Berchtesgaden, Juni 1945

Morion - Schriftenreihe zu Waffenkunde und Wehrwissenschft

In dieser Schriftenreihe werden folgende Titel erscheinen:

Handbuch Deutsche Waffenstempel

Der, vielen Sammlern durch seine fundierten Darstellungen zur Pistole 08 bekannte Autor Joachim Görtz, arbeitet hier in einem bislang einzigartigen Werk die noch archivalisch rekonstruierbaren, militärischen und polizeilichen Kennzeichnungsvorschriften für deutsche Waffen und Gerät von etwa 1872 bis 1935 auf. Wo immer möglich, belegt er die Ergebnisse seiner Untersuchungen mit Fotos von orginalen Kennzeichnungsmustern.

Diese Arbeit wird ein Muß für alle ernsthaften Sammler und Interessenten an deutschen Militärwaffen und Ausrüstungsstücken sein.

Im Fadenkreuz - Eine Gesamtdarstellung des Deutschen Scharfschützenwesens

Von der Jägerbüchse bis zum G 22 der Bundeswehr werden die Waffen und Ausrüstungsstücke deutscher Scharfschützen en detail in Wort und Bild dargestellt. Neben der reinen Technik wie z.b. Waffen, Zielfernrohre, Montagen, Optikbehälter, besondere Tarnmittel, Munition, Vorschriften und Dienstanweisungen, Schalldämpfer usw., gilt die Betrachtung auch der Ausbildung und dem Einsatz dieser speziellen Soldaten.

Das System Adalbert - Der Karabiner 98 k

Seitdem nunmehr sechs Jahre über die vergriffene erste Auflage dahingegangen sind, wird es Zeit für eine deutlich erweiterte zweite Auflage. Mit noch mehr und vor allen Dingen besseren Abbildungen und einer Reihe neuer Erkenntnisse wird hiermit dem Sammler und militärgeschichtlich interessiertem Leser ein komplett überarbeites Werk vorgelegt. Neben rein technischen Aspekten wie z.b. Modell- und Fertigungsvarianten erfährt der Leser auch sehr viel über teils seltenstes Zubehör wie z. B. Krummlauf, Gewehrgranatgerät, Waffenmeisterkiste usw.. Weiterhin wird aber auch auf die Produktion des Karabiners und die Folgen des fortschreitenden Krieges auf die Waffenfertigung und Verteilung auf die verschiedenen Wehrmachtsteile und die SS eingegangen.

Handbuch für den Sammler Deutscher Militär- und Diensthandfeuerwaffen

In enzyklopädischer Darstellung werden die bei Militär und Polizei geführten Waffen und ihr Zubehör chronologisch in Wort und Bild vorgestellt und vertiefende Literaturhinweise gegeben.

Die Titel der Reihe Morion befinden sich noch in Planung, bzw. werden von unseren Autoren derzeit bearbeitet. Daher können wir noch keine genauen Erscheinungstermine oder Preise nennen. Lassen Sie sich einfach unverbindlich vormerken, wir informieren Sie dann rechtzeitig über Erscheinungsterminc, Preise und alles Wissenswerte. Dann können Sie in Ruhe über eine Bestellung entscheiden, Ihre Vormerkung verpflichtet Sie zu nichts.

Bitte beachten Sie auch unsere weiteren Publikationen, die wir
Ihnen auf den folgenden Seiten vorstellen möchten.
Bücher von VS-BOOKS bekommen Sie in jeder Buchhandlung,
im Waffenhandel, im Modellbaufachgeschäft
und natürlich auch direkt beim Verlag !

Carl Schulze & Torsten Verhülsdonk GbR
Postfach 20 05 40
44635 Herne
Fon: 0 23 25.7 38 18   Fax: 0 23 25.79 23 11
E-mail: vertrieb@vs-books.de
Internet: www.vs-books.de

SCHALLDÄMPFER

Geschichte • Technik • Modelle

Dipl.Ing. Martin Erbinger, 208 Seiten, 230 Fotos und Zeichnungen, gebunden, Duplex-druck, ISBN 3-932077-02-4
DM 78,- / € 39,90

Rund 100 Jahre Technikgeschichte werden hier anschaulich vermittelt. Der Autor Martin Erbinger bringt neben den physikalischen Grundlagen der Geräusch-entwicklungen beim Schußwaffengebrauch und den Wirkprinzipien der verschiede-nen Dämpfermodelle auch einen Überblick über die Entwicklungsgechichte des geräuscharmen Schießens von den ersten Patenten bis zu den modernsten Waffen für Militär und Polizei. Weiterhin geht er auf die Besonderheiten des Schießens mit gedämpften Waffen ein und erläutert den Einfluß der Munition auf den Schußknall. Ein weiterer Aspekt sind die Probleme der Zielballistik bei Subsonic-Munition.

Hier findet der interessierte Leser erstmals ein deutsch-sprachiges Kompendium zur Thematik ‚Schalldämpfer' für Handwaffen, vom Revol-ver über Pistolen, Maschi-nenpistolen, Repetier-büchsen, Sturmgewehre und Schrotflinten.

MODERNE ARMEEN - Bildbände mit 64 Seiten / 120 Fotos (DM 25,-) oder 96 Seiten / 185 Fotos (DM 34,-) von Radfahrzeugen, Panzern, Hubschraubern, Waffen im scharfen Schuß, Uniformen und Soldaten im Einsatz. Keine langweiligen Kasernenhof- oder Tag-der-offenen-Tür-Fotos.

ACE MOBILE FORCE (LAND)

Die schnelle Eingreiftruppe der NATO
ISBN 3-932077-04-0, Carl Schulze, 64 Seiten, 120 Farbfotos,
DM 25,- / € 12,80
Die Allied Command Europe Mobile Force (Land) stellt die Speerspitze der NATO dar. Durch ihre flexible Gliederung ist sie in der Lage, innerhalb kürzester Zeit sowohl bei - 30 Grad an der Nordflanke des Bündnisses oder bei + 30 Grad an der Südflanke in der Türkei eingesetzt zu werden.

24 AIRMOBILE BRIGADE

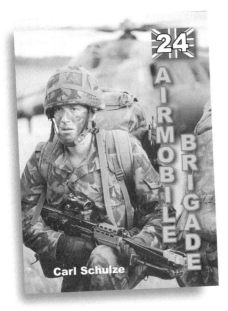

Luftbewegliche und panzerabwehrstarke Infanterie-Brigade der britischen Armee
ISBN 3-932077-05-9, Carl Schulze, 64 Seiten, 108 Farbfotos,
DM 25,- / € 12,80
Die Luftbewegliche Brigade zählt zu den flexibelsten Verbänden der britischen Armee. Neben konventionellen Kampfaufträgen gehören friedenssichernde oder friedensschaffende

284

Operationen genau wie humanitäre Hilfseinsätze in das Repertoire des Verbandes.

LA LEGION ETRANGERE

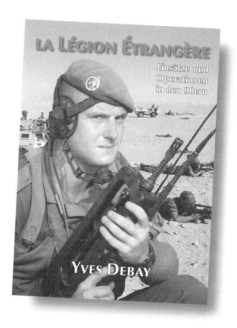

Einsätze und Operationen in den 90ern
ISBN 3-932077-08-3, Yves Debay, 96 Seiten, 200 Farbfotos,
DM 34,- / € 17,40
Der Autor begleitete die Regimenter der Legion während der letzten zehn Jahre bei allen gößeren Operationen wie Golfkrieg, Ex-Jugoslawien sowie immer wieder nach Afrika. Er vermittelt ein Bild vom Aufgabenspektrum der heutigen Legion und stellt ihre Bewaffnung, Uniformierung, Fahrzeuge und Traditionen vor.

DEUTSCHE FALLSCHIRMJÄGER HEUTE

ISBN 3-932077-09-1, Carl Schulze, 96 Seiten, 200 Farbfotos,
DM 34,- / € 17,40
Neues Heer für neue Aufgaben - unter diesem Motto wurden die Luftlandetruppen der Bundeswehr im Kommando Luftbewegliche Kräfte zusammen gefaßt. Hier werden alle Luftlandetruppenteile, sowohl Kampfals auch Unterstützungstruppen, mit ihrem Auftrag, Gliederung, Ausstattung und Geschichte der Einheit im Bild vorgestellt

GESCHICHTE LIVE

Bildbände mit jeweils 96 Seiten und etwa 180 Farbabbildungen. Gezeigt werden Waffen, Uniformen, Rüstungen, Bekleidung, militärische und zum Teil auch zivile Ausrüstung der verschiedensten Epochen, materialgerecht und nach historischen Handwerkstechniken rekonstruiert. VK pro Band **DM 34,- / € 17,40**

Bereits lieferbar:

NAPOLEONISCHE KRIEGE

Einheiten • Uniformen • Ausrüstung
ISBN 3-932077-00-8
Torsten Verhülsdonk & Carl Schulze
Dieser Band vermittelt schwerpunktmäßig einen Eindruck der Zeit der Befreiungskriege 1813-15. Darstellungsgruppen aus ganz Europa zeigen das Erscheinungsbild der preußischen Linien- und Landwehrtruppen. KGL, Braunschweiger, Österreicher, Engländer, Schotten, Franzosen, Artillerie und Bewaffnung sind weitere Kapitel. Neben Detailaufnahmen von Uniformen und Ausrüstung finden sich auch ,Actionbilder' von Großveranstaltungen wie Waterloo oder Leipzig.

DIE WIKINGER

Krieger • Seefahrer • Händler
ISBN 3-932077-01-6
Britta Nurmann, Carl Schulze & Torsten Verhülsdonk
Bildband zum Leben der Wikinger im Frühmittelalter vom 9.-11. Jahrhundert. Entgegen der Vorstellung, daß die Wikinger die Weltmeere nur als plündernde und Brandschatzende Piraten befuhren, soll hier neben dem kriegerischen Aspekt auch das tägliche Leben der Seefahrer, Händler und Handwerker dargestellt werden. Anders als nur durch aräologische Funde erwacht hier die Vergangenheit wieder zum Leben.

In Vorbereitung (erscheinen demnächst):

RITTER UND SÖLDNER IM MITTELALTER
Waffen • Rüstungen • Kampfweise
ISBN 3-932077-06-7
Gerry Embleton
Hochmittelalterliches Militärwesen im 14. und 15.
Jahrhundert mit Einblicken in das tägliche Leben
des einfachen Kriegsvolkes. Neben brillianten
Farbfotos enthält dieser Band auch eigens von
Gerry Embleton angefertigte Farbtafeln zu Beklei-
dung und Ausrüstung.

RÖMER UND GERMANEN
Leben rund um den Limes
ISBN 3-932077-07-5
Frank Wiedemann & Werner Pollak
In den ersten Jahrhunderten nach der Zeitenwende
standen sich entlang des Limes Römer und Germa-
nen gegenüber. Neben kulturellem Austausch kam
es auch immer wieder zu kriegerischen Auseinan-
dersetzungen. Dieser Band vermittelt das Erscheinungsbild der römischen Truppen und ihrer
‚barbarischen‘ Gegenüber.

KRIEGER
Waffen und Rüstungen im Früh- und Hoch-
mittelalter
ISBN 3-932077-14-8
Carl Schulze & Torsten Verhülsdonk
Hier werden anhand exemplarischer Beispiele das
Erscheinungsbild und die Veränderungen an
Bekleidung, Bewaffnung und Rüstung der verschie-
denen europäischen Völker etwa zwischen 500 und
1400 dargestellt. So sind z.B. Angelsachsen,
Franken, Wikinger, Rus, Slawen, Normannen,
Kreuzfahrer des 1. und 3. Kreuzzuges, Lang-
bogenschützen usw. enthalten.

TALHOFFERS FECHTBUCH

Gerichtliche und andere Zweikämpfe
darstellend
288 S., 268 Abb. ISBN 3-932077-03-2
DM 32,- / € 16,40
1467 erschien das Original dieses Reprints
als Bildhandschrift. Auf 268 Tafeln stellt
Talhoffer den ritterlichen Zweikampf mit
Schwert, Dolch, Schild, Axt, Keule usw. dar.
Eine kurze Einleitung vermittelt einen Überblick über die Entwicklung der Fechtkunst
im 15. und 16. Jahrhundert.

TALHOFFERS FECHTBUCH LUXUS-AUSGABE

limitiert auf 60 Exemplare, historisch hand-
gebunden in dunkelbraunes feinstes Ziegen-
leder **DM 129,-**

PANZERUNIFORMEN DER WEHRMACHT

Wade Krawczyk, 19 x 26 cm, 96 Seiten,
158 Farb- und 21 s/w Abbildungen, ISBN
3-932077-13-X, DM 34,- / € 17,40

Dieser Bildband widmet sich ausschließlich
der Uniformierung der Panzertruppe der
deutschen Wehrmacht im Zweiten Weltkrieg. Das Besondere ist, daß alle Uniform-
stücke im Original und auf Farbfotos vorgestellt werden. Die einzelnen Kapitel behandeln z.B. Kopfbedeckungen, schwarze
Panzerjacken, feldgraue Sturmartillerie-
und Panzerjägerjacken, Hosen, Moleskin-
und Drillichbekleidung, Kragenspiegel,
Schulterstücke, Hoheitsabzeichen, Panzer-
kampfabzeichen, Kopfhörer und Mikropho-
ne, Originalfotos, Papiere, Dokument usw..

PANZERUNIFORMEN der Wehrmacht

Wade Krawczyk

288